高职高专汽车系列技能型规划教材

汽车营销服务礼仪
（第2版）

主　编　夏志华　姬　虹　孔春花
副主编　汲羽丹　韩建国　李洪亮
参　编　杨　朝　姜　晓　车万华
主　审　姜　勇

北京大学出版社
PEKING UNIVERSITY PRESS

内容简介

本书系统地阐述了汽车营销服务礼仪的内容，包括概论、汽车营销服务礼仪的职业规范、汽车营销服务礼仪的基本理论、汽车营销服务形象礼仪、日常交往礼仪、汽车营销服务位次礼仪、商务仪式礼仪、通信礼仪、会务礼仪、服务人员的语言规范、汽车营销与服务专业学生求职面试礼仪。各项目后都附有项目小结和练习与技能训练。

本书通过任务目标、任务下达、任务分析、相关知识、任务实施和实训任务等内容，激发读者自学的学习兴趣。书中通过大量案例和图片，使读者易于掌握汽车营销服务礼仪的基本知识和规范要求。

本书可供高等职业院校汽车营销与服务专业教学使用，可作为汽车商贸、汽车保险与理赔等相关专业的教材，也可供从事汽车营销工作人员培训或自学使用。

图书在版编目（CIP）数据

汽车营销服务礼仪/夏志华，姬虹，孔春花主编. —2版. —北京：北京大学出版社. 2016.6
（高职高专汽车系列技能型规划教材）
ISBN 978-7-301-27089-9

Ⅰ. ①汽… Ⅱ. ①夏…②姬…③孔… Ⅲ. ①汽车—服务营销—礼仪—高等职业教育—教材 Ⅳ. ①F766

中国版本图书馆 CIP 数据核字（2016）第 109954 号

书　　名	汽车营销服务礼仪（第2版） QICHE YINGXIAO FUWU LIYI
著作责任者	夏志华　姬　虹　孔春花　主编
策划编辑	刘晓东
责任编辑	李娉婷
标准书号	ISBN 978-7-301-27089-9
出版发行	北京大学出版社
地　　址	北京市海淀区成府路205号　100871
网　　址	http://www.pup.cn　新浪微博：@北京大学出版社
电子信箱	pup_6@163.com
电　　话	邮购部 010-62752015　发行部 010-62750672　编辑部 010-62750667
印刷者	北京虎彩文化传播有限公司
经销者	新华书店
	787毫米×1092毫米　16开本　16.75印张　387千字 2011年8月第1版 2016年6月第2版　2023年1月修订　2023年1月第6次印刷
定　　价	41.00元

未经许可，不得以任何方式复制或抄袭本书之部分或全部内容。
版权所有，侵权必究
举报电话：010-62752024　电子信箱：fd@pup.pku.edu.cn
图书如有印装质量问题，请与出版部联系，电话：010-62756370

第 2 版前言

汽车服务是在汽车产业价值链中连接生产和消费的支持性的、基础性的业务及这些业务的延伸业务。在一个成熟的汽车市场中，除掉汽车整车利润后，汽车的销售利润占整个汽车业利润的20%左右，零部件供应利润占20%左右，而50%~60%的利润是从服务中产生的。汽车服务已成为国内外汽车制造商、经销商的主要利润来源，也构成了汽车产业可持续发展的重要支柱。

当顾客走过一个又一个展厅，经过一家又一家维修企业，企业靠什么留住他们匆匆的脚步和摇摆不定的心？

当产品本身在质量、价格上的差异越来越小，企业又靠什么在竞争中获胜？

当然，只有靠企业的服务、企业的形象在竞争中获胜。在这样的大背景下，各个汽车相关企业，都把提升本企业形象和服务规范、提高顾客满意率、销售成功率，作为企业文化和制度建设的重要内容，以提升本企业的核心竞争力和美誉度。所以，"汽车营销服务礼仪"培训，就成了提升汽车企业核心竞争力的重要措施。

比尔·盖茨说："在市场竞争条件下，现代竞争首先是人员素质的竞争。"

对于汽车企业来说，员工的素质决定了服务质量和企业形象，想方设法提升员工个人的从业素质，塑造员工的服务形象已是目前激烈的市场竞争的大势所趋。

礼仪，是律己、敬人的表现形式，是一种行为技巧和交往艺术，是个人内在素质的外在表现，也是单位形象的具体表现。

我们在高职院校汽车营销与服务专业开设"汽车营销服务礼仪"课程，就是要在学生中普及汽车行业的职业礼仪和岗位礼仪，使学生在校期间，有意识地塑造个人规范及严谨、专业、有礼、有节的个人形象，以提升个人整体素质。同时，在以后的就业中，也必然能满足在工作岗位中企业对良好形象和美誉度的要求，并能尽快适应企业工作岗位的需求，从而提高企业的核心竞争力，在激烈的市场竞争中具备有利的竞争优势。

本书通过对汽车营销服务礼仪的职业规范、基本理论等方面的详细论述，帮助学生加强汽车市场服务意识，为学生提供重要的服务礼仪基本知识。书中详细介绍了服务形象礼仪、日常交往礼仪、位次礼仪、商务仪式礼仪、通信礼仪、会务礼仪和服务人员的语言规范等内容。尤其对汽车营销与服务专业的学生来说，提前学习相关求职面试礼仪的相关知识，有助于在校期间规范自己的行为修养，为将来就业做好铺垫。在编写过程中，对于各汽车行业服务人员的大力帮助和支持，在此深表谢意。

本书由吉林交通职业技术学院夏志华、河南职业技术学院姬虹及吉林交通职业技术学院孔春花担任主编，吉林交通职业技术学院汲羽丹、河南职业技术学院韩建国和湖北交通职业技术学院李洪亮担任副主编，湖北交通职业技术学院杨朝及吉林交通职业技术学院姜晓、车万华参编。本书具体编写分工如下：夏志华编写项目 0 及项目 5，姬虹编写项目 1 及项目 2，李洪亮编写项目 3，杨朝编写项目 4，车万华编写项目 6，孔春花编写项目 7，韩建国编写项目 8，汲羽丹编写项目 9，姜晓编写项目 10 和附录。

本书由夏志华统稿，由吉林交通职业技术学院姜勇任主审。

本书建议学时为 30～45 学时，各学校可按照自身专业设置的具体情况灵活分配。

在本书编写过程中，编者参阅了大量的文献、资料，在此，对这些文献资料的作者表示诚挚的感谢！

限于编者的水平，书中疏漏之处在所难免，敬请广大读者批评指正。

编　者
2016 年 2 月

目录

项目 0　概论 ····················· 1
　任务 0.1　礼仪的变迁 ············ 2
　任务 0.2　礼仪的内涵 ············ 7
　任务 0.3　礼仪的功能 ············ 10
　任务 0.4　学习礼仪的途径 ······ 14
　项目小结 ·························· 17
　练习与技能训练 ··················· 17

**项目 1　汽车营销服务礼仪的
　　　　　职业规范** ················ 19
　任务 1.1　汽车市场服务的职业道德 ··· 20
　任务 1.2　汽车服务人员岗位规范 ···· 24
　项目小结 ·························· 35
　练习与技能训练 ··················· 35

**项目 2　汽车营销服务礼仪的
　　　　　基本理论** ················ 38
　任务 2.1　角色定位 ··············· 39
　任务 2.2　双向沟通 ··············· 43
　任务 2.3　阳光心态 ··············· 47
　任务 2.4　三 A 法则 ·············· 51
　项目小结 ·························· 56
　练习与技能训练 ··················· 56

项目 3　汽车营销服务形象礼仪 ··· 59
　任务 3.1　仪容礼仪 ··············· 60
　任务 3.2　仪表服饰礼仪 ·········· 66
　任务 3.3　仪态礼仪 ··············· 72
　项目小结 ·························· 84
　练习与技能训练 ··················· 85

项目 4　日常交往礼仪 ············ 89
　任务 4.1　见面介绍礼仪 ·········· 90
　任务 4.2　称呼礼仪 ··············· 95
　任务 4.3　握手礼仪 ··············· 100
　任务 4.4　名片礼仪 ··············· 107

　项目小结 ·························· 114
　练习与技能训练 ··················· 114

项目 5　汽车营销服务位次礼仪 ··· 122
　任务 5.1　行进中的位次礼仪 ······ 123
　任务 5.2　乘坐交通工具礼仪 ······ 125
　任务 5.3　谈判位次礼仪 ·········· 131
　任务 5.4　签字仪式位次礼仪 ······ 133
　任务 5.5　会客座次礼仪 ·········· 135
　任务 5.6　会议座次礼仪 ·········· 138
　项目小结 ·························· 142
　练习与技能训练 ··················· 142

项目 6　商务仪式礼仪 ············ 147
　任务 6.1　开业仪式礼仪 ·········· 148
　任务 6.2　剪彩仪式礼仪 ·········· 151
　任务 6.3　交接仪式礼仪 ·········· 154
　任务 6.4　庆典仪式礼仪 ·········· 157
　任务 6.5　签约仪式礼仪 ·········· 162
　项目小结 ·························· 165
　练习与技能训练 ··················· 166

项目 7　通信礼仪 ················ 169
　任务 7.1　电话礼仪 ··············· 170
　任务 7.2　传真和邮件使用礼仪 ···· 177
　任务 7.3　商务信函礼仪 ·········· 182
　项目小结 ·························· 184
　练习与技能训练 ··················· 184

项目 8　会务礼仪 ················ 188
　任务 8.1　洽谈会礼仪 ············ 189
　任务 8.2　新闻发布会礼仪 ········ 192
　任务 8.3　展览会礼仪 ············ 196
　任务 8.4　茶话会礼仪 ············ 200
　项目小结 ·························· 208
　练习与技能训练 ··················· 208

项目 9　服务人员的语言规范 ………… 211
　　任务 9.1　文明礼貌用语 ………… 212
　　任务 9.2　行业用语 ………… 219
　　项目小结 ………… 224
　　练习与技能训练 ………… 224

**项目 10　汽车营销与服务专业学生
　　　　　求职面试礼仪** ………… 227
　　任务 10.1　求职面试礼仪概述 ………… 228
　　任务 10.2　应聘面试前的礼仪准备阶段 …… 232
　　任务 10.3　面试阶段礼仪 ………… 239
　　任务 10.4　面试结束告辞礼仪 ………… 247
　　项目小结 ………… 249
　　练习与技能训练 ………… 249

**附录　汽车营销与服务专业学生
　　　　求职面试资料范例** ………… 253

参考文献 ………… 257

项目 0

概　　论

在人类文明史上,礼仪随着人类历史的发展而逐渐成为传统文化的重要内容,并始终在人类社会生活中发挥着重要作用。礼仪是一种世界性的文化现象,它不仅是一个国家文明进步的标志,也是一国公民文明素养的标志。在国际交往中,礼仪体现国格;在人际交往中,礼仪体现人格。礼仪是社会和谐行为的校正器,人际关系的润滑剂,其价值显而易见。

在现代社会,礼仪正通过发挥自身的功能优势,影响并指导着人们各方面的生活,成为个人进步和组织发展不可或缺的工具和手段。作为汽车服务人员,了解礼仪的发展、内涵,有助于我们工作中正确运用礼仪知识服务于客户,架起连接企业与客户之间的桥梁,更好地服务于企业和客户。礼仪概论的基本内容有:

- 礼仪的变迁;
- 礼仪的内涵;
- 礼仪的功能;
- 学习礼仪的途径。

任务 0.1　礼仪的变迁

任务目标

目标一：了解礼仪的起源。
目标二：掌握中国传统礼仪的发展历程。

相关知识

礼仪的发展与确立并非一蹴而就，它伴随着人类历史的起伏而不断变化。为了更好地了解现代礼仪的丰富内涵，了解现代礼仪的功能和作用，有必要对礼仪的历史发展过程进行全方位的认识。

一、礼仪的起源

礼仪的起源，可追溯到原始社会。随着原始社会生产力水平的不断提高，社会交往扩大，财产和权力的分割出现，原始先民意识到，要想构建和谐的社会关系，减少纷争和摩擦，必须遵循一定的行为准则，礼仪由此产生。关于礼仪的起源，归纳起来，大致有以下几种。

1. 礼仪源于俗

所谓俗，即民间的风俗。我国近代思想家刘师培曾说过："上古之时，礼源于俗。"俗是礼的源头。自从有了人类社会，风俗就随之而产生。原始社会最早的社会习俗，其实就是共同生活的人们用以维护人际关系的规矩，是一种约定俗成的规矩。

2. 礼仪源于祭祖

远古先民对生存环境中出现的风雨雷电、洪水猛兽、日月星辰、自然界生老病死等自然现象感到迷惑不解，认定冥冥之中存在着一种超越现实和自然的力量——鬼神，认为一切不可解释的神秘奇迹和令人惶恐的灾祸现象，都源于鬼神的意志所驱使。为了去祸降福，原始先民把最好的食物虔诚地供奉给鬼神，由此形成了庄严而隆重的祭祖仪式。郭沫若就曾说过："礼是后来的字，在金文里面我们偶尔看见有用'豊'字的，从字的结构上来说，是在一个器皿里面盛两串玉以奉事于神，《盘庚篇》里面所说的'具乃贝玉'就是这个意思。大概礼之起，起于祀神，故其字后来从示，其后扩展而为对人，更其后扩展而为吉、凶、军、宾、嘉的各种仪制。"因此，许多学者都认为礼仪源于人们敬神祈福时的祭祖活动。

3. 礼仪源于人际交往

中国人认为礼仪起源于男女交往。在古人眼里，男女有别，必须用礼来区分。古人传说，华夏第一对夫妻伏羲与女娲在结婚时，伏羲"制嫁娶以俪皮为礼"，从此就有了礼。人们在交往中，难免有喜怒哀乐，礼的作用在于使之"发而皆中节"（《中庸》），即恰到好处，而不对别人造成伤害，于是便有相应的规定。西方人认为礼起源于原始人类的交往活动。法国文化人类学家莫斯在他的名著《礼物》中认为古代社会曾流行过一种"全面馈赠制"，即原始人的物品交往是通过一种"全面馈赠礼物的形式进行的"。

其实，礼仪的产生不仅仅局限于一物一事。它是风俗、祭祀、人情等交往活动的综合产物。由于礼仪产生于蒙昧社会向文明社会的过渡阶段，其所涉及的范围十分广泛，实际上渗透于社会生活的方方面面，因而它的产生有着深刻的人类文化根源和社会基础。随着社会的发展，礼仪在各国的发展轨迹各不相同。在中国，原始的礼仪被引入到宗法社会人们日常的行为规则中，又延伸为区分尊卑贵贱、亲疏等级的严格的礼法礼典，进而扩展到政治体制，形成了一整套维护统治秩序的系统而完整的社会治理程式。礼不仅成为日常行为的规范与准则，同时还是古代社会的政治、经济制度的体现，起着"经国家，定社稷，序民人，利后嗣"（《春秋左传·隐公十一年》）的作用。而在世界其他民族，礼仪虽然也是起源最早的文化之一，但随着第一代文明的消亡，礼仪文化并未形成制度和系统的思想，而是随着宗教与神学的兴起而渐隐其中。在中世纪，特别是在欧洲，对于一般社会群众，"礼"作为"礼俗"存在于人们的生活之中；对于上层社会，"礼"则作为交往之仪节、礼貌之表征。西方人也非常重视礼仪，他们将礼仪视为一切"美德之源"，只不过，礼仪并未成为其民族文化的根本特征，只成为仪礼或仪式活动的总称，英语为 rite。

二、礼仪的发展

1. 中国传统礼仪的发展历程

中国素有"礼仪之邦"的美誉，中华民族的礼仪文化源远流长，绵延数千年，独具内涵，发展历程曲折而复杂，大致可归纳为以下几个阶段。

1）萌芽期

这一时期主要处于原始社会，大致时间为公元前 3500 年至公元前 21 世纪夏朝建立前。当时国家尚未出现，原始氏族部落内部的一些风俗习惯从社会生活的各个方面详细而又具体地规定了氏族成员之间的关系准则。虽然这些风俗习惯是简单的、不成文的，但是对氏族成员行为具有很大的约束性。此外，根据大量的考古资料，在黄河、长江中下游和辽西、燕山地区，许多公元前 3500 年至公元前 2000 年的遗址上，都发现了"礼制""礼仪"和"礼器"的遗迹。如一些特殊的玉器、漆木器和陶器造型精美、纹饰独特、质料上乘，为权贵拥有并具有特殊含义，这应该可以说成是"礼器"。"礼器"的出现意味着有"以礼配器"的等级名分制度，也就是"礼制"的存在，而一些先民留下的祭坛以及后来传入夏、殷、周的祭礼出现，也说明当时已出现了祭祖礼仪。

2）成形期

这一时期指夏、商、周至两汉时期。中华传统礼仪在该阶段螺旋式的发展中基本成形。

夏礼最早出现，比较简朴。《诗经》《礼记》记载，当时忠孝之道已基本形成，已有学校，入学择春仲吉日；乡人于十月跻公堂，行饮酒之礼；礼器众多，宗庙器皿颇为讲究，一般雕刻成鸡、龙等形状。殷商巫祀之礼发达，礼器复杂多样，肃穆神秘，用于礼乐的乐器也十分发达。殷人好占卜，把占卜的行为与言辞都刻在龟甲与兽骨上，称为甲骨文，又称殷墟卜辞。周代礼仪更为成熟完备。周礼是我国奴隶社会最严谨、最庞大、最文明的礼仪制度。历史上有名的"周公制礼"就发生在这一时期，后来出现的专门记载周礼的礼书《周礼》《仪礼》《礼记》，世称"三礼"，说明经过西周统治者的不断改造，礼仪被赋予宗法封建制的等级规定，形成了严密、繁复的礼制，成为一种政治制度和伦理体系。

春秋战国时代，周王室衰落，诸侯纷争，出现了"礼崩乐坏"的局面。这时，以孔子、孟子为代表的儒家对宗周典章仍虔诚追求，对礼仪制度竭力维护。孔子提出了"非礼勿视，非礼勿听，非礼勿言，非礼勿动"（《论语·颜渊》）。孟子提出了封建社会人际关系的"五伦"准则，即"父子有亲，君臣有义，夫妇有别，长幼有序，朋友有信"（《孟子·滕文公上》）。这些礼制思想后来成为传统礼仪的核心内容。

至秦汉两朝，秦朝尊尚法家，但历时不长，随秦朝崩溃而告一段落。到汉朝武帝时，深感没有严格的君臣礼仪，国家必乱，于是"罢黜百家，独尊儒术"，将《诗》《书》《礼》《易》《春秋》合称为"五经"，其中的《礼》就是"三礼"中的《仪礼》。他使儒学所倡导的礼仪真正成为国家礼仪的主流，并直接影响之后的中国。由此，中国传统礼仪基本成形。

3）发展期

这一时期包括三国魏晋南北朝、隋唐五代和两宋时期。

魏晋南北朝是中国礼仪制度的重要发展阶段，五礼成为国家的礼仪制度就发生在此时。五礼体系被用于国家制礼实践中始于魏晋之际。汉末三国是五礼体系的孕育期，魏晋之际到萧梁前（北朝至北魏末）是五礼体系的发育期，萧梁至隋是五礼体系的基本成熟期。师古与适用是此时期人们制定礼规的原则。魏晋南北朝时期的五礼不仅仅是一种制度，也是一种实践。其重根本、尚往来的思想，既是对秦汉时期礼的继承，同时又具有自己鲜明的时代特征。

在魏晋南北朝时期，曾经出现过玄学。佛教、道教对儒学礼仪的挑战，但传统礼仪并未受到重创，倒是引起统治者顺应形势，注意变革。如刘备告诫其子刘禅的遗诏中"勿以恶小而为之，勿以善小而不为"，诸葛亮《诫子书》中"非淡泊无以明志，非宁静无以致远"等，无不开家训类文字之先河。

隋唐文化空前繁荣，同时也给礼仪的发展注入了强大活力。随着国家的统一，政治稳定，经济繁荣，又修订"五礼"。大业元年，制定舆服之制，使礼制定于一尊。唐末杜佑撰写《通典》，其中《礼典》100卷，更是仪制研究的里程碑。

随着宋代理学的兴起，理学家对礼治思想的阐述，进一步强化了礼治秩序。宋代一些学人致力于家礼、乡规民约、家训格言一类文字的撰写，成为传统礼仪的重要补充，对于民众的行为规范有着一定的指导意义。如南宋朱熹在《书仪》的基础上撰写《家礼》。在家训方面北宋司马光的《居家杂仪》和南宋陆游的《放翁家训》，对后世也产生了很大的影响。他们谆谆告诫自己的子女"谨守礼法""宽厚恭谨"，充分重视家庭在整个社会生活中的重要作用。总之，唐宋以后，礼仪开始与朝廷典章制度分离，走向民间，其内涵外延开始发生变化。

4) 衰亡期

元、明、清三代，随着封建社会的日薄西山，封建礼仪也逐渐走向衰亡。从宋至元，游牧文化与农耕文化就一直碰撞与交融，特别是元朝时蒙古民族入主中原，带入了大量游牧民族的风俗习惯，对中原的传统礼仪造成巨大的冲击。元朝将民族分为四等，汉人与南人屈居蒙古人、色目人之后；将职业分为十等，知识分子屈居工匠、娼妓之后两位居"老九"，所谓"九儒十丐"，可见统治者对农耕文化的排斥心态。虽然忽必烈也曾改革旧俗，推行汉制，但却仅仅对朝廷礼仪予以重视，对民间礼俗则少有顾及。

到朱元璋建立明朝，他认为"贵贱无等，僭礼败度"是元朝崩溃的主要原因，所以特别注意礼制的推行，按贵贱等级差别将衣、食、住、行规定得格外严格，不许有丝毫僭越之举，"凌侮者论如律"，当时的德庆侯廖礼忠就是因为僭用龙凤花纹被处以极刑。

至清朝，满族入主中原，再度强化封建礼教的地位，特别是将满族礼俗与封建礼俗结合，推向极端。如"留发不留头，留头不留发""三跪九叩首"，大臣上折自称"奴才"等，无不为清朝之首创。

5) 新生期

辛亥革命的爆发，使中国延续两千多年的封建社会彻底瓦解，也标志着中国礼仪开始进入一种自由发展、新旧交替的时代。孙中山组阁的南京临时政府颁布了一系列法令文告，"废除贱民身份，许其一体享有公民权利""革除前清官厅称呼""晓示人民一律剪辫"等，表明了与封建礼制的彻底决裂。"剪辫子""易服装""脱帽、鞠躬、握手、鼓掌、洋式名片"，见面称呼"同志""先生""君"，男女公开接触，自由恋爱、女子放足、婚礼新办等，掀起一股礼仪革新的新风。1919年爆发的"五四运动"更是旗帜鲜明地喊出"打倒孔家店"的口号，对封建礼教直接开刀，对传统礼仪进行了全面的批判，开创了中华文化近代化的新阶段。

中华人民共和国的成立，标志着中国礼仪进入了一个崭新的阶段。移风易俗，建立新型的社会秩序被迅速提上议事日程，为现代礼仪的诞生创造了良好的社会条件。新中国成立之初，党和政府在现代礼仪建设上，下过大力气，取得了相当的成效，人们互相尊重，心情舒畅，人际关系比以往任何时代都要和谐。

改革开放以来，我国经济社会的发展出现了欣欣向荣的局面。在新的形势下，"礼"和"礼仪"问题逐渐摆上议事日程。1981年，全国工、青、妇等单位联合向全国人民特别是青少年发出倡议，开展以讲文明、讲礼貌、讲卫生、讲秩序、讲道德和心灵美、语言美、行为美、环境美为主要内容的"五讲四美"文明礼貌活动。中宣部等单位下发的关于开展文明礼貌活动的通知指出："我们的国家和民族历来有'礼仪之邦'的称誉。我们在社会主义现代化建设中，要继承和发扬中华民族的优良传统，建设高度的社会主义精神文明。"此后，"礼义""礼貌"和"礼仪"得到正名。20年来，它们作为思想道德建设的任务和社会主义新人的素质，受到重视和褒扬。2001年，中共中央印发的《公民道德建设实施纲要》，把"明礼诚信"作为基本的道德规范之一加以倡导，强调要开展必要的礼仪、礼节、礼貌活动，引导公民增强礼仪、礼节、礼貌意识。党的十六大提出了全面建设小康社会的奋斗目标，在小康社会里，人民将过上富裕、文明、协调的新生活。为了实现这个美好的理想，我们要在加强物质文明、政治文明建设的同时，大力加强精神文明建设。而加强精神文明建设关键是要抓住两条：第一，要立足改革开放和现代化建设的实践，培育人民群众的伟大创业实践所需要的思想道德观念；第二，要立足中华民族的伟大民族精神，培育具有民族特色的道德精神和道德观念。礼仪道德规范和道德精神，既是社会实践需要的，又是具有民族特色的，因而是新的形势、新的生活的迫切需要。自此，我国的礼仪建设迎来了一个新的春天。

2. 西方国家礼仪的发展轨迹

1）西方国家礼仪的产生和发展

西方礼仪的产生与西方"公民"的出现密不可分。"公民"最早起源于古希腊城邦的政治生活，当时公民不仅表示人的地位和身份，也表示"高尚的人""道德的人"。13世纪至14世纪，欧洲一些城市的独立和自治运动推动了城市的发展，形成了通常意义上的"公民"，公民道德得到长足发展。随着近代西方社会的兴起和社会契约论的确立，出现了公民权利的要求，围绕追求个人权利和公共利益，形成了各种具有道德意义的行为方式，尊重他人、善待自己成为社会普遍的善，西方礼仪就是在这种背景下得以产生。

西方礼仪源于12世纪法国地区的骑士精神，但更早可以追溯到西班牙摩尔人时期。那时主要由皇室、贵族和教士组成的一种新型上层阶级社会逐渐在法国的阿基坦形成。它遵循一种新型的社会规范，逐渐发展起来影响了整个西欧。新规范大大地改变了社会，它限制暴力，约束暴躁和伤人的欲望。自骑士时代以来，法国人便成了礼仪方面的专家，他们把自己对礼仪的建议和阐述传播到其他国家。这些传统从法国传到欧洲其他国家，又从欧洲传播到美洲，现在许多已经成为国际礼仪通则。如今，大量关于服饰、言行和举止的礼仪书籍，实际上源自中世纪和文艺复兴时期的西欧宫廷礼仪。当时的社会要求谙识世事又有修养的绅士既要刚直不阿，又要勇敢、忠诚、富有正义感；妇女则要谦虚、温顺、贞洁、富有同情心。西方人普遍认为，稍微烦琐的礼仪能避免品行上的疏忽，这些礼仪常识在很大程度上决定着人们是否能够愉快交往，所以特别注意基本礼仪常识的培养，将礼仪看成是维护公共秩序的重要手段，认为培养公民遵守行为的规则、礼节性的规则，如"不要说粗话，不要打断别人的说话，不要拥挤，不要偷东西，不要撒谎等"，是一切道德之源。认为"文雅举止先于并且导致善良的行为，道德犹如一种心灵的礼貌，一种自我约束的礼仪，一种内心生活的礼节，一种我们责任的法规，一种最重要的仪式。反过来说，礼貌好比一种身体的道德，一种行为的伦理，一种社会生活的法规……它只是美德的表象，却能使美德变得可爱……因此道德—通过礼貌—从最底部开始"。于是，礼仪在符合公民规范的个人行为中习俗化、惯性化，成为公民的日常行为准则和普遍性的道德要求。

2）立足于道德教育中的礼仪教育

在西方，道德教育被称为培养人的德性的教育，即通过培养道德情感、道德判断、道德实践动机与态度，提高道德素质与实践能力的教育。礼仪和道德教育在西方也是一个古老而又崭新的问题。

在美国，学校道德教育的主要目标和内容，一是注重热爱国家、对国家忠诚的教育；二是注重"责任公民"的教育；三是注重个人基本道德品质的教育，这是美国学校道德教育一贯强调的目标之一。

在英国历史上，道德教育主要是通过宗教教育来实施的，目的是培养典雅高贵的古典绅士所应具有的道德规范和行为举止。学校注重按英国社会传统，用贵族的道德规范和行为举止要求来教育学生，偏重于日常言行和服饰礼仪方面的内容，注重个人品德的培养教育。

在德国，1919年的德国宪法就强调所有学校均须按照德意志民族性的精神及各民族和解的精神努力进行道德、公民意识、个人技能和职业技能方面的教育。

在法国，法国学校道德教育主要是通过开设公民与道德课来进行。法国学校开设的公民与道德课，传授系统的公民知识体系和规范的道德要求。按照学生各年级的年龄特点，该课程安排程度、深浅不同的内容。在教学方式方面，小学低年级的教学，主要围绕简单的故事、简易读物以谈话的方式来进行；高年级采取讨论、实践指导等方式来进行。例如，法国小学是五年制，公民与道德课按年级划分为三个阶段：第一阶段是预备阶段，主要对象是小学一年级的学生，讲授最基本的行为规范，如讲卫生、良好的饮食习惯、注意安全、努力学习、爱护公物、尊重他人，培养互相帮助和团结友爱的精神。第二阶段是基础阶段，主要对象是小学二至三年级的学生，讲授最基本的公民知识，如国家的概念、自由、平等、博爱的信条、选举过程、公民的基本权利和义务、政府各部门的职责等。第三阶段是中级阶段，主要对象是小学四至五年级的学生，讲授基础的国家与公民的知识，如法国的人权宣言精神、自由与权利的关系、国家制度与机构、法国在世界上的地位和作用等。这种教育中也有礼仪教育，包括个人礼仪、交往礼仪和国家礼仪等方面的内容。

任务 0.2 礼仪的内涵

任务目标

目标一：能遵循相应的礼仪原则处理好人际关系。
目标二：掌握中外礼仪的不同含义及现代礼仪的特点。

相关知识

礼仪是人类社会历史发展的产物，具有鲜明的时代和地域特征，因此，不同时代、不同民族对于礼仪内涵的理解不尽相同。

一、礼仪的析义

中国《辞源》对"礼"的基本含义的解释是：规定社会行为的法则、规范、仪式的总称。中国历代思想家从不同的角度阐述"礼"的含义和内容，归纳起来，大体上可分为三个层次：一是指封建社会的等级制度、法律规定和伦理规范的总称；二是指社会的道德规范和伦理准则；三是指礼节仪式和待人接物的方法。

西方"礼仪"一词据说始于法语的 etiquette，原意是"法庭上的通行证"。古代法国的法庭把那些进入法庭后所必须遵守的规则都写在一张长方形的通行证上，发给进入法庭的每一个人，让他们遵守。后来，经过不断的演化，英语中的"礼仪"一词的含义逐渐明确起来。目前的英语中具有"礼仪"意义的单词主要有以下四个，courtesy：指谦恭有礼的言行、礼貌、风度；etiquette：指礼仪、礼节和各种规矩；protocol：指外交、军事等特定领域里的相处准则；rite：指礼仪、典礼，也泛指习俗中的礼仪行为。

现代礼仪从传统礼仪演变而来，随着时代的进步，在内容和形式上已经发生了很大的变化。虽然中国与外国对礼仪的内涵定义各不相同，但随着世界现代化的浪潮，各种文明的不断交融碰撞，不同的礼仪规范在不断地整合，各民族对礼仪的认识、定位也逐渐趋同。

概括地说，礼仪是指人们在社会交往中形成的、以建立和谐关系为目标的、符合"礼"的精神的行为规范、准则和仪式的总和。现代礼仪的开展立足于人际交往，目的是为了人与人之间和谐相处，并且通过礼规来约束和规范人们的行为。

二、礼仪的原则

礼仪作为人际交往的行为规范，必定遵循相应的原则加以实行和贯彻，才能使礼仪发挥应有的功能。

1. 和谐的原则

自古以来，礼仪就是建立和谐社会的基本规范之一。我国古代就很重视和谐，普遍提倡以和为贵，把和谐思想贯彻到各行各业、各个方面。商业经营中的和气生财，儒家思想的中庸之道，其实质就是适中的意思，也含有中和的意思。建立一个和谐有序的社会，是当今全人类的共同追求。人类社会是一个群体的社会，群体中的人们要和谐相处，必须确立共同的游戏规则，并遵循这些规则，否则就会天下大乱。于是，人们就根据和谐的原则，将人的行为规范约束在一定的礼仪范畴中，使人们各就其位，各行其事，各尽其职，不因为争斗而带来灾祸，以保持人类社会的健康有序发展。

2. 尊重的原则

礼仪从本质上来说就是人际关系的润滑剂。在人际交往活动中，人们都希望得到他人的尊重，而且对尊重自己的人有一种天然亲和感、认同感。只有遵循尊重的原则，人们才会做到遵守、自律、敬人、宽容、平等、从俗、真诚与适度，才会自觉地对交往对象一视同仁，给予礼遇。要达到和谐交往的目的，就要尊重自己、尊重别人，将一定的礼仪原则和规范付诸行动，使自己获得他人和社会的尊重。在礼仪活动中，不理解甚至不赞同对方的文化、行为方式、观念、态度，人们在意识中可以抛开礼仪的干涉，但在行为上终究要受礼仪的支配，仍要以礼相待。这点在对外交往关系中尤为重要，正好表现了礼仪主体的力量和信心。

3. 善良的原则

善良是人类道德的坚固基石。如果将一个人的人品比作一幅精美的画，同情、诚信、宽容、坦率、谦逊等就是画面上的色彩和线条，而善良则是那张承载这些色彩和线条的宣纸。在现实中，善良原则要求人们努力做到扬善抑恶、不做坏事、制止坏事。人们会对某种社会现象以及个人的行为品质做出道德评价，评价的标准就是善与恶。礼仪作为人类共同生活必须遵循的善，其制定与践行也必须遵循善的原则。

4. 审美的原则

礼仪的制定与践行必须遵循审美的原则。美是合乎人本性的存在。审美可以陶冶情操、美化人格、规范行为。在礼仪活动中，自始至终贯穿着审美体验，体现着对美的追求。遵循礼规，以礼待人不仅令人愉悦，而且也满足他人与社会的审美需求。行为的美，谈吐的美是有感染力的，对促使周围人际关系的和谐发展产生正效应。因此，礼仪的制定与践行必须遵循审美的原则，使礼仪随着时代的发展和民族的、地域的审美要求，变成一种追求人生美、社会美的手段与工具。

三、现代礼仪的特点

现代礼仪之所以能够被全世界所接纳，并广泛应用于全球各个领域，就在于它拥有相对于传统礼仪不同的特点。

1. 简易性

现代社会人际交往频繁，人们渴望轻松快捷而又不失礼节的处理人际关系，因而简易性的礼仪礼节随处可见，一声简短的问候、一个灿烂的笑容、一句温馨的提示、一声温暖的关怀，都能够化解心灵的隔阂，拉近彼此的距离。

2. 国际性

科学技术的迅猛发展，把世界变成了一个"地球村"，礼仪的"世界语"特征愈发明显。首先，礼仪出现了国际化的标准，国际礼仪通则为各国在国际交往中共同遵守，规范着交往行为，体现着平等友好，展现着文明风貌。其次，礼仪呈现出共通并存的特点。虽然不同民族都有自己独特的礼仪，但蕴含在礼仪之中的内涵趋于一致，它们都表现着人类善的一面，都是人类本性最真挚的情感表达。如点头礼、握手礼、微笑礼、鞠躬礼、拥抱礼、作揖礼、注目礼、挥手礼、脱帽礼在全世界的所有国家和所有民族中都通行无阻；军礼和宗教礼仪虽然只在军队中、宗教界流行，但是，世界上所有的人都认识它和接受它。

3. 规范性

虽然在现代社会礼仪已从治国安邦的典章回归于社会公德的基本范畴，但礼仪规范性的特征依然十分明显。礼仪的规范和准则可以用语言、文字、动作进行准确的描述和规定，具有严格的规范性、程式性。个人礼仪、社交礼仪、公务礼仪、商务礼仪、服务礼仪、涉外礼仪、习俗礼仪等，无不具有自身的规范性。礼仪学习表现为对礼仪原则和规范的认识，它是礼仪行为的基础。人们只有知道应当遵守什么行为规范，知道什么是有礼的，什么是无礼的，什么是对的，什么是错的，才能在行为上有所依据，成为"达礼"之人。因此，接受、掌握一定的礼仪规范，是道德修养的基础，它贯穿于礼仪学习的全过程。

4. 实用性

礼仪是日常生活中相对习惯化了的生活方式。礼仪素养的形成，必须按照礼仪的规范，不断地操作，经过长期反复的陶冶、磨炼和实践。不但要使人们形成对礼仪规范的认知，而且要求实现礼仪行为上的自觉。因此，现代礼仪的学习特别注重规范的践行，注重把礼仪原则、规范运用到交往实践中，运用到生活和工作中去对照、检查和修正，如此不断循环，才能克服非礼行为，培养礼仪品质。这种规范性和操作性所带来的重复性和惯常性，恰恰显示出充分的可靠性，形成了礼仪的实用性特征。现代礼仪运用到具体的社会交往中，相应地产生了各种行业礼仪，如商务礼仪、服务礼仪等。礼仪与特定行业的结合，不仅能为各行各业增光添色，使从业者素质有效提高，而且也使礼仪本身，从抽象理论的说教变成指导生产生活实践的正确行为方式。

5. 灵活性

礼仪固然是一种约定俗成的行为模式，但在具体的人际交往中，应根据当时情况的变化做出变通。现代礼仪的灵活性，一方面体现在礼仪活动主体应变的灵活性，指礼仪主体能迅速觉察出社交场合、礼仪活动中情景、情况的变化，机敏地做出必要恰当的反应，从容而不失体面地做出决策，采取应变的措施；另一方面，礼仪的灵活性是指现代礼仪本身的形式内容是灵活多样的，传统与现代礼仪的相互渗透，国外与国内礼仪的有机融合，使现代礼仪既彰显时代风貌，又蕴含文化道德精神。

任务 0.3　礼仪的功能

任务目标

目标一：能正确理解礼仪是个人素养的体现，是道德调控方式。
目标二：了解礼仪具有能动的社会功能并正确运用到工作中。

相关知识

礼仪具有能动的社会功能，它渗透于社会生活的方方面面，因而对社会生活的作用是积极的、巨大的。在现代社会中这种作用主要体现在交际功能、道德功能和管理功能上，它在社会生活中的能动作用既广泛，又深入。

一、交际功能

美国著名学家卡耐基有句名言："一个人的事业成功只有15%由他的专业技术所决定，另外85%，则要靠人际关系。"现代社会的发展给人们拓展了交往的空间，人生充实自我、展现自我、发展自我的舞台变得如此之大，在这个舞台上，礼仪是个人素养的体现，人际关系的基础，交往成功的保证。

1. 培养文明素养

礼仪是人类文明的标尺，也是人的社会化的重要内容。对礼仪的学习与践行，促进着人类文化的延续和文明水准的提高。一个具备良好文明素养的民族，必定是一个循规守礼的民族。文明素养的形成，是遵照社会所提出的文明行为规范与行为模式不断实践、不断修正、逐渐提高的过程。当人们将礼貌的言行当作习惯，在待人接物上彬彬有礼，文明的素养就会在潜移默化中逐渐形成。

2. 奠定人际基础

藏族有句谚语："有枝有节的树容易攀登，知情达理的人容易接近。"人与人之间的交往，只凭表象去判断，一定是错误的，但我们又实在不能否定表象的作用。心理学里著名的"首因效应"，说的就是这样的道理。有时候，一个细节就会成为交往的最大障碍，比如说在商业社会中，服装和仪表往往成为判断一个人工作情况的标准，肩上的头屑、皱巴的西装、衬衣领子与袖口上的污渍，会让首次见面的成功人士不屑一顾。在交谈中，声调略低、平静而语速适中的说话方式让人备感亲和；而节奏太快、口不择言、咄咄逼人会使人产生戒心。在人际交往中，遵循表示尊敬、友好的礼仪程序，通过礼貌的言行来获得人际好感，树立良好的社交形象，是打开人际关系之门的金钥匙。

3. 保证交往成功

人际交往，贵在有礼。在现代社会中礼仪被称为人际关系的"润滑剂""调节器"。良好的礼仪可以指导和纠正人们的行为方式，促使人们在社会交往中敬人、自律、适度、真诚，从而在尊重他人的同时获得他人的尊重，左右逢源，无往不利；良好的礼仪可以弥合人际关系的裂痕，使人际矛盾为"礼让"所化解，沟通已经疏远的人际关系。如我们给久不往来的朋友发一条祝福的短信，给有矛盾的同事送上一份生日的礼物，甚至于争吵过后的一个真诚的微笑，都会使得前嫌尽释。良好的礼仪还可以创造谋生求职的机会。礼仪让你懂得如何称呼、介绍和问候；懂得如何着装，怎样待客，得体的对待赞美与批评；还懂得如何同各种文化背景的人打交道，在不断变化的工作场所游刃有余，充满自信的活跃于职业舞台。因此，良好的礼仪又被称为是"就职黄页"。

二、道德功能

有的学者在解释"礼仪"时，把礼仪分为"礼"和"仪"两个部分，这种解释不尽科学。因为礼仪是一种具有特殊性的"仪"，它是离不开"礼"的，因而具有道德本质；脱离了"礼"的"仪"则是一般的、单纯的"仪"，它不具有道德本质。具体地说，礼是基本的道德规范，礼仪是"礼"德的表现形式，这就使礼仪具备了道德本质，从而也就决定了礼仪的道德功能。所谓道德功能，就是指道德系统同人和社会的相互作用中的能力。一般地说，道德有两个基本的功能：调节功能和认识功能。与此相应的，道德还有些次生的功能：驾驭功能、教育功能、导向功能、辩护功能、激励功能、沟通功能等。礼仪一是作为一种道德的意识、规范和行为，即行为调控；二是通过认识功能完善人的人格，即人格完善。

1. 行为调控

礼仪可以帮助人们调节行为的发生、发展，从而将人们的行为控制在符合礼仪道德要求的范围内。道德调控是社会控制的一种形式，礼仪就是道德调控的方式之一，礼仪对人们道德行为的调控，是通过它的导向功能和调节功能来实现的。礼仪具有导向的功能，它本身体现着一种价值导向，引导着人们选择正确的价值方向和目标，去做符合礼仪规范的事情；礼仪具有调节的功能，它通过对人们行为的评价以及评价信息的反馈，来指导、纠正人们的行为和活动，使之符合礼仪的规范。在调节社会关系的过程中，礼仪以特有的方式评价人们的行为，告诉人们哪些行为是有礼的、哪些行为是无礼的；哪些行为是善的、哪些行为是恶的；哪些行为是美的、哪些行为是丑的，并以特有的感召力引导人们扬善抑恶、趋美避丑，把人们的思想和行为纳入社会所需要的秩序轨道。礼仪规范的操作性特别强，可以用语言、文字、动作进行准确的描述和规定，可以在社会交往中进行标准化操作。如果我们选择了符合道德原则的礼仪，就可以把道德要求按照礼仪的方式组织起来，落实到人们的行为举止、仪态容貌、语言文字上，使人们按照礼德的精神做符合礼德的事情。

2. 人格完善

人格是一个人以特定的行为模式表达出的关于自身的精神价值，即人特有的品格。人格是内在美的核心，也是外在美的基础。一个人有什么样的人格，就会有什么样的行为轨迹。礼仪道德可以帮助人们认识礼仪的意义、内容和作用，从而将礼仪的要求内化、沉淀，转变为人格素质。为了使社会成员的素质符合社会所需要的秩序，任何社会都会推崇相应的理想人格，礼德的精神就是理想人格的重要内涵，礼仪形象就是理想人格的外部表现。礼仪对于理想人格的塑造和完善，是通过它的教育功能和激励功能来实现的。所谓礼仪的教育功能，就是指它能够通过认知的方式，帮助人们理解礼仪的价值及其在塑造理想人格中的作用，从而自觉地培养礼德精神和礼仪素质；所谓礼仪的激励功能，就是指它能够通过评价的方式，激发人们的道德情感和道德意志，引导他们坚持不懈地追求良好的礼仪形象，塑造一种将内在的思想素质与外在的仪表素质有机结合的完善的人格形象。礼仪有一个重要的特点，就是可以把内在的道德精神与外在的道德形象很好地结合起来，既以德带礼，又以礼显德。在社会生活和交往中，人们总是通过礼仪来显现道德修养，表现一个人内在的道德素质。人的道德精神属于内心世界，它本身不能直接地被感知，而要通过礼仪等行为表现出来。正因为礼仪可以显现人们的道德素质，所以它才能够帮助人们塑造良好的外部形象，并相应地培养良好的道德精神，进而形成完善的道德人格。

三、管理功能

自从 20 世纪美国管理学家泰勒为管理学奠基之后，对于组织的科学管理就成为管理者们孜孜以求的目标。礼仪的功能作用其实不仅仅体现在人类社会交往中，同时也体现于社会组织自身发展的需要上。

1. 提高人才素质

进入 21 世纪以来，世界管理理论的发展早已从"物的管理"向"人的管理"实现质的转变。谁拥有了高素质的人，谁就掌握了未来，这已是人所共知的道理。在日益激烈的组织竞争中，每一个组织都为拥有和培养一支高素质的员工队伍而各显神通。而所谓的"高素质"的定义也在随着时代的发展而不断地变化。在日本,有高层管理者提出:"礼仪的体现,才是人才的体现。"美国著名的形象设计师莫利先生曾对美国《财富》杂志排名前 300 名的企业执行总裁进行过调查,97%的人认为能展现外表魅力的人,有更多的升迁机会;93%的人认为第一次面试着装不当会被拒绝;100%的人认为应该有职业形象设计课对员工进行培训。而在中国,对于人才的评价也早已从品行好、能吃苦、业务强等内涵向形象、气质等外延拓展。许多大型组织开始对员工的礼仪与素养提出明确的要求,如"化淡妆上岗""着正装上班"等已写进了岗位守则之中,被要求必须执行,礼仪培训也被列入员工培训的必修科目。

2. 凝聚组织人心

俗话说:"人心齐,泰山移。"在一个组织的管理中,人心向背是至关重要的。凝聚人心,需要组织成员强烈的认同感,需要构筑良好的沟通渠道,还需要调节好各种利益关系,而良好的礼仪在其中可以起到重要的作用。首先,礼仪可以维系良好的、健康的人际关系,使组织成员满足自身的需要。按马斯洛的需要层次论,人的需要可以依次分为生理的需要、安全的需要、尊重的需要、爱的需要、自我实现的需要五个层次。这些需要有物质层面的,但更高的却是精神层面的。如果一个组织中人际关系紧张、混乱,同事之间互相敌视、戒备,人们惶惶不安,行为怪异,是无法满足个人的归属、受尊重和实现自我价值的需要的,组织必然人心涣散。而如果组织成员之间经常利用礼仪来传递道德和善意,表示互相之间的尊敬与谦让,共同铸造出文明友好的氛围,人们必然会心情舒畅,产生强烈的归属感和认同感。其次,礼仪可以形成良好的沟通渠道。在现代管理中,沟通是最重要的组织职能,礼仪的各种形式是沟通的重要形式。如升旗仪式、阅兵仪式、开业仪式、签约仪式等仪典、仪式,传递和扩散着本组织的信息,渲染着特殊的组织气氛,是沟通组织与社会的最好方式,使人们乐此不疲;贺信、贺电、聘书、致谢函电等礼仪文书,传达着敬意、关切和问候,是成员之间的沟通。组织与组织之间关系的最好方式;语言和蔼、言辞有度、举止得体等将口头语言与体态语言相结合,使人们从宜人的话速语调、礼貌的称呼、亲切的微笑、优雅的身姿、热情的握手、亲切的拥抱中感悟关心和爱心;还有宴会形式,无论是家宴、便宴,还是正式宴会,都于杯盏往来中传达友好敬意,也是沟通不可或缺的形式。最后,礼仪可以调节各种利益关系。礼仪作为一种规范、程序,作为一种相对固定的文化传统,对人们之间的关系模式起着固定、约束和调节作用。人们在组织中的作用关系、上下尊卑以及各自的权利与义务,都受着各种礼规的约束。如在乘坐轿车时、行走时、进餐时、会谈时,按尊卑排序可以使人们各就各位,减去不少麻烦。

3. 塑造组织形象

组织形象是一个组织在社会交往中形成的综合化、系统化的印象。组织形象的内涵十分丰富,在现代社会,人们一般用"知名度"和"美誉度"两项指标来衡量组织形象。知名度是指社会公众对一个组织知道和了解的程度;美誉度是指社会公众对一个组织信任和赞许的程度。知名度高并不意味着美誉度高,"誉满全球"和"臭名远扬"都是"知名度"。美誉度高也并不意味知名度高,"酒香不怕巷子深"的时代早已成为过去。良好的组织形象,应当是知名度与美誉度并重。对于一个组织而言,每一个运作环节都与组织形象息息相关,礼仪则体现在组织活动的各个环节当中,通过组织员工的仪表规范、言辞谈吐、行为方式中的礼貌礼节表现出来,通过组织参与社会活动中的仪式、仪典体现出来。如果组织的每一个成员能够时时、处处按照礼仪的要求去开展工作,以礼仪的准则来协调组织与社会、组织与公众间的关系,注意自身形象的完善和完美,讲求自身行为的有礼和有节,展示自己独特的个性、内在的修养和发展的潜质,那么这对塑造组织的良好形象将会起到极其重要的作用。

任务0.4　学习礼仪的途径

任务目标

目标一:了解礼仪学习的途径及学习内容。
目标二:能根据专业特点正确掌握学习方法。

相关知识

学习礼仪的途径是多种多样的。学校教育和社会实践是两条主要途径。学校是学生受教育的场所,应该成为礼仪道德教育的重要阵地。学校礼仪教育可以使学生在思想上和行为上受到熏陶和训练,将礼仪知识内化为自身的素质,从而真正收到实效。社会实践是学习礼仪的又一途径,社会实践可以使学生提高分辨礼与非礼的能力,掌握礼仪技能。因此,在学习内容上,要做到将礼仪知识与道德要求相结合、传统礼仪与现代礼仪相结合、系统常识与专业特点相结合的"三结合";在学习方法上,要做到理论学习与技能训练相结合、知识接纳与习惯养成相结合、学校学习与社会实践相结合的"三结合"。通过这两个"三结合",将礼仪知识与技能变为实际行动,形成文明的行为方式,达到高尚的人生境界。

一、整合学习内容

在学习内容的选择上,实现礼仪知识与道德要求相结合、传统礼仪与现代礼仪相结合、系统常识与专业特点相结合的"三结合"模式。

1. 将礼仪知识与道德要求相结合

要坚持寓礼仪学习于道德修养之中。一些礼仪规范虽然稍嫌烦琐,却能避免品行上的疏忽。在礼仪学习中应该把道德要求按照礼仪的方式进行组织,将礼仪与一定的制度规范相结合,充分运用礼仪的道德功能,从行为举止、仪态容貌、服饰语言上规范自己的行为方式,并且将这些规范延伸至生活之中,按照"礼"的精神做符合道德的事情,在社会生活中渗透基本礼仪常识,使礼仪成为自己乐意接受的约束、自觉遵循的规范、努力追求的修养。

2. 将传统礼仪与现代礼仪相结合

坚持以传统礼仪为基础，以现代礼仪为主导。在传统礼仪中，有许多好的观点、观念，有许多好的礼节、习惯。例如，关于"礼"要以"诚"为基础、做人要真诚、待人要诚恳的观点；关于协调和处理人际关系要讲究"适度"的观点；关于对人要宽厚、宽容的观点；以及尊老爱幼、孝敬父母的规矩；礼尚往来、入乡随俗的规矩；讲究举手投足、视听坐卧、衣着打扮等仪态容貌的要求。这些观点和规矩，对于处理现代社会人际关系仍然具有普遍的意义。但当今世界的发展一日千里，人们的交往空前的活跃与频繁，在相互往来的过程中，逐渐形成了许多既蕴含各国、各民族礼仪特点又是不同国家不同民族的人们可以互相懂得的现代的、国际性的礼仪，这些礼仪能认同所接触到的越来越多的不同文化和习俗。在学习中要注重将传统礼仪与现代礼仪创造性地结合起来，结合当今世界和中国的实际情况，把各种礼仪规范和学说进行科学的整合，在搞清楚传统礼仪的思想内涵及其精髓的基础上，精选出一些最普遍、最适用的现代礼仪规范来重点掌握，使自己既明白传统之"礼"，又明白现代之"礼"，妥善处理传统的和现代的、民族性和世界性的关系。

3. 将系统常识与专业特点相结合

要把握专业的特点，选择好学习内容。礼仪学是一门博大精深的学问，它可以从伦理学、社会学、民俗学、美学等各个角度进行诠释。一般而言，大学生需要掌握的礼仪的基本知识包括以下几个方面：礼仪的概念，主要了解礼仪是一门什么样的学问；个人礼仪，主要包括言谈、举止、服饰等方面的礼仪要求；社交礼仪，通常包括交际礼仪、聚会礼仪、宴请礼仪、馈赠礼仪等；公务礼仪，通常包括办公室礼仪、会议礼仪、公文礼仪、公务迎送礼仪等；商务礼仪，主要包括商务交往礼仪、商务仪式礼仪、公司内部礼仪等；服务礼仪，通常包括服务礼仪准则、服务礼仪形象、服务礼仪技巧等；涉外礼仪，通常包括涉外礼仪通则、外交迎送礼仪、外事活动礼仪等；习俗礼仪，主要包括日常生活礼俗、岁时节令礼俗、人生礼俗（如婚嫁礼俗和丧葬礼俗）等。针对不同的专业，学习的侧重点是不同的。如公共管理专业应加大社交礼仪和公务礼仪的学习比重，汽车营销与服务专业应加大服务礼仪和商务礼仪的学习比重等，根据专业的具体情况，将系统常识与精简实用相结合，选择好学习内容。

二、创新学习方法

在学习方法上，实现理论学习与技能训练相结合、知识接纳与习惯养成相结合、学校学习与社会实践相结合的"三结合"模式。

1. 理论学习与技能训练相结合

由于中国礼仪与外国礼仪，传统礼仪与现代礼仪的发展轨迹、内涵、外延都不尽相同。当今时代，许多旧有的礼规仍在起作用，不容违反；新的礼规却层出不穷，不断变化。因此，必须通过课程学习了解中外礼仪的发展进程，了解现代礼仪的丰富内涵，了解它们的功能和作用，形成对礼仪的全方位认识，真正做到学以致用，运用礼仪规范，培养文明的习惯和素质。又由于礼仪具有很强的实用性与可操作性，从某种意义上说，它实际上是一门实用性的科学,因此在掌握了礼仪常识之后,还必须掌握一些操作的技能,也就是说进行一些操作训练,如个人礼仪的技能训练,包括良好的身体姿态的训练,形成良好的站姿、坐姿、走姿、表情与手势;服饰搭配方面的训练,形成良好的着装风格;语言谈吐方面的训练,形成良好的语速、语调,掌握敬语的使用;仪容修饰方面的训练,掌握一般的美容、美发常识等;交往礼仪的技能训练,包括介绍的方式、拜访与接待的方式、宴请的方式、礼品的选择、座次的安排、舞姿舞步、环境的布置等;礼仪文书的技能训练,掌握用书信和其他文字方式表达情感的礼仪形式等。这种学习方式的参与性,能够取得很好的学习效果。

2. 知识接纳与习惯养成相结合

礼仪素质的养成,必须从点滴小事做起,从大处着眼,小处着手,寓礼仪知识于日常行为之中,然后逐步渗透于方方面面,最后使自己成为一个时时处处都恪守礼规的人。根据礼仪教育自身的规律性,学习过程中应该力求将知识接纳与习惯养成相结合,使自己在理论学习和技能操作中掌握敬人、自律、适度、真诚等礼仪原则和相关的知识,并积极地身体力行,把礼仪原则、规范运用到自己的交往实践中去,运用到自己的生活和学习中去。时刻对照、检查,再把新的认识贯彻到行动中去修正,如此不断循环,从而达到提高礼仪品质、养成良好德性的目的。

3. 学校学习与社会实践相结合

礼仪的实践性是由礼仪学习的特征而决定的。第一,礼仪学习具有侧重性。由于人与人之间的交往关系是错综复杂的,因而在交往过程中碰到的礼仪问题也会呈现出复杂的状况;又由于个人所处的环境、所受的影响以及所具有的生活经验、知识水平不同,因而在礼仪的掌握上也会有所不同,学习礼仪的侧重点也就不一样。初学礼仪的人可以把日常礼仪规范作为自我修养的重点,参加公务员工作的人可以把公务礼仪作为自我修养的重点,参加商业工作的人可以把商务礼仪作为自我修养的重点,这便是礼仪学习的侧重性。第二,礼仪学习具有重复性。礼仪学习不但要使人们形成对礼仪的认知,而且要求实现礼仪行为上的自觉。要做到这一点,必须经过长期反复的陶冶、磨炼、学习和实践。第三,礼仪学习具有适应性。礼仪学习必须适应当时社会实际的客观状况和客观要求,在承认人与人之间平等协作关系的基础上,实现人与人之间的相互尊重、尊敬、关怀、真诚。礼仪学习还必须注重让自己践行礼仪规范,而不能只停留在主观的范围内。第四,礼仪学习还具有渐进性。每个人的礼仪水平都是通过不断努力,循序渐进,才会逐渐提高的。正是由于礼仪学习具有实践性的特征,因此,在礼仪学习方面,应该特别强调实践的作用,鼓励受教育者积极参加交往实践活动,在对别人、对组织的各种关系中,认识自己的哪些行为是符合礼仪规范要求的,哪些行为是不符合礼仪规范要求的,去克服自己的非礼行为,培养自己的礼仪品质。

项目小结

本项目主要对礼仪进行了礼仪的变迁、礼仪的内涵、礼仪的功能及学习礼仪的途径等方面的概述。

礼仪的发展与确立并非一蹴而就,礼仪的变迁主要了解礼仪的起源、中国传统礼仪的发展历程、西方国家礼仪的发展轨迹。

礼仪的内涵具体包括礼仪的析义;礼仪的和谐原则、尊重原则、善良原则、审美原则;现代礼仪的简易性、国际性、规范性、实用性及灵活性原则。

礼仪具有能动的社会功能,它主要有交际功能、道德功能和管理功能。

学习礼仪的途径是多种多样的。学校教育和社会实践是两条主要途径。在学习中要根据专业特点,整合学习内容,创新学习方法。

练习与技能训练

一、填空题

1. 关于礼仪的起源,归纳起来,大致有_____、_____和_____几种。
2. 中国传统礼仪的发展历程大致可归纳为_____、_____、_____、_____和_____几个阶段。
3. 汉朝武帝时,将_____、_____、_____、_____和_____合称为"五经"。
4. 1981年,开展以讲文明、讲礼貌、讲卫生、_____、_____和心灵美、语言美、_____、_____为主要内容的"五讲四美"文明礼貌活动。
5. 目前的英语中具有"礼仪"意义的单词主要有_____、_____、_____和_____四个。
6. 礼仪的原则主要有:_____、_____、_____和_____四个。
7. 现代礼仪的特点为:_____、_____、_____、_____和_____等。
8. 在现代社会中礼仪的社会功能作用主要体现在_____、_____和_____上。
9. 礼仪的原则主要有_____、_____、_____和_____四方面。

二、判断题

1. 俗是礼的源头。(   )
2. 孟子提出了"非礼勿视,非礼勿听,非礼勿言,非礼勿动"。(   )
3. 刘备《诫子书》中"非淡泊无以明志,非宁静无以致远",无不开家训类文字之先河。(   )
4. 在英国历史上,道德教育主要是通过宗教教育来实施的。(   )
5. "一个人的事业成功只有15%由他的专业技术所决定,另外85%,则要靠人际关

系。" （ ）
6. 在交谈中，声调略高、平静而语速适中的说话方式让人备感亲和。（ ）
7. 所谓道德功能，就是指道德系统同人和社会的相互作用中的能力。（ ）
8. 坚持以传统礼仪为基础，以现代礼仪为主导。（ ）

三、单项选择题

1. 礼仪是（ ）、祭祀、人情等交往活动的综合产物。
 A. 社会生活　　　B. 文化　　　　C. 风俗　　　　D. 日常行为
2. 一般地说，道德有两个基本的功能：调节功能和（ ）功能。
 A. 沟通　　　　　B. 认识　　　　C. 辩护　　　　D. 教育
3. 按马斯洛的需要层次论，人的需要可以依次分为生理的需要、安全的需要、尊重的需要、（ ）、（ ）的需要五个层次。
 A. 精神的需要　　B. 爱的需要　　C. 自我价值　　D. 自我实现
4. 在学习内容上，要做到将礼仪知识与（ ）相结合、传统礼仪与现代礼仪相结合、系统常识与（ ）相结合的"三结合"。
 A. 道德要求、专业特点　　　　　B、知识接纳、专业特点
 C. 道德要求、知识接纳　　　　　D. 道德要求、社会实践
5. 关于协调和处理人际关系要讲究（ ）的观点。
 A. 适当　　　　　B. 适量　　　　C. 适度　　　　D. 适合
6. 服务礼仪，通常包括服务礼仪准则、服务礼仪形象、（ ）等。
 A. 商务交往礼仪　　　　　　　　B. 服务礼仪技巧
 C. 公司内部礼仪　　　　　　　　D. 日常生活礼俗
7. 每个人的礼仪水平都是通过不断努力，（ ），才会逐渐提高的。
 A. 加强锻炼　　　B. 不断强化　　C. 循序渐进　　D. 速效求成
8. 根据礼仪教育自身的规律性，学习过程中应该力求将知识接纳与（ ）相结合。
 A. 加强锻炼　　　B. 强化训练　　C. 习惯养成　　D. 专业技巧

项目 1

汽车营销服务礼仪的职业规范

项目导读

汽车市场服务的职业道德和相关的岗位规范是汽车服务礼仪的基础和核心。在汽车营销服务过程中,汽车服务人员必须具备汽车市场服务的职业道德和严格地遵守汽车行业有关的岗位规范。在工作中,汽车服务人员如果不遵守职业道德和相关的岗位规范,会严重影响工作质量并给企业带来负面影响。

项目分析

汽车服务人员的职业规范是指对汽车服务人员在汽车服务的工作岗位上的所作所为的标准化、正规化的要求。只有做到遵守职业规范,才能做到"服务美"。推行汽车服务行业规范化服务的主要出发点,是要提高汽车服务机构的整体服务质量,全面提高它的经营质量、管理质量和工作质量,用高水准的经营、高效率的管理、高质量的工作,更好地为人民服务、为社会服务、为社会主义现代化服务。在工作中,汽车服务人员的职业规范的主要内容有:

🚌 汽车市场服务的职业道德;

🚌 岗位规范。

任务1.1 汽车市场服务的职业道德

任务目标

目标一：深刻学习汽车市场服务行业的职业道德。

目标二：以汽车市场服务的职业道德为准则，提高自己的汽车服务工作意识，提升自身服务形象。

任务下达

美国著名企业家玫琳凯有一次开着一辆旧车去一家代销福特汽车的商行，准备购买一部自己早已看中的黑白相间的车子，作为庆祝自己生日的礼物。但是，福特车行的售货员看到玫琳凯开的是辆旧车，把她看作"不可能的买主"，因而接待时显得漫不经心，最后干脆找了个借口，说已和别人约好要共进午餐，把玫琳凯拒之门外。

玫琳凯走出福特代销商行后，无意中走进了另一家商行。这家商行的售货员极其热情，当他询问后得知玫琳凯是为自己的生日来购车的，说了声"请稍等"就走开了，过了一会儿又回到了柜台前。15分钟后，一位秘书给他送来了12朵玫瑰花。他把这些花送给玫琳凯，说是一点心意，以表示对她生日的祝贺，这使玫琳凯大感意外、惊喜并激动不已。于是，她打消了原来想买黑白相间的福特车的想法，决定从这家商行买回一辆黄色默库里汽车。

请思考：

（1）两个汽车销售人员虽然接待的是同一个客户，但是为什么最后得到的结果却不一样？

（2）从职业道德方面考虑，这两个汽车销售人员在工作中表现如何？

与汽车营销和技术服务相关的企业对新入职的汽车服务人员要进行相关职业道德培训，为以后销售汽车产品，服务客户奠定基础。汽车服务人员不仅要认真学习汽车行业相关职业道德，而且能够将相关职业道德融入实际的服务工作中去。

任务分析

汽车服务行业的职业道德的具体内容，主要包括对于服务人员在思想品质、服务态度、职业修养3个方面的规范化的要求。它们都是用以调节服务人员在其工作中的各种人际关系的行为准则。只有掌握了汽车服务行业的职业道德的核心思想，才能够加深对其具体内容的理解；只有掌握了服务行业的职业道德的具体内容，才能够加深对其核心思想的理解，此二者之间，实际上是相辅相成的。

相关知识

汽车服务行业的工作，从本质上来讲，是一种直接为消费者服务的，极其重要、极其广泛的经济活动。在汽车服务行业之中，要求全体从业人员树立良好的职业道德风尚，不仅有助于汽车企业的建设和发展，而且能促进社会主义精神文明建设及社会和谐发展。

职业道德指的就是从事某一具体职业的人，在其工作岗位之上所必须遵循的与其职业活动紧密联系的行为准则，它本身受到个人素质与自我良心的制约。汽车服务行业的职业道德，是指汽车服务人员在服务过程中，接待自己的服务对象，处理自己与服务对象、自己与所在企业和国家之间的相互关系时所必须自觉遵守的职业行为准则。

汽车营销与服务这种职业，包括体现了自身社会地位与社会关系的3大要素：责、权、利。所谓"责"，是指汽车营销与服务这种职业必须承担一定的社会责任。如遵守职业规则、承担社会义务、与其他职业进行有序的合作等。所谓"权"，是指汽车营销与服务这些职业享有一定的职权，即拥有一定的社会权力，如使用或支配相关社会资源、通过职务报酬获取社会财富等。这些职权，是社会公共权力的一部分。在如何承担和行使职业权力上，体现着人们的社会公德。所谓"利"，则是指汽车营销与服务这种职业实际上体现着一定的利益关系。如汽车服务行业，通常都是国家利益、公众利益、行业利益和个人利益的集结点。如何正确处理它们之间的关系，既是职业的"责""权"之所在，也是职业道德的内在内容。

一、思想品质

汽车服务人员要做好本职工作，在其思想品质方面，就必须对自己有一定的规范化的要求。汽车服务人员要树立良好的职业道德，首先就必须树立起热爱本职工作的思想。热爱本职工作，具体应当体现为爱岗敬业、忠于职守。这是职业道德有别于其他道德的主要特征。

汽车服务人员要做到爱岗敬业，就要努力做到热爱自己所从事的具体职业；热爱自己所在的具体工作岗位；明确自己工作的目的和意义；忠实履行自己的职责。在工作上认真负责，在职业素质上精益求精，力求掌握最好的职业技能；勤勤恳恳，踏踏实实，始终如一，不计名利，认真做好本职工作。

汽车服务人员要做到忠于职守，就要自洁自律，廉洁奉公，不暗示、不接受客户赠送的物品，不带个人情绪上班。以集体主义为根本原则，正确处理个人利益、他人利益、班组利益、部门利益和企业利益的相互关系，有严格的组织纪律观念和团结协作精神。

爱岗敬业与忠于职守，对于每一位汽车服务人员而言，都是相互联系、相互制约、不可偏废的。只有爱岗敬业，才有可能真正做到忠于职守。只有做到了忠于职守，才能够真正称得上是爱岗敬业。

二、服务态度

服务态度是指汽车服务人员对于汽车服务工作的看法，以及在为客户进行服务时的具体表现。一名汽车服务人员的服务态度端正与否，通常直接影响到他为客户所提供的服务的好坏。

汽车服务人员必须充分地认识到自己所从事的汽车服务工作，是整个社会分工的重要组成部分之一。从根本上说，汽车服务工作处于汽车生产领域与汽车消费领域的中间环节。只有通过汽车服务人员辛勤努力的工作，客户对汽车各方面的需求才能最终得以满足。服务人员正确的服务态度，具体体现在为服务对象进行服务时的表现。

汽车服务人员要做好本职工作，在服务态度上必须对自己有一定的规范化的要求。在汽车服务行业，对汽车服务人员在服务态度上的总的要求是：热情服务、礼待宾客、以质见长。

1. 热情服务

从严格的意义上来讲，汽车服务人员为服务对象所提供的服务，既包括汽车营销方面的内容，同时也包括汽车技术服务方面的内容。当社会生产力日益发达，全社会的文明程度日益提高之时，汽车领域的服务对象对于自己在服务过程中能否获得精神上的满足，往往就愈加重视。

要在汽车服务过程中从精神上满足服务对象，就要求服务人员要对对方热情服务。所谓热情服务，就是要求汽车服务人员在为服务对象进行服务时，要以"情"见长、以"情"动人。在为客户进行服务的具体过程中，要积极、主动、耐心、细致、周到，并且充满感情。最重要的是：这一切都必须出自真心，而绝对不是虚情假意。

2. 礼待客户

礼待客户，就是要求汽车服务人员在接待客户时，要注意以礼待人，要向对方提供礼貌服务。

汽车服务人员要真正做到礼待客户，就必须努力做到尊重客户、关心客户、热爱客户并重。在自己的工作岗位上为客户服务时，要对所有的客户一视同仁，采取完全平等的态度，绝不可厚此而薄彼。要做到对待熟人与生人一样、对待成人与孩子一样、对待异性与同性一样、对待地位高的人与地位低的人一样、对待本地人与外地人一样、对待外国人与中国人一样、对待消费多的人与消费少的人一样。

在礼貌服务的诸多要求之中，关键的一点，就是要求汽车服务人员要真正尊重客户。只要客户感受到了汽车服务人员对其的尊重，礼貌服务的目的就达到了。反之，做不到对对方的尊重，就没有礼貌服务可言。

3. 以质见长

以质见长，就是要求汽车服务人员在为服务对象服务的过程中，不仅要重视数量问题，还要对质量问题倍加关注，要努力在自己的服务上以质取胜。

 知识链接

小王是某汽车4S店的一名汽车服务顾问，每天的工作任务就是接待前来维修的车辆。在工作中为了能够使自己业务量增加，月底工资增多，在维修接待中经常是顾了这个顾客，忘了上一个顾客。这边顾客的服务流程还没有走完，就被小王丢在一边，开始接待下一个前来维修的顾客。经常是顾客这边的车辆早已修好，顾客却还在休息室苦苦等待，等顾客发现车已修好，要求走完剩下的服务流程的时候却找不到小王这个服务顾问。因此小王经常遭到顾客的投诉，企业的服务形象也因此大受影响。最后，小王被公司辞退了。

三、职业修养

汽车服务人员要做好本职工作，在其职业修养方面，就必须对自己有一定的规范化要求。一般而言，汽车服务人员在这方面要力争做到又红又专、德艺双馨。

所谓修养，通常指人们在某一方面所具体达到的水平。职业修养，则通常指的是某一行业的从业人员，在自己的工作岗位上通过经年累月的锻炼，在思想上、业务上达到了一定的水准，以及由此而养成的待人处事的基本态度。对于广大服务人员而言，自己的职业修养往往会直接影响到服务质量与工作态度。

稍有社会阅历的人都知道，一名服务人员的职业修养，可谓"冰冻三尺，非一日之寒"。没有平日的从严要求和岁月的千锤百炼，便难有良好的职业修养可言。要提高自己的职业修养，服务人员就必须"从我做起，从现在做起"，在思想上、业务上对自己从难、从严要求。在日常生活里，一个人的修养往往体现于其所作为的具体细节之上。而这些细节，通常又真切地展示着其个人素质的高低，因此，服务人员必须与一切不拘小节的行为划清界限，通过个人修养的提高，来展现自己良好的个人素质。

具体来讲，要求汽车服务人员在职业修养方面不断地提高，主要应当从下述两个方面入手。

1. 树立为客户服务的意识

在日常汽车服务工作中，汽车服务人员要树立起全心全意为客户服务的意识，并以满足顾客的需求为自己最大的快乐。勤勤恳恳，兢兢业业，是汽车服务人员的根本职责。每名汽车服务人员都应该明白，必须为客户提供优质的专业服务，把企业给予的信任用于汽车服务行业中，真正做到为客户服务、为客户着想。只有凭借优质的服务、精湛的专业技术，汽车服务人员才能赢得广大客户的信任和支持。

2. 努力钻研业务

汽车服务人员要真正做好本职工作，仅有为客户服务的思想还不够，还必须有为客户服务的过硬本领。也就是说，汽车服务人员必须既红又专。这就要求服务人员努力学习各项有关的业务知识，不断地调整、充实自己，不断地提高自己的服务水平。

一般而言，汽车服务人员要努力钻研业务，必须做到理论与实践并重。一方面，汽车服务人员要积极学习各种与自己所从事的具体工作直接相关的专业理论，用科学的理论武装自己，开阔自己的视野。另一方面，汽车服务人员还应当积极进行岗位练兵，不断提高自己的服务技能，真正做到理论联系实际、理论指导实践、理论服务实践。

与此同时，面对汽车时代的迅速发展与行业竞争的日趋激烈，汽车服务人员在进行业务学习的过程中，要敢于发现新情况、研究新问题。也就是说，汽车服务人员的业务学习要注意与形势的需要相适应。

 特别提示

汽车服务人员在学习、提高服务技能时，要注意增加科技的含量与知识的含量，汽车技术飞速发展，我们的汽车服务人员也要与时俱进。只有真正做到了这一点，汽车服务人员的服务水平才能好上加好、永不落伍。

任务实施

汽车服务人员不能把职业道德只放在口头上，要具体的应用到实际的工作中去，热情地为顾客服务，对顾客负责，通过自身过硬的服务本领，让顾客对服务质量称心满意。要求通过汽车服务人员的一言一行，传达出企业对顾客的体贴、关心与敬意，这不仅能提升企业整体的服务形象，也能为企业带来一定的经济效益。

当玫琳凯女士到福特车行时，销售人员的冷漠态度赶走了她，而当她无意中走进另一家商行时，起初只是一个看客，但是这家车行的销售人员通过具有高度技巧性的情感式的服务把看客转变为现实的购买者，赢得了玫琳凯女士的信任，使她放弃了购买福特车的打算。

由此可以看出，在服务过程中，买卖双方的情感交流是多么重要，当然这种交流的前提是汽车服务人员具有很强的职业道德意识。

实训任务

对学生进行分组，要求每组学生编排一个情景剧，内容是反映汽车服务人员在服务过程中所体现的相关职业道德。（可以通过正面或反面的表现形式来体现，每组学生所反映的职业道德越全面越好）

任务1.2　汽车服务人员岗位规范

任务目标

目标一：重视岗位规范与规范服务。
目标二：掌握岗前准备、顾客接待、汽车推销、纠纷处理相关的岗位规范。

任务下达

在美国中部一个普通城市里一个普通地区的一家比较知名的车行，车行展厅内有6辆各种类型的越野车。这是一个普通的工作日，阳光明媚，微风吹拂，展厅看起来格外明亮，店中的7个销售人员都各自在忙着自己的事情。下午，一对夫妻带着两个孩子走进了车行。凭着做了10年汽车销售的直觉，乔治认为这对夫妻是真正的买家。

乔治热情地上前打招呼，并用目光与包括两个孩子在内的所有的人交流，目光交流的同时，他做了自我介绍，并与夫妻分别握手。

这对夫妇说他们现在开的是福特金牛，考虑再买一辆新车，他们对越野车非常感兴趣。乔治开始耐心、友好地询问：什么时候要用车？谁开这辆新车？主要用它来解决什么困难？在交谈中，乔治发现了这对夫妻的业余爱好：他们喜欢钓鱼。

乔治非常认真地倾听来自客户的所有信息，以确认自己能够完全理解客户对越野车的准确需求。乔治首先推荐了"探险者"，并尝试着谈论配件选取的不同作用。他邀请了两个孩子到车的座位上去感觉一下，因为两个孩子好像没有什么事情干，开始调皮。这样一来，父母对乔治的安排表示赞赏。

这对夫妻看来对汽车非常内行。乔治推荐的许多新的技术，新的操控，客户都非常熟悉，由此可见，这对夫妻在来之前一定收集了各种汽车方面的资讯。这对夫妻看来对"探险者"非常感兴趣，但是乔治也展示了"远征者"，一个较大型的越野车，因为后者的利润会多一些。这对夫妻看了一眼展厅内的标有价格的招牌，叹了口气说超过他们的预算了。这时，乔治开了一个玩笑："这样吧，我先把这个车留下来，等你们预算够了的时候再来。"客户哈哈大笑。

乔治此刻建议这对夫妇到他的办公室来详细谈谈。在通往办公室的路上，他顺手从促销广告上摘了两个气球下来，给看起来无所事事的两个孩子玩，为自己与客户能够专心协商创造了更好的条件。

汽车行销售人员的办公桌一般都是两个倒班的销售人员共同使用的，但是，尽管如此，乔治还是在桌上放了自己和家人的相片，这其实是另外一个与客户有可能谈到的共同话题。他首先写下夫妻俩的名字，联系方式，通常采购汽车的潜在客户都不会第一次来就决定购买，留下联系方式，以便将来有机会在客户到其他的车行都调查过以后，再联系客户成功率会高许多。他再一次尝试着先问了客户的预算是多少，但客户真的非常老练，反问道，"你的报价是多少？"乔治断定他们一定已经通过多种渠道了解了该车的价格情况，因此，乔治给了一个比市场上通常的报价要低一点的价格，但是，客户似乎更加精明，面对他们的开价，乔治实际只能挣到65美元，因为这个价格仅比车行的进价高1％。乔治表示无法接受，于是乔治说，如果按照他们的开价，恐怕一些配置就没有了。于是，乔治又给了一个比进价高6％的报价。经过再次协商，乔治最终达成了比进价高4％的价格。对于乔治来说，这个价格利润很薄，不过还算可以了，毕竟，客户第一次来就能够到达这个步骤已经不错了，而这个价格则意味着车行可以挣到1000美元，乔治的提成是250美元。

乔治非常有效率地准备好了相关的文件，因为需要经理签字，只好让客户稍等片刻。通常对于车行的销售经理来说，最后检查销售人员的合同并予以确定是一个非常好的辅导缺少经验的销售人员的机会。乔治带回经理签了字的合同，但在这时，客户却说他们还需要再考虑一下。此时，乔治完全可以使用另外一个销售中的技巧，那就是压力签约。他可以运用压力迫使客户现在就签约，但是他没有这样做，他宁愿让他们自由地离开。这其实也是这个车行的自我约束规则，这个规则表示，如果期望客户再回来，那么不应使用压力，应该让客户在放松的气氛下自由地选择（受过较高的教育的客户绝对不喜欢压力销售的方式）。乔治非常自信这个客户肯定回来，他给了他们名片，欢迎他们随时与他联系。

两天以后，客户终于打来电话，表示他们去看了其他的车行，但是不喜欢，准备向乔治购买他们喜欢的车，虽然价格是高了一点，但还是可以接受。他们询问何时可以提车，令人高兴的是，车行里有现车，所以乔治邀请他们下午来。

下午客户来了，接受了乔治推荐的延长保修期的建议，安排了下一次维护的时间，并且介绍了售后服务的专门人员。并由专门的维护人员确定了90天的日期回来更换发动机滤清器。这个介绍实际上是要确定该客户这个车以后的维护、保养都会回到车行，而不是去路边廉价的小维修店。

请思考：
乔治在汽车销售过程中的有关岗位规范是否做得正确恰当？

在自身本职岗位上，汽车服务人员必须严格地遵守汽车行业有关的岗位规范。在服务于顾客时，汽车服务人员如果对有关的岗位规范一无所知，或者明知故犯，会严重影响企业形象，对企业的发展产生不良影响。

任务分析

汽车服务人员的岗位规范，它所指的，主要是汽车服务人员在工作岗位上面对服务对象要遵守的，以文明服务，礼貌服务、热情服务、优质服务为基本准则的各项有关服务标准和服务要求。简言之，它实际上就是汽车服务人员在服务于客户时的标准的、正确的做法。

相关知识

一、岗前准备

1. 自身准备

汽车服务人员的自身准备，是指对汽车服务人员每天上班之前所进行的个人方面的要求。汽车服务人员每次上岗之前，只有做好了自身的准备，真正做到了有备而来，才能为其他方面的工作奠定坚实而良好的基础。

总的说来，下述5个方面的具体细节问题，是每一位汽车服务人员在进行岗前的自身准备时都需要注意的。

1）充分休息

在正常情况下，汽车服务人员在每次上班之前，都要尽一切可能进行充分的休息，以便养精蓄锐，在工作岗位上以充足的体力、旺盛的精力与饱满的热情来完成本职工作。

2）讲究卫生

注意个人卫生，是汽车服务人员进行岗前个人准备时始终应牢记的。除去平时要注意并保持个人卫生之外，在上岗之前，重点应当放在本人的手部、口部与脸部。

3）修饰外表

汽车服务人员在进行岗前准备时，务必对自己的外表多加注意。在个人的仪容、着装方面，基本的要求有8个，即发必齐、须必剃、甲必剪、妆必淡、衣必雅、扣必系、帽必正、鞋必洁。这8个方面之中任何一个方面小有差错，都会使人感到汽车服务人员的外表出现问题。

项目1 汽车营销服务礼仪的职业规范

4) 心理稳定

在工作岗位上，汽车服务人员的喜、怒、哀、乐，均被视为其待人接物的态度。在人际交往中，就个人而言，素质决定一切；对他人而言，则是态度决定一切。因此，汽车服务人员要从大局出发，以工作为重，上岗之前对个人的心理状态进行必要的调整。要善于保持平常心、善于拥有阳光心态，不使个人的悲欢离合影响工作，或是有碍于人。

5) 提前到岗

为了不影响汽车服务工作的正常进行，汽车服务人员不但要遵守本单位规定的作息时间，每天按时上班，而且通常应当提前到岗，以便做好正式上班的准备工作。

2. 环境准备

环境准备，是汽车服务人员按照惯例应当进行的岗前准备之中的重要环节。缺少了这一必要的环节，或者对其重视不够，服务质量将大打折扣。

汽车服务人员所进行的岗前环境准备，分为店容店貌与商品陈列两个主要方面。二者的具体要求，往往是有所不同的。

店容店貌，是汽车服务人员平日进行岗前环境准备工作时必须注意的问题。要规范店容店貌，汽车服务人员要搞好清洁卫生、爱护店名牌匾、做好美化装潢、设置便民设施。

做好汽车的陈列，至少可以发挥以下双重作用：一方面，琳琅满目的汽车可以显示企业车型齐全，库存充足，另一方面，它也可以吸引顾客，并促进汽车的销售。

3. 工作准备

在汽车服务人员所做的各种岗前准备之中，工作准备是最重要、最直接的一种，因为它是与汽车服务人员行将开始的服务工作密切相关的。

工作准备，是指汽车服务人员在到达工作单位之后、正式上岗之前，为更好地做好服务工作而进行的各种有关的准备。从总体上来看，在汽车服务人员平日所进行的工作准备中下列3项是最为基础性。

1) 工作交接

有不少汽车服务工作，是需要进行交接班的。有时，一些汽车服务单位或服务部门，还会定期召开班前会，统一安排布置工作。在进行工作交接和工作的布置时，汽车服务人员一定要专心致志，一丝不苟。

通常的具体要求，可被归纳为"一准""二明""三清"。

所谓"一准"，是要求汽车服务人员准时地进行交接班。

所谓"二明"，是要求汽车服务人员必须做到岗位明确、责任明确。

所谓"三清"，则是要求汽车服务人员在进行工作交接时，务必做到钱款清楚、货品清楚、任务清楚。

2) 更换工装

目前，汽车服务机构都有员工统一着装的规定。因此，在正式上岗之前，汽车服务人员必须按照规定更换服装，不得自行身着不合规定的服装。

3) 台面清理

在进行准备时，汽车服务人员必须要进行的最后一项工作，是对自己即将使用的台面的清理。进行台面清理的基本要求是：整齐、干净，并方便工作。

对于自己使用的办公桌、文件柜，一定要收拾整齐。文件、资料、笔具要分类摆放，计算机、软件要放置到位。切勿平时随手乱扔，用时东寻西找，即使自己心中有数，外人看起来也杂乱无章。

对于自己负责管理的汽车展品、货架、维修工具等，要确保无积尘、无污迹，切勿放置任何无用之物。在货架上，各类汽车配件要分类码放，并且必须码放整齐。对于废弃物，则一定要随时发现随时清理。

二、顾客接待

在工作岗位上，广大汽车服务人员，最为重要的工作莫过于顾客接待。顾客接待，在汽车服务机构中亦称销售接待。它主要是指汽车服务人员代表所在单位，向客户提供服务、出售汽车及相关产品的一系列过程。在这一阶段，双方不仅有可能一方获得赢利，一方获取所需，成功地实现商品、服务与货币的等价交换，而且还会在一定程度上进行相互交流、相互了解。

1. 待机接触

汽车服务人员正式进入自己的工作岗位，等待顾客的来临，随时准备服务于顾客，这叫作待机。而当顾客光临时，汽车服务人员接近对方、招呼对方，则被称为接触。对汽车服务人员来讲，待机是为了接触，接触则是待机的自然发展，二者往往直接联系在一起。

汽车服务人员在本人的工作岗位上待机接触顾客时，必须明确以下两点：一要积极主动；二要选准时机。具体来说，在待机接触阶段，汽车服务人员应当在以下3个方面多加注意，并且严格遵守有关的礼仪规范。

1）站立到位

在一般情况下，汽车服务人员特别是汽车销售顾问和汽车服务顾问，在工作岗位上均应站立迎客。即使允许其就座，当顾客光临时，也应起身相迎。站立迎客时，最重要的是要注意站立到位。

一般的要求是：汽车服务人员理应主动站立于既可以照看本人负责的服务区域，也方便观察顾客、接近顾客的位置。

在站立迎客时，汽车服务人员一般均应面向顾客或是顾客来临的方向。一般不允许四处走动巡视、忙于私事或者扎堆闲聊。

2）善于观察

通常而言，顾客进入汽车服务机构，并非人人有备而来，非要进行消费不可。即使顾客有一定的消费欲望，从其产生直至转变为现实的消费行为，也要经过观看、思考、了解、比较、挑选、购买等一系列的过程。在这一系列的过程里，需要汽车服务人员恰到好处地见机行事，有力地促进对方消费。

 知识链接

日本的一位著名的服务行业的经营者，曾经总结过服务人员主动接近顾客的6种最佳机会：一是对方长时间凝视某一商品时；二是对方细看细摸或对比摸看某一商品时；三是对方抬头将视线转向服务人员时；四是对方驻足仔细观察商品时；五是对方似在找寻商品时；六是对方与服务人员目光相对时。他

项目 1 汽车营销服务礼仪的职业规范

的经验之谈，是可资借鉴的。

3) 适时招呼

在汽车服务人员主动接触顾客时，向对方所讲的第一句话，就是打招呼，此所谓"来有迎声"。作为正面接待顾客时开口说出来的第一句话，"迎客之声"直接影响到汽车服务人员留给顾客的第一印象，并且在双方的交易过程之中举足轻重。

2. 展示操作

所谓展示操作，此处指的是汽车服务人员在接待顾客时，在必要的情况下，将顾客感兴趣的汽车的性能、特点、全貌，运用适当的方法当面展现出来，或者为对方进行示范性的使用，以便对方进一步了解、鉴别、选择。展示操作如果适当，可以加深顾客的购买兴趣，并促使双方成交。

 知识链接

一般在进行汽车销售的时候，汽车销售顾问选择以下几种方式来为顾客进行专业技术性的介绍：六方位绕车介绍法、FAB介绍法、FFB介绍法。通过采用这样有深度的介绍，使顾客对所青睐的汽车从外部到内部都有一个详细的了解，并且能够在最短的时间内了解车的特点或是性能优势。但是针对汽车的动力性能以及乘坐的舒适性、操控性等，一般都是通过试乘试驾的方式来使顾客亲身体验的。

3. 介绍推荐

在顾客接待过程中，买卖双方能否成交，往往直接取决于汽车服务人员向顾客所做的有关汽车产品、服务的介绍推荐是不是可以被对方理解和接受。

所谓介绍推荐，在此是指由汽车服务人员向顾客举荐汽车商品、服务，使对方对其有所熟悉、有所了解。介绍推荐的主要方法，一是主动地介绍汽车产品、服务的有关知识，二是因势利导地对顾客所提出的有关汽车产品、服务的问题进行回答。后者有时亦称"问有答声"。

汽车服务人员对于与"介绍之声"有关的下述3点要求必须认真予以对待。

1) 苦练基本功

对汽车产品销售而言，要做好介绍、推荐，就要做到"一懂""二会""六知道"。

所谓"一懂"，指的是要懂得汽车产品流转各个环节的业务工作。

所谓"二会"，指的是对自己所经营的汽车产品要会介绍、会操作。

所谓"六知道"，则是指要知道汽车产品的价格、知道汽车产品的性能、知道汽车产品的特点、知道汽车产品的优势、知道汽车产品的操作方法、知道汽车产品的保养常识。

 特别提示

汽车服务人员在介绍或推荐汽车产品、服务时，必须讲究职业道德，务必维护消费者的利益，一切都要实事求是。在介绍推荐时，既不要夸大其词，也不要隐瞒缺点。不要存心张冠李戴、指鹿为马。

2) 熟悉顾客心理

顾客在接触汽车服务人员时，顾客对汽车服务人员对自己的态度以及可信程度尤为关注。不同性别、不同年龄、不同职业、不同阅历、不同个性、不同习惯、不同地域、不同民族、不同受教育程度的人的具体表现，往往有所不同。在一般情况下，服务人员在为顾客进行介绍、推荐时，既要注意与对方进行角色定位，又要争取实现真正的双向沟通。

3）掌握科学方法

掌握介绍的科学方法，才能真正做好介绍。要做到这一点，不仅需要根据汽车产品、服务的不同特点去做，还需要尊重顾客的不同兴趣、偏好；不仅需要尽可能地全面，还要努力抓住重点。除此之外，还可辅以其他手段，例如，一边进行介绍或推荐，一边进行展示操作，或者一边进行介绍或推荐，一边回答顾客的疑问。

4. 成交送别

成交与送别，处于顾客接待的较后环节。二者虽不可混为一谈，但在实际操作中，却往往是联系在一起的。

在成交阶段，汽车服务人员的态度、表现如果大失水准，往往会使顾客中途变卦，或是产生遗憾。为此，要求广大汽车服务人员在这一阶段必须以规范化的服务，努力满足顾客的一切实际需要。

当顾客离去时，汽车服务人员向其有礼貌地道别，可使自己的接待工作善始善终，并且给对方亲切、温馨之感。

三、汽车推销

1. 接近顾客

汽车产品推销，必须以接近顾客为起点。如果不能成功地接近顾客，便没有任何成功的机会可谈。

接近顾客，通常应当讲究方式、选准时机、注意礼节。汽车销售顾问在接近顾客时，必须注意依礼行事、礼待顾客。一般来讲，在接近顾客时，有关汽车服务人员在问候、行礼、自我介绍、递上名片时，必须在礼节的运用上中规中矩。

2. 争取顾客

汽车服务人员在具体从事推销工作的过程之中，必须在热情有度的前提下，摸清顾客心理，积极见机行事，以适当的解说、启发和劝导，努力争取顾客，以求促进双方交易的成功。

争取顾客，不仅需要全体服务人员齐心协力、密切配合，还要求每一名服务人员都要善于恰到好处地运用必要的服务技巧。

3. 影响顾客

根据汽车服务礼仪的有关规范，能够在推销过程中对顾客产生正面的、积极的影响的，主要有以下6个方面的因素。对汽车服务人员而言，它们可以称之为"影响顾客六要素"。

1）以诚实服务

诚实服务，就是要求服务人员对顾客以诚相待、真挚恳切、正直坦率。消费者的知识、阅历正在不断地提高，对其盲目低估、加以欺骗，既非明智，亦非理智。汽车服务人员接触顾客的过程中，如能对对方诚实无欺，则必为对方所信任和称道，使之放心地进行交易，甚至会成为"本店常客"。

2）以信誉服务

有位国外的推销行家在介绍其个人经验时曾说："信誉仿佛一条细细的丝线，它一旦断掉，想把它再接起来，可就难上加难了。"事实的确如此，对汽车推销人员来讲，信誉确实是自己的生命线。一旦失去了信誉，便会失去立足之本。

3）以心意服务

以心意服务，就是要全心全意地服务于顾客，并且做到善始善终，绝不半途而废。客观地说，待客以细心、真心和热心，就是以心意服务。以心意服务于顾客，就不可能与顾客出现不融洽的人际关系。

4）以情感服务

情感，一般是指人们对于客观事物所持的具体态度。从根本上讲，人们的需要获得满足与否，通常会引起对待事物的好恶的态度变化，从而使之对事物持以肯定或否定的情绪。

在实际工作中，汽车服务人员的不同情感，往往会导致不同的服务行为：要么是积极行为，要么是消极行为。汽车服务人员应当充分认识到：任何人的情感都是无比丰富的，真挚而友善的情感，具有无穷的魅力和感染力；强烈而深刻的情感，可以促使自己更好地为顾客服务。

5）以形象服务

汽车相关行业工作，与有关服务人员的个人形象往往息息相关，而且还间接地对有关的服务单位的整体形象产生一定的影响。因此，对于汽车服务人员来说，应坚持"以形象服务"，既重视个人形象，又维护单位形象。

6）以价值服务

顾客持币购买汽车产品时，首先希望的是物有所值，这是一种普遍的心理状态，也是经济生活中等价交换规则的具体体现。对汽车服务人员来讲，物有所值，应当成为其做好本职工作的正确的、基本的导向。

以价值服务，主要要求在具体的服务过程之中，必须使顾客了解清楚商品、服务的真实价值，使之认识到自己即将做出的购买决策是物有所值。

四、纠纷处理

1. 律己从严

律己从严的主要含义是汽车服务单位与汽车服务人员平时应当努力对自己严格要求，处处按照服务工作的有关岗位规范对待自己的顾客，力求防患于未然，使服务纠纷得以产生的土壤越来越少。

对于汽车服务单位而言，律己从严，主要应当在公平交易、诚实守信的基础上得以具体体现。《中华人民共和国反不正当竞争法》里明确规定："经营者在市场交易中，应当遵循自愿、平等、公平、诚实信用的原则，遵守公认的商业道德。"由此可知，做到公平交易、诚实守信，必须成为每个汽车服务单位严格管理、督促员工的一种自觉行动。

1）确保公平交易

所谓公平交易，意即在进行汽车产品、服务的买卖过程中，有关各方与此相关的一切表现要合情合理，并无勉强、被迫或者不公。从总体上讲，公平交易乃是商业道德的基本内容。具体来说，公平交易则是汽车服务行业的经营者对于顾客意愿和权利的最好的尊重。从汽车服务礼仪方面来讲，离开了公平交易，一切便无从谈起。

2）讲究诚实守信

在服务与交易过程之中，诚实守信应当是有关各方均须遵守的基本准则。它的主要要求是：在进行有关交易时，交易双方要真实地表达自己的本来意图，对于同交易有关的任何情况均不得有意向对方隐瞒，不可以向对方做出虚假的表示，不能够做亏心的买卖。唯其如此，才能实现真正的公平交易，保护好消费者的合法权益。

汽车服务人员一定要牢记"君子爱财，取之有道"的信条。这个"道"，实际上就是公平交易与诚实守信。在任何时候，都要见利思义，而切莫见利忘义。

3）端正服务态度

汽车服务人员在服务过程之中律己从严，就必须在接待顾客时做到热情服务、礼貌服务、耐心服务。

2. 待人从宽

待人从宽的主要含义是一旦不幸发生了服务纠纷，汽车服务单位、汽车服务人员均应认真对待、及时处理。在具体处理服务纠纷时，要勇于面对顾客提出的意见、批评，有则改之，无则加勉。对于属于自己一方的不足之处或严重缺陷，要敢于承认、敢于纠正，必要时还须及时向顾客或社会各界公开道歉；对于属于顾客一方的问题，要宽容忍让、礼让三分。在一般情况之下，无论如何都不允许汽车服务单位及有关服务人员在处理服务纠纷时对顾客蛮横无理、借故刁难、再三苛求，或者拒不承认自己的错误，拒不承担自己应负的责任。

在处理服务纠纷时，要求汽车服务单位、汽车服务人员宽以待人，具体来讲，有以下3个方面的问题必须认真对待。

1）认真面对

世间一切事物，都难免会有彼此之间产生矛盾之时。对于汽车服务单位、汽车服务人员而言，除了要以积极的努力去预防矛盾的出现之外，还有一点必须注意，即当矛盾出现时，要认真面对，尽快地采取合理的措施进行处理，以求大事化小、小事化了。

任何微小的服务纠纷，如果不能得到及时的处理，都有可能一再升级，迅速扩大，甚至还会最终酿成重大事端。汽车服务单位与服务人员对于这一点必须始终牢记不忘。

在面对服务纠纷时，汽车服务人员所要做的主要事情，是正确地处理发生在自己面前的矛盾，以防止其进一步升级或扩大。

（1）对待服务纠纷。汽车服务人员在工作岗位上万一与顾客之间产生了矛盾纠纷，如能注意下述3点，通常都有助于矛盾纠纷得到平息或化解。

① 主动谦让。当矛盾产生后，汽车服务人员如能及时地对顾客进行适当的谦让，往

往会使即将到来的双方正面冲突的局面迅速得以扭转。此刻,汽车服务人员可主动结合当时的情况,向顾客直接致歉。例如,"对不起,刚才是我做得不对""请您原谅,刚才是我态度不好""不好意思,让您久候了,真的很抱歉"等。这种及时"退一步"的做法,通常都有明显的收效。

② 宽宏大量。有的时候,顾客难免也会做错事、说错话。对于顾客本人的一些无关宏旨的过失,汽车服务人员一般不必予以深究。在必要的时候,甚至还可以在对其失当之处加以包容的同时,主动为其承担错误。所谓"你敬我一尺,我敬你一丈",汽车服务人员若能对顾客的小错小过不予计较,双方产生正面冲突的概率便会大为下降。

③ 转移视线。极个别的顾客有的时候会得理不让人。他们一旦找到了汽车服务人员或服务单位的毛病,往往紧抓不放。面对这一类人时,较为明智的做法,是在做出适当的解释、说明或道歉后,可转而从事其他正常工作。在这种情景之下,对方的怒气通常会逐渐减缓。因为没有人与之对阵的一台"独角戏",唱起来实在是乏味的。

(2) 接待顾客投诉。在面对服务纠纷时,汽车服务单位要做的主要事情,除了要对自己的员工严格管理、严格要求之外,重点是要认真对待顾客的投诉。

顾客的投诉,一般是指顾客因为汽车服务单位、汽车服务人员的服务有不周之处,而正式向有关部门、有关人员进行申诉或反映。对待顾客的投诉,汽车服务单位要谨慎而认真地予以对待。在接待顾客投诉方面,汽车服务单位重点需要做好以下3件事情。

① 由专人负责。在大中型汽车服务单位,应设立专门机构负责此事;在小型汽车服务单位,则可由主要负责人直接过问。

② 设投诉电话。有条件的单位,均应设立一部专门用以接待顾客投诉的电话,并将其号码正式对外公布。这种电话一定要保证畅通,并有人接听。

③ 要做好反馈。顾客向汽车服务单位进行的投诉,有时难以当下予以解决。负责经办此事者,不仅要认真做好记录,尽快进行处理,而且还要尽早将处理结果向投诉者通报。对方如对此不甚满意,还可再次对其研究处理。

2) 认真调查

毛泽东同志曾经语重心长地讲过:没有调查就没有发言权。他的教导,对于广大汽车服务机构如何处理纠纷,同样具有一定的指导性意义。

对于服务纠纷的处理,妥善的办法是要摆事实、讲道理,但求以理服人。如果要想真正做到"以理服人",就必须尽可能地对事实的真相有所了解,而要想真正做到这一点,不进行认真而细致的调查往往是做不到的。

有鉴于此,在处理汽车服务纠纷时,特别是在处理较为重大的服务纠纷时,汽车服务单位及其有关负责人员,一定要事先做好调查工作。

3) 认真处理

在具体处理服务纠纷时,汽车服务单位的有关人员在其指导思想、临场表现、处理方法等方面,都有必要认真地遵守相关的礼仪规范。

(1) 指导思想。在处理服务纠纷时,在总的指导思想上,有关人员必须谨记以下3点。

① 顾客总是对的。必须牢记在任何情况下顾客永远都是对的,这是服务礼仪的一项

基本原则。"顾客总是对的",并非意味着对对方的一切所作所为都要直接予以肯定,而是作为服务对象,顾客有权对汽车服务人员进行严格要求,有权对服务提出批评、建议或投诉。对此不理不睬,是绝对不可的。

② 处处礼让顾客。有关人员在具体处理服务纠纷时,一定要自始至终不分对象、不看对方态度,而对顾客始终待之以礼。并且在一般情况下,还要尽可能地对对方有所谦让。

③ 尽快妥善处理。不论从哪一个角度来看,服务纠纷一旦出现,对于有关的汽车服务单位绝非一件好事。因此应当尽早动手对其进行处理。在处理服务纠纷时,除了要注意及时之外,还必须采用行之有效的妥善方法。离开了后者,仅有"及时"二字是远远无助于解决根本问题的。

(2) 临场表现。在处理服务纠纷的临场表现方面,有关人员必须在下面4个方面对自己严格要求。

① 友善地对待顾客。当顾客提出批评或进行投诉时,不论其方式、方法是否正确,都应当将其视为对汽车服务单位、服务人员的监督、关心与激励。因此,应当明确地表示欢迎对方的批评,并对对方的投诉予以认真对待。在倾听顾客为此而进行申诉的过程之中,汽车服务单位的有关人员必须对对方加以体谅,并且热情友善、耐心开朗、礼数周到。

② 进行有效的沟通。在处理纠纷时,汽车服务单位一方的有关人员一定要积极与顾客进行有效的沟通。最为重要的是既要了解顾客的本意,又要使本单位对顾客意见的重视和处理纠纷的积极态度为对方所了解。

③ 满足合理的要求。有关人员在处理服务纠纷时,一定要主动了解顾客一方的合理要求,并尽可能地予以满足。满足顾客合理要求这件事情本身,就是对对方正当权益的一种尊重。假定顾客的合理要求一时难以满足,则应当立即向其说明并且道歉。

④ 保持自我克制。在极个别的情况下,少数顾客在服务纠纷发生时往往得理不让人,对汽车服务人员恶语相加,或者动辄以投诉和向媒体曝光相要挟,此刻应当要求汽车服务人员尽量保持自我克制,不与对方较劲。面对极个别的不讲道理的"上帝"时,汽车服务人员应保持良好的自我克制。

(3) 处理方法。面临服务纠纷时,在具体的处理方法上,最为常用的主要有以下4种。

① 当场处理。一些可以立即调解、处理的纠纷,最好当场处理。不要不管不顾、互相推诿。当场处理纠纷,应当说是处理服务纠纷最为理想的模式。有时,它也叫"面对面的处理"。

② 事后处理。对于有些难以当场处理的服务纠纷,可在事后进行处理。但对具体处理时间最好有所限定,并且一定要言出必行,及时处理。通常,事后处理又叫"背对背的处理"。

③ 仲裁处理。所谓仲裁,是指争执双方同意由第三者对争执事项做出裁判。当服务纠纷难以调解时,可由消费者协会做出仲裁。

④ 法庭处理。当服务纠纷难由上述方式解决时,可以诉诸法律。由法庭所做出的调解或判决,服务单位及其有关人员必须无条件遵守。如不服判决,可依法向上一级人民法院进行上诉。

项目 1　汽车营销服务礼仪的职业规范

任务实施

在汽车服务的过程中，岗位规范贯穿汽车服务的始终。前文中，乔治非常完美地完成了汽车销售的整个流程：顾客接待、汽车推销、成交送别，把相关的岗位规范运用的淋漓尽致。虽然乔治没有采用压力签约的方式刺激顾客签约，但是凭借他个人的经验，最后还是赢得了这笔生意。汽车服务人员在自己的本职岗位上，必须严格地遵守有关的岗位规范，在服务于客户时，汽车服务人员如果对有关岗位规范一无所知，或者是明知故犯，那么遵守服务礼仪就必定会变成一句空话。

实训任务

要求学生进行汽车有关岗位规范模拟训练。根据学生人数进行分组，每组学生人数控制在 10 人左右。角色设置：前台接待员、汽车销售顾问、汽车服务顾问、汽车客服人员。要求每组学生设计情境对话时，情境内容要反映出有关岗位规范。老师根据每组学生表现进行点评指导。

项目小结

本项目主要介绍了汽车市场服务的职业道德和相关岗位规范。

职业道德是汽车服务人员进入工作岗位之前必须具备的素质。在思想品质方面要爱岗敬业，忠于职守，在服务态度方面要热情服务，礼待客户，以质见长，在职业修养方面要树立为客户服务的意识，努力钻研业务，努力学习各项有关的业务知识，不断地调整、充实自己，不断地提高自己的服务水平。

相关的岗位规范具体包括岗前准备、顾客接待、汽车推销和纠纷处理 4 个方面。岗前准备包括自身准备、环境准备、工作准备。顾客接待要注意待机接触，要积极主动，选准时机；展示操作要掌握相关规范要求，加深顾客的购买兴趣，促使双方成交；介绍推荐要苦练基本功、熟悉顾客心理、掌握科学方法；成交送别。汽车推销主要是接近顾客，应当讲究方式，选准时机，注意礼节；争取顾客；影响顾客，诚实服务、信誉服务、心意服务、情感服务、形象服务、价值服务。纠纷处理时要做到律己从严，按照服务工作的有关岗位规范，力求防患于未然；待人从宽，在处理服务纠纷时，要认真对待，及时处理。

练习与技能训练

一、填空题

1. 汽车服务行业的职业道德的具体内容，主要包括对于服务人员＿＿＿＿＿＿、＿＿＿＿＿＿、＿＿＿＿＿＿ 3 个方面的规范化的要求。

2. _____就是指从事某一具体职业的人，在其工作岗位之上所必须遵循的与其职业活动紧密联系的行为准则。

3. 汽车营销与服务这种职业，包括体现了自身社会地位与社会关系的3大要素_____、_____、_____。

4. 热爱本职工作，具体应当体现为_____、_____。

5. 在汽车服务行业，对汽车服务人员在服务态度上的总的要求是_____、_____。

6. 在个人的仪容、着装方面，基本的要求有8个，即发必齐、须必剃、_____、_____、_____、_____、_____、_____。

7. 汽车产品推销，必须以_____为起点。

8. 在服务与交易过程之中，_____应当是有关各方均须遵守的基本准则。

9. 在处理服务纠纷的临场表现方面，有关人员必须在下面4个方面对自己严格要求：_____、_____、_____、_____。

10. 根据汽车服务礼仪的有关规范，能够在推销过程中对顾客产生正面的、积极的影响的，主要有以下6个方面的因素：以诚实服务、以信誉服务、_____、_____、_____、_____。

11. 面临服务纠纷时，在具体的处理方法上，最为常用的主要有以下4种：当场处理、事后处理、_____、_____。

二、判断题

1. 所谓"一准"，是要求汽车服务人员准时地进行交接班。　　　　（　　）

2. 所谓"二明"，是要求汽车服务人员必须做到岗位明确、责任明确。（　　）

3. 所谓"三清"，则是要求汽车服务人员在进行工作交接时，务必做到钱款清楚、货品清楚、责任清楚。　　　　　　　　　　　　　　　　　　　（　　）

4. 所谓"一懂"，指的是要懂得汽车产品流转各个环节的业务工作。（　　）

5. 所谓"二会"，指的是对自己所经营的汽车产品要会介绍、会推销。（　　）

6. 所谓"六知道"，则是指要知道汽车产品的价格、知道汽车产品的性能、知道汽车产品的特点、知道汽车产品的优势、知道汽车产品的操作方法、知道汽车产品的保养常识。
（　　）

7. 掌握介绍的科学方法，是做好介绍之必需。　　　　　　　　　（　　）

8. 推销与成交，处于顾客接待的较后环节。　　　　　　　　　　（　　）

9. 争取顾客，只要求每一名服务人员都要善于恰到好处地运用必要的服务技巧，不需要全体服务人员齐心协力、密切配合。　　　　　　　　　　　（　　）

10. 待人从宽的主要含义是一旦不幸发生了服务纠纷，汽车服务单位、汽车服务人员均应认真对待、及时处理。　　　　　　　　　　　　　　　（　　）

11. 服务态度是指汽车服务人员对于汽车服务工作的看法，以及在为客户进行服务时的具体表现。　　　　　　　　　　　　　　　　　　　　　（　　）

12. 在人际交往中，就个人而言，态度决定一切；对他人而言，则是素质决定一切。
（　　）

三、选择题

1. 勤勤恳恳，（　　），是社会和企业赋予汽车服务人员的根本职责。
   A. 认认真真　　　B. 踏踏实实　　　C. 本本分分　　　D. 兢兢业业

2. 热爱本职工作，具体应当体现为爱岗敬业、（　　）。
   A. 忠于职守　　　B. 勤奋好学　　　C. 满腔热情　　　D. 高度认真

3. 在服务与交易过程之中，（　　）应当是有关各方均须遵守的基本准则。
   A. 互相理解　　　B. 诚实守信　　　C. 以礼相待　　　D. 密切配合

4. 汽车营销与技术服务这种职业，包括体现了自身社会地位与社会关系的三大要素：责、权、（　　）。
   A. 益　　　　　　B. 礼　　　　　　C. 利　　　　　　D. 义

5. 所谓热情服务，就是要求汽车服务人员在为服务对象进行服务时，要以"情"见长、以（　　）动人。
   A. 礼　　　　　　B. 美　　　　　　C. 质　　　　　　D. 情

四、情境设计

1. 小王是某汽车4S店新来的销售顾问，他非常热爱自己所从事的工作。通过公司的职业道德培训，小王知道要树立良好的职业道德，就应该爱岗敬业、忠于职守。请问小王在汽车销售顾问这个岗位上应该怎样做呢？请学生以情境的形式表现出来。

2. 小李是某汽车4S店的服务顾问。在汽车服务行业，对汽车服务人员在服务态度上的总的要求是：热情服务、礼待宾客、以质见长。请问小李在工作中应该怎样做到热情服务、礼待宾客、以质见长？请学生以情境的形式表现出来。

3. 某汽车4S店的小赵是公司的销售顾问，在工作中各项业务技能都不错，但是他的销量总是排在最后一名。究其原因，原来是小赵在岗前准备方面有很多做得不到位的地方。请学生以反面的形式来体现小赵在岗前准备的工作中错误的地方。

4. 在一年一度的公司汽车销售技能大赛中，销售顾问小董取得了比赛冠军，小董在进行车辆介绍这个环节中表现尤为突出，他在进行新车推介的过程中，能够灵活运用相关销售技巧，赢得阵阵掌声。请学生以情境的形式运用相关销售技巧对小董车辆介绍这个环节进行展示。

项目 2

汽车营销服务礼仪的基本理论

 项目导读

　　汽车营销服务礼仪是一门针对性很强的礼仪科目。同一般礼仪相比，汽车营销服务礼仪主要面向汽车营销与服务领域，具有明显的规范性和很强的可操作性。汽车营销服务礼仪对于汽车服务人员在其工作岗位上究竟应该"怎么做"和"不应该怎么做"，都有详尽的规定和特殊的要求。汽车营销服务礼仪的基本理论是对服务礼仪及其运用过程的高度概括与抽象。

 项目分析

　　汽车服务人员只有深刻地学习并掌握了汽车营销服务礼仪的基本理论，才能更好地领会和运用，并在实践中将其融会贯通，提升服务礼仪运用水准。从事汽车服务行业首要的基本理论要求有：

　　　　🚌 角色定位；

　　　　🚌 双向沟通；

　　　　🚌 阳光心态；

　　　　🚌 三A法则。

项目 2　汽车营销服务礼仪的基本理论

任务 2.1　角色定位

任务目标

目标一：掌握职业角色定位的方法。
目标二：能够进行正确的职业角色定位。

任务下达

小李是一家汽车 4S 店的汽车销售顾问，有一天店里来了一对夫妻来看车，小李上前进行了热情的接待。在接待的过程中，在详细的询问了这对夫妻的购车需求后，针对他们的需求，小李为这对夫妻进行了相应车型的介绍。在介绍的过程中，小李不断地与男主人进行沟通，而与女主人的沟通却很少。所以虽然男主人对车型很满意，但是女主人对小李所推荐的车型并不是十分满意。最后由于女主人的不满意，男主人也只好放弃，交易失败。

请思考：
(1) 小李在这次交易中失败的原因？
(2) 在角色定位上，小李是否进行了正确的定位？

职业道德培训使新入职的汽车服务人员在职业操守上有了深刻的认识。在进入到具体服务工作之前还要做到的就是进行正确职业角色定位，只有站好队、定好位，才能在今后的工作中游刃有余。

任务分析

角色定位是汽车服务礼仪的基本理论之一。角色定位主要是要求汽车服务人员在为服务对象提供服务之前，必须准确地确定在进行汽车有关服务过程中彼此扮演何种角色。只有准确地确定了双方各自所扮演的特定角色，汽车服务人员为顾客所提供的服务才能够比较符合要求和比较到位。

相关知识

一、确定角色

角色定位理论认为每一个人在日常生活中都扮演着一定的角色。而在不同的场合，人们往往需要扮演不同的角色。

定位，一般是指将人或者事物放在一定的位置之上，并据此做出相应的评价。定位相对来讲是比较稳定的。由此可见，角色定位，实际上就是社会舆论对于某一特定位置之人的常规要求、限制和看法。

1. 社会角色

人们在日常生活中，受社会分工所制约，往往会处在某一特定的位置之上，为社会的正常运转发挥一定的作用，这就是人们所扮演的社会角色。例如，工人、农民、军人、学生、教师、歌星等，都属于不同的社会角色。由于工作环境、职业习惯、专业知识、社会地位等多方面的原因，不同的社会角色，在性情、志趣方面，经常会有不同的表现。

2. 生活角色

人们在生活之中，有时因为自己所处的具体地位不同，而被要求必需有适当的表现。例如，一个男人在父母面前时，应当是一名孝子，而在子女面前，他则要扮演一名称职的慈父。实际上就是人们所必须扮演的生活角色。在实际生活中，同一个人往往要扮演多种不同的生活角色。这一点，与相对稳定的社会角色是有所不同的。

3. 性格角色

人们的性格各不相同，使得人们又有不同的性格角色之分。不同性格类型的人，自然属于不同的性格角色。暴躁型、活泼型、稳重型、敏感型等不同性格类型的人，以性格角色来直接对其加以区分，有时更为直观形象。

如上所述，人们不仅在日常生活中扮演着一定的角色，在不同的场合里还往往扮演着不同的角色。所谓社会角色、生活角色或者性格角色，实际上只不过是不同的场合，或者依据不同的标准，对人们所进行的一种定位。

汽车服务礼仪所讨论的，主要是汽车服务人员的岗位规范问题。所以，汽车服务人员在工作岗位上最需要角色定位，即主要是确定自己的社会角色，而不是自己的生活角色或性格角色。这一点，对于汽车服务人员是十分重要的。

二、设计形象

角色定位理论认为任何一个人要想在社会上取得成功，都有必要首先为自己进行正确的角色定位。然后，再按照社会舆论对自己所要扮演的既定角色的常规要求、限制和看法，对自己进行适当的自我形象设计。对广大汽车服务人员而言，为自己所进行形象设计，实质上就是要将本人的角色定位具体化、明确化、形象化。

1. 服务于人

俗话说："干什么，就要像什么。"它所指的，其实就是角色定位问题。毋庸置疑，一名汽车服务人员在自己的工作岗位上服务顾客时，明白自己此时此地所扮演的具体角色，是非常之必要的。假如一名汽车服务人员在上班时打扮得花里胡哨、油头粉面、珠光宝气、环佩叮当，不但自己不像是在工作，就连顾客也会反感。

汽车服务人员在为自己进行工作中的自我形象设计时必须清楚地认识到：自己应当被定位为服务于人的角色，即自己在工作岗位上所要扮演的角色，是要为顾客服务、为企业服务、为社会服务。

2. 服务光荣

在现代社会里，社会的现代化程度越高，服务行业就会越发达。汽车服务人员必须意识到：自己从事的工作，是既重要又光荣的。汽车服务是一门艺术，汽车服务工作非常重要，汽车服务角色十分光荣。在为自己进行角色定位时，汽车服务人员有必要端正认识，充分认识到这一点。任何妄自菲薄、自轻自贱、歧视本职工作的想法与做法，都坚决要不得。

3. 设计要旨

将自己正确地定位于"服务于人"的角色之后，汽车服务人员在为自己进行相应的形象设计时，就必须恪守本分，以朴素、大方、端庄、美观为第一要旨。在工作岗位之上，汽车服务人员的一切所作所为，包括仪容、仪态、服饰、语言乃至待人接物等，均不得与之背道而驰。

三、特色服务

角色定位理论认为汽车服务人员如果打算做好本职工作，那么在为客户进行相关汽车服务之前，就有必要首先对对方进行准确的角色定位，然后再以此为依据，向对方提供他所扮演的那一类角色所需要的特色服务。

1. 服务特色

所谓特色服务，是指有别于常规服务的、具有某种特点的服务。

 知识链接

现在全国有很多家汽车4S店，经营的汽车品牌种类很多，但是在一个区域难免有经营品牌重复的现象，有时候一个城市经营同种品牌的汽车4S店就有好几家。为了能够在激烈的竞争中占有一定的优势，有些汽车4S店就开展了具有特色的汽车服务。比如，顾客前来维修的车辆维修时间超过3个小时，在维修期间，如果客户要出去办事，汽车4S店提供代步车辆，如果代步车辆供应不足时，顾客还可以乘坐出租车去办事，车费报销（金额上限50元）。

特色服务之所以取得成功，关键就在于它能够了解人们的特殊需求，并给予适当的满足。换言之，成功的特色服务，一定是建立于准确的角色定位基础之上的。

2. 投其所好

在实际工作中，即使是为顾客提供常规服务时，汽车服务人员也有必要首先对对方进行一定程度的角色定位。只有这样做了，双方才容易互相沟通，顾客的实际需求才容易较好地得以满足，汽车服务人员才不至于劳而无功。

汽车服务人员在为顾客提供常规服务之前针对对方所做的角色定位，往往直接表现为前者对后者的察言观色，以及彼此之间所进行的双向沟通。

具体说起来，服务人员在对服务对象进行角色定位时，除了取决于自己的经验、阅历、教养与判断之外，主要是基于自己对对方的性别、年龄、气质、教养、仪容、仪态、服饰、语言等方面所进行的综合观察。汽车服务人员只有对顾客进行了准确的角色定位，才有可能在为对方服务时真正做到"投其所好"。

例如，开"QQ""路宝"的人，开"赛欧""飞度"的人，开"迈腾""帕萨特"的人，开"奔驰""宝马"的人，在收入方面大都不能一概而论。对其进行角色定位时，这一点自然不应该被忽略。

四、不断调整

角色定位理论认为：在汽车服务过程中，汽车服务人员对于自己与顾客所进行的角色定位往往并非一成不变，而是不断地有所变化、有所调整，并应坚持与时俱进。

1. 与时俱进

人们的认识是一个不断发展、不断变化的过程。人们对于任何事物的认识，通常都是由浅入深、由此及彼、由表及里的。因此，汽车服务人员在服务过程中对自己与服务对象所进行的角色定位绝对不可一蹴而就。恰恰相反，它们是双向互动的，即需要根据交往对象的变化与事态的发展而进行相应的变化、调整，并且与时俱进。角色定位的稳定性，一般只能是相对的。假如否认了这一点，不仅在进行双方的角色定位时有可能出现片面性，而且还可能会因此而妨碍服务质量的提高。

2. 适时调整

在汽车服务过程中，汽车服务人员为自己所进行的角色定位需要有所变化、有所调整，主要是因为随着自己与顾客相互接触的不断加深和服务工作的不断进行，自己所处的具体位置不时需要有所变动。不过，需要变化、调整的，通常都是局部性、枝节性的问题。万变不离其宗，自己所处的"服务于人"的基本位置是不变的。比如，现在很多汽车服务人员与顾客刚开始只是普通的客户关系，但是随着相互接触的不断加深，最后成了不错的朋友。客户由刚开始的新客户变成老客户，最后变成了忠实客户。

任务实施

通过角色定位理论的学习，汽车服务人员在实际工作中，应灵活运用，明确自己扮演的社会角色，不要将生活角色和性格角色带入到工作中。在工作中，针对不同的顾客情况进行相应的角色定位，投其所好、与时俱进、不断调整，这样才能在工作中游刃有余。前文中提到的销售顾问小李在交易中之所以失败，是因为小李的大男子主义传统观念在作怪，没有与时俱进的进行角色定位。他认为一个家庭的决策者就是男主人，只有他的意见才能起到关键决定作用。其实不然，随着社会的不断发展，女性的地位无论是在社会工作中还是在家庭中都不断地得到提升，女性在逐渐成为汽车消费的另一个主要群体。小李角色定位的错误判断，导致在接待的过程中冷落了女主人，最后导致交易失败。

实训任务

根据学生人数进行适当的分组，要求每组学生设计一个情景剧，通过表演来反映汽车服务人员在汽车营销与服务工作中角色定位。比如说，如何投顾客之所好、如何开展有特色的服务等。

项目 2　汽车营销服务礼仪的基本理论

任务 2.2　双向沟通

任务目标

目标一：重视双向沟通。
目标二：理解服务对象，加强相互理解，学会建立沟通渠道。

任务下达

2014 年 10 月 18 日上午，两名舞狮者将悬于半空中的两个彩球打开，流光溢彩的金箔纷纷洒落，蕴含着"双狮贺喜，喜从天降"的美好祝愿。在精彩的舞狮表演之后，上海大众市场部经理于琼根先生、副经理范霄凌先生等领导邀请所有来宾参观了整个客户开发中心，并进行了简短的揭幕仪式。扩容后的上海大众客户开发中心已成为汽车行业内规模最大、设施最先进的客户开发中心。

该开发中心由精信顾客关系行销提供咨询，以免费销售咨询热线 800—820—1111 为核心。开发中心硬件设备、软件的配置、办公环境的灵活性 3 个方面，在国内的汽车行业中是规模最大的，其功能和系统均处于领先地位。通过这一平台，消费者与企业能进行无缝的双向沟通。一方面，消费者能体验开发中心快捷、周到和贴心的服务；另一方面，企业也可以采取直邮、呼出电话，电子邮件和短信等渠道，以最有效的方式向消费者传达不同的信息，保证消费者能循序渐进地了解作为中国汽车制造业先锋的上海大众的一流产品和服务。

请思考：
上海大众建立这个客户开发中心的意义是什么？

在汽车服务岗位上，要求汽车服务人员注重双向沟通，理解服务对象，加强相互理解，建立沟通渠道，重视沟通技巧，学习掌握好双向沟通理论，并在实际的汽车服务工作中加以灵活运用。

任务分析

双向沟通理论，是服务礼仪的重要理论支柱之一。它的中心内容是主张以相互交流、相互理解作为汽车服务人员与服务对象之间进行相互合作的基本前提。双向沟通理论认为，离开了汽车服务人员与服务对象之间的相互交流、相互理解，服务人员要向服务对象提供令人满意称心的服务，通常都是没有多大可能的。

相关知识

一、理解服务对象

双向沟通理论特别强调：人是需要理解的，而服务者是必须要理解服务对象的。在汽车服务岗位上，唯有正确地理解服务对象，汽车服务人员才能够以自己的优质服务去充分地满足对方的实际需要。

1. 理解交往对象

所谓理解，通常指的是对人的了解。对广大汽车服务人员而言，理解服务对象，主要就是要把服务对象的实际情况与实际需要，尽可能地掌握得清清楚楚。例如，当一对成年男女一同前来购车时，其实际情况与实际需要的不同，往往决定了他们在消费上的不同要求。如果他们是一对热恋中的情侣，他们所想要购买的车可能就是外形时尚、颜色靓丽、动力强劲的运动款轿车。如果他们是一对成婚经年的恩爱夫妻，他们所要求的或许只是一辆比较经济、性价比较高的紧凑型轿车。如果他们是一对生意上的合作伙伴，则他们需要的大概是一辆外观大气、能够代表他们公司实力的商务型轿车……，汽车服务人员在向对方介绍车辆时，倘若不分具体情况而一概而论，往往既难以满足对方的实际需要，又不一定能够提供令对方满意的服务。

2. 按照需要分类

一般而论，汽车服务人员应当了解人们的实际需要是存在一定的规律性的。具体来说，人们的实际需要大体上可以分为以下两种基本类型。

1) 人类的正常需要

它是人人皆有的、相对稳定不变的基本需要。简而言之，生存、安全、衣食、工作、社交、尊重、自我实现等，都属于人类正常需要的范畴。这些需要，完全可以说是人人如此、为人皆然的。

2) 人类的特殊需要

强调个人、展现实力、吸引异性等都属于人类的特殊需要，它是人类在某种特殊的情况之下所产生的需要。例如，在选购汽车时，有人爱买名车，他们需要借此来抬高自己的身价；有人却找价位比较低的车，他们需要的则是节省开支。

对于人人皆有的正常需要，相对而言比较容易把握，而对于人们不尽相同的特殊需要，了解起来则存在一定的难度。不过，要想真正做好服务工作，对此二者都必须给予重视，切不可对其完全忽略，或者偏废其一。

二、加强相互理解

双向沟通理论明确强调在人际交往之中，要实现对交往对象的真正理解，就必须将这种理解完全建立于相互理解的基础之上。在一般情况下，交往双方之间的相互理解，往往是实现交往成功的基本前提。

在服务过程之中，汽车服务人员有必要认识到，仅有自己对服务对象的单方面的理解，通常是远远不够的。任何形式的成功的服务，都有赖于服务人员与服务对象在服务过程之中彼此之间的理解。

相互理解，亦即双向沟通。有时，人们也将其简称为沟通。在任何形式的人际交往中，包括服务人员与服务对象在服务过程之中的人际交往在内，假如没有交往双方之间的相互理解，就很难使双方的交往融洽而成功。有些时候，交往双方之间甚至还会由于

项目2　汽车营销服务礼仪的基本理论

缺乏沟通而引发误会，产生矛盾，导致麻烦。

三、建立沟通渠道

双向沟通理论主张要想在人际交往之中真正地使交往双方实现相互理解，主要依赖于建立一种约定俗成的、相对稳定的、有助于交往双方彼此相互理解的沟通渠道。这种沟通渠道，可被视为在人际交往中，交往双方实现相互理解的一种捷径。

1. 建立沟通渠道的必要意义

人们都懂得友人之间所以能够谈到一起去，是因为他们彼此之间拥有共同语言。在生意场上，一桩买卖之所以能够成交、一项协议之所以能够达成，主要在于有关各方在某种程度上达成了共识。其实，在人际交往中要使交往双方的相互理解能够真正实现，令交往双方彼此之间拥有"共同语言"，并且在某种程度上"达成共识"，是不可或缺的先决条件。前面所提到的沟通渠道，实际上指的就是交往双方所拥有的"共同语言"和在某种程度上所"达成的共识"。

沟通渠道，是真正实现沟通的前提。没有沟通渠道，在人际交往中就难有沟通可言。因此，在双向沟通理论之中，沟通渠道的建立乃是关键之所在。既然沟通是双向的，那么沟通渠道也必须是双向的。换言之，单方向认可的渠道是不可谓之沟通渠道的，只有双向的沟通渠道，才能使人际交往之中的沟通真正畅通无阻。

2. 建立沟通渠道的基本条件

通常认为，沟通渠道的建立，实际上需要满足以下两个基本的条件。

1）沟通渠道应当是约定俗成的

所谓沟通渠道的约定俗成，是指在人际交往中，某种沟通渠道往往是在一定的地域、行业之内，由人们经过长期的社会实践逐步认定、逐步习惯，并且相沿成习的。

以汽车4S店为例，在展厅里，通常会每天摆放鲜花。这种做法本身，就是一种约定俗成的沟通渠道，意在向客人表示汽车4S店一方的敬重之意。

在试乘试驾的时候，有经验的汽车销售人员都会知道，应主动为顾客开门并把手挡在车门框的上方，防止顾客碰头，否则即为失礼。这也是向顾客示敬的一种沟通渠道。

 特别提示

任何一种约定俗成的沟通渠道，都具有明显的地域性、行业性特征。在一定的范围内约定俗成的沟通渠道，到了另外一个范围里则可能会完全失效。这就是人们平常所言的"十里不同风，百里不同俗"。在人际交往中，尤其是服务人员在为服务对象服务之时，假如不了解此点，处处以不变应万变，往往会难以实现沟通，甚至造成不良后果。

例如，在北方的工作汽车销售人员一般在针对夫妻双双来展厅看车的顾客，往往讲解对象侧重点都是男方，因为在北方一般都是家庭成员中的男方来决定的，但是在南方工作的汽车销售人员的讲解对象恰恰相反，侧重点则是家庭成员中的女方，因为一般在南方的家庭中女方的观点往往起到关键性的作用。

2）沟通渠道应当是相对稳定的

任何一种形式的沟通渠道，都应当具有相对稳定的特性。只有这样才容易使人们对其予以认可、接受。否则不仅会成为沟通的一种障碍，也会遭到人们的排斥。

当然，沟通渠道绝非一成不变，它的稳定性只是相对而言的。随着社会的进步、人际交往的进一步发展变化，沟通渠道实际上也在不断地充实、完善、更新。君不见"古调虽自爱，今人多不弹"，历史上的不少沟通渠道，今日看来早已"作古"了。

四、重视沟通技巧

双向沟通理论认为：就一般而言，交际礼仪实际上就是人们在人际交往中确保双向沟通得以实现的、约定俗成的、相对稳定的基本沟通渠道。而就汽车服务行业而言，汽车服务礼仪其实完全可以被理解为一种汽车服务人员与服务对象在服务过程之中实现双向沟通的常规渠道。简言之，汽车服务礼仪就是一种沟通技巧。

将汽车服务礼仪定位于汽车服务人员与服务对象是在服务过程之中实现双向沟通的一种最重要的沟通技巧，至少具有如下双重意义。

1. 提高人们对于汽车服务礼仪重要性的认识

既然双向沟通在汽车服务过程中至关重要，既然汽车服务礼仪本身就是一种最重要的沟通技巧，那么如果在汽车服务过程中不运用服务礼仪，就有可能使汽车服务人员与服务对象彼此之间的双向沟通难以实现。

例如，汽车服务礼仪规定：在一般情况下，汽车服务人员在为服务对象提供常规服务时，应当面含微笑。这种做法，意在表明前者对后者的友善之意。若无特殊原因，汽车服务人员在服务过程中不遵守"微笑服务"这一常规，甚至面无表情、不苟言笑，即便服务质量再好，也难让服务对象感到愉快。

2. 端正人们对于汽车服务礼仪实用性的认识

礼仪这个名词，虽说在国内早已是家喻户晓、妇孺皆知，但是的确有不少人，其中也包括个别服务人员，对其缺乏正确的认识。当前，汽车服务行业内对于汽车服务礼仪的实用性问题，主要存在两种错误认识：一是认为它只是一种思想品德方面的要求，并无操作性可言；二是认为它虽然具有可操作性，但仅仅只是一种形式，故此既可以使用，也可以不使用。站在沟通技巧这一角度来看待汽车服务礼仪的实用性问题，以上这两种不正确的认识显然都是站不住脚的。

 任务实施

在前文中，上海大众成立客户开发中心的意义就在于实现企业与消费者之间的无缝双向沟通，加强企业与消费者之间的联系，以最有效的方式向消费者传达不同的信息，保证消费者能循序渐进地了解作为中国汽车制造业先锋的上海大众的一流产品和服务。双向沟通的优点就在于沟通信息准确性较高，接受者有反馈意见的机会，产生平等感和参与感，增加自信心和责任心，有助于增进汽车企业与消费者双方的感情。

项目 2 汽车营销服务礼仪的基本理论

实训任务

根据学生人数进行适当的分组，要求每组学生设计一个情景剧，可以通过正面或者反面的表演形式来反映汽车服务人员在汽车营销与服务工作中如何做到双向沟通。

任务 2.3　阳光心态

任务目标

目标一：掌握阳光心态的基本要求。
目标二：学会调整心态，拥有阳光心态。

任务下达

35 岁前的乔·吉拉德是个全盘的失败者。他患有相当严重的口吃，换过 40 种工作仍一事无成。

1963 年，35 岁的乔·吉拉德从事的建筑生意失败，身负巨额债务几乎走投无路。于是为了养家糊口，他开始从事汽车推销工作。

第一天他就卖了一辆车。掸掉身上的尘土，他咬牙切齿地说：我一定会东山再起。

乔·吉拉德做汽车推销员时，许多人排长队也要见到他，买他的车。这听来似乎让人难以置信。

吉尼斯世界纪录大全查实他的销售纪录时说：最好别让我们发现你的车是卖给出租汽车公司，而确实是一辆一辆卖出去的。他们试着随便打电话给人，问他们是谁把车卖给他们的，几乎所有人的答案都是"乔"。令人惊异的是，他们脱口而出，就像乔·吉拉德是他们相熟的好友。

"我打赌，如果你从我手中买车，到死也忘不了我，因为你是我的！"

经过专门的审计公司审计，确定乔·吉拉德是一辆一辆把车卖出去的。他们对结果很满意，正式定义乔·吉拉德为全世界最伟大的推销员。这是件值得骄傲的事，因为他是靠实实在在的业绩取得这一荣誉的。

尽管乔·吉拉德一再强调"没有秘密"，但他认为，所有人都应该相信：乔·吉拉德能做到的，你们也能做到，我并不比你们好多少。而他之所以能做到，是因为投入了专注与热情，保持阳光心态。

请思考：
乔·吉拉德被评为全世界最伟大的推销员，他成功的秘密是什么？

在服务工作中，广大服务人员亟待解决的一个重要理念问题是应该如何摆正与服务对象之间的位置，并如何端正自己对待对方的态度。观念决定思路，思路决定出路，态度决定一切。倘若这一理念问题不能解决，则服务人员在其具体工作中态度必受影响，工作必受牵制，自己的积极性、主动性难以获得发挥，生活与工作的实际质量甚至也会为此而大打折扣。对广大服务人员而言，解决这一问题的捷径，就是要拥有阳光心态。

任务分析

在日常工作与生活中，每个人都面临着一定的压力。要做多大的事情，就要承担多大的压力。在辛劳而烦琐的汽车服务岗位上，广大汽车服务人员自然也承受着巨大的压力。在压力之下，人人皆有其自身的心态调整问题。汽车服务人员若拥有阳光心态，则于人、于己、于单位、于社会、于国家皆有百益而无一害。所谓心态，此处指的是人的心理状态。平时，它往往具体表现为一个人对自己、对别人、对社会、对现实等的态度。所谓阳光心态，在此则指的是一种良好的、健康的个人心理状态。它的基本标志是：高高兴兴地生活，快快乐乐地工作，开开心心地处理人际关系；自我认知正确，适应环境能力较强，善于与其他人进行合作。

相关知识

一、摆正位置

在日常生活与工作中，每一个人都拥有自己所处的具体位置。了解自己应占据的位置，不但可以令自己适得其所，而且还可以提高自己生活与工作的质量。反之，则往往会劳而无功，甚至还会因此为他人所诟病。

这一要点，对广大汽车服务人员也是不言而喻的。汽车服务人员假定忽略了这一点，非但干什么不像什么，其个人心态与工作质量均会为此而大受影响。

具体而言，在工作中岗位上要求广大服务人员摆正位置，主要是要求其必须明确下述两点。

1. 服务于人

汽车服务人员必须明确地意识到不论自己具体从事何种工作，其本质都是服务于人的。进而言之，汽车服务人员的工作性质，就是为服务对象服务、为社会服务、为改革开放服务、为我国的社会主义事业服务。这一点，绝对不容汽车服务人员有所质疑。

所谓服务，其实质就是为别人工作。它的本质要求是：处处以服务对象为中心、时时有求必应、事事不厌其烦。认识不到这一点，汽车服务人员要恪尽职守、做好本职工作，根本就无从谈起。

广大汽车服务人员如欲做好服务工作，主要需要从以下两个方面着手。

1) 强调人际交往中的互动

过去，中国人生活于传统的农业社会之中。农业社会的一大特点是生活自给自足，交往自我中心。受此束缚，不少中国人包括服务人员在内，在其人际交往中大都推崇我行我素，往往喜欢自以为是，而不太在乎自身行为的实际效果，即不善于进行互动。

实际上，人际交往的具体效果如果不佳，交往本身往往就变得毫无意义了。可以设想一下：假如夸奖别人时用词不当、方式不好、表达不佳，在对方听来如同辱骂他一般，那么此种夸奖还会有何价值呢？

2）坚持以交往对象为中心

换言之，就是不允许凡事我行我素、自我中心。在人际交往中，尤其是在具有鲜明的服务于人性质的汽车服务岗位上，如果不能够坚持做到凡事以顾客为中心，根本就不要指望可以做好其本职工作。在汽车服务岗位上，要求广大汽车服务人员凡事以顾客为中心，实际上就是进一步要求其明确自己的具体位置，就是要求其更好地、全心全意地做好自己的服务工作。人们常说的"以人为本""客户是上帝"，其实质都是要以交往对象为中心。

2. 换位思考

在工作中，每一名汽车服务人员都必须充分地认识到自己所面对的广大服务对象不仅男女有别、长幼有别、性格有别、教养有别、民族有别、宗教有别、职业有别、地位有别，不单单内外有别、中外有别、外外有别，而且还是人人有别、事事有别、时时有别、处处有别。因此，汽车服务人员若打算提高自己所从事的服务工作的质量，就一定要善于进行换位思考。

日常生活与工作的实践早已充分证明一个人所处的时间、空间、地位不同时，其所作所为往往大相径庭。而当具有不同性别、年龄、职业、教育、民族、宗教的人们处在同一时间、同一空间、同一位置时，其个人感受通常也难见"众口一词"。

既然人与人之间多有不同，既然做好汽车服务工作的基本要求是以顾客为中心，那么每一名汽车服务人员在其具体工作中，都必须积极而主动地进行换位思考。换位思考的主要要求是与他人打交道时，尤其是当服务于对方时，必须主动而热情地接触对方，必须善于观察对方、了解对方、体谅对方，必须令自己认真站在对方的位置上来观察思考问题，从而真正全面而深入地了解对方的所思所想、所作所为，以求更好地与之进行互动。

二、端正态度

广大汽车服务人员在其实际工作与生活中，要想真正地摆正自己与顾客之间的位置，首先要认真加以解决的一个重要问题，是必须端正自己的态度。

在人际交往中，心态通常决定一切。每个人有什么样的心态，往往就会有什么样的生活与工作。汽车服务人员的个人心态如果调整得不好，在其日常生活与工作中如果不能真正地端正自己的态度，前面所要求的"以顾客为中心"，根本就无从谈起。

具体而言，要求广大汽车服务人员端正态度，主要需要注意以下3点。

1. 接受他人

汽车服务人员在其工作之中，尤其是当其与服务对象进行接触时，首先必须在内心里真心实意地接纳对方。这一点要是不明确或者做不到，"以顾客为中心"的理念就难以获得真正实施。

所谓接受他人，就心态而言，主要是要求服务人员在接触服务对象时，尤其是在服务于对方时，不要主动站在对方的对立面，不要有意无意地挑剔对方、捉弄对方、难为对方、排斥对方，不要不容忍对方，不要存心与对方过不去。简言之，就是要容纳对方、善待对方，而不是排斥对方。

实践证明：与其他人打交道时，接受对方是双方交往取得成功的重要前提。做不到此点，交往成功往往就是一种奢谈。

在汽车服务工作中要求汽车服务人员接受对方，必须明确以下两点。

1）意在尊重

在汽车服务岗位上，接受对方，意在表示对服务对象的高度尊重。平时，服务礼仪强调"尊重为本"。在汽车服务岗位上，尊重服务对象是服务礼仪对汽车服务人员所提出的基本要求。就操作层面进而言之，在汽车服务岗位上，要求服务人员尊重服务对象，实际上就是要求其尊重对方的一切合乎情理的选择，而不允许对其越俎代庖、横加干涉。由此可知，接受对方，本是服务礼仪自身的应有之义。

2）宽以待人

在汽车服务过程中，接受对方，并非表示服务人员需要完全认同自己的服务对象。在实际生活中，由于双方在社会地位、职业训练、文化素养、生活习惯、民族特征等方面多有差异，其世界观、人生观、价值观乃至思维方式、行为方式、行事规则等必然多有不同，因此二者的所作所为往往相去甚远。必须肯定的是，在汽车服务岗位上，要求汽车服务人员接受服务对象，并非要求其对服务对象的一切要求来者不拒，百分之百地予以认同。

接受对方，主要出自一种正确而健康的心态。它的本意是，要促进彼此之间的交往，做好自己的本职工作，而并非厚此薄彼、自我否定。

接受对方，主要是要求服务人员宽以待人，懂得尊重服务对象、善待服务对象，进而欣赏服务对象。它并非要求服务人员对服务对象处处肯定、来者不拒。当对方的所作所为有违法律道德、有辱国格人格、有损我方利益、有害于我单位形象时，服务人员仍须据理力争，针锋相对，毫不退让。

2. 善待自我

毛泽东同志说过："世间一切事物中，人是第一个可宝贵的。"有鉴于此，汽车服务人员在其繁重而艰辛的实际工作中，必须要善待自我。

善待自我的基本要求，是每一名汽车服务人员，在其生活与工作中都要尊重并爱护自己。生活经验告诉人们：一个人如果不尊重自己，就不可能赢得他人真正的尊重。同样的道理，服务人员假如不懂得爱护自己，就不可能更好地为国家、为社会、为单位、为服务对象工作，就会辜负国家、社会和本单位对自己的殷切期望。

在日常的服务工作中，每一名汽车服务人员均应具有的健康心态是善待自己、善待别人。二者实际上互为因果，缺一不可。一方面，汽车服务人员只有善待自己，才能够更好地善待别人；另一方面，汽车服务人员善待别人，其实就是善待自己。

任务实施

前文中，乔·吉拉德成功的秘密就在于他始终保持着阳光心态，积极、乐观、向上。

乔·吉拉德认为自己的心理年龄只有18岁，因为他始终保持着蓬勃向上的精神。在日常生活与工作中，每一位汽车服务人员均应意识到有什么样的心态，就有什么样的生活；有什么样的心态，就有什么样的工作；有什么样的心态，就有什么样的人际关系。如果一位服务人员真正地拥有阳光心态，那么他的生活就会变得无比美丽、他的工作就会变得无比可爱、他的人际关系就会变得无比和谐与温馨。

实训任务

根据学生人数进行适当的分组，要求每组学生设计一个情景剧，通过正面或者反面的表演形式来反映阳光心态对汽车服务人员在汽车营销与服务工作中的影响。

任务2.4　三Ａ法则

任务目标

目标一：掌握如何接受顾客。
目标二：懂得如何重视顾客。
目标三：学会如何赞美顾客。

任务下达

业务员乔和一位买车的客户向他的办公室走去，在路上，那人开始向乔提起他的儿子就要进入密歇根大学。他十分自豪地说："乔，我儿子要当医生了。"

"那太棒了！"乔说。当他们继续往前走时，乔向其他许多业务员们看了一眼。乔把门打开，一边看那些正在看着乔"演戏"的业务员们，一边听客户说话。

"乔，我孩子很聪明吧"客户继续说，"在他还是婴儿时我就发现他相当聪明。"

"成绩非常不错吧？"乔说，仍然望着门外的人。

"在他们班他最棒。"客户又说。

"那他高中毕业后打算做什么？"乔问道。

"我告诉过你的，乔，他在密歇根大学学医。"

"那太好了。"乔说。

突然地，那人看看乔，意识到乔太忽视他所讲的话。

"嗯，乔，"他蓦地说了一句："我该走了。"就这样告辞了。

当乔第二天再给那位客户打电话时，却被告知他已经在其他业务员那里买了车，而原因仅仅是"当我提起我的儿子吉米有多骄傲时，那位业务员是那么认真地在听"。

请思考：

结合"三Ａ法则"，业务员乔在接待顾客的时候都犯了哪些错误？

汽车服务人员在工作岗位上服务于顾客时，务必敬人之心常存，所作所为永远不失

对顾客的敬意。"礼多人不怪",方才算得上是以礼待人。怎样才能真正做到这一点呢?要求汽车服务人员在工作中掌握"三A法则"。

任务分析

根据服务礼仪的规范,要求汽车服务人员向服务对象表达自己的尊敬之意时,必须善于抓住如下3个重点环节,即接受(Accept)顾客、重视(Appreciate)顾客、赞美(Admire)顾客。由于,"接受""重视""赞美"3个英文翻译都以"A"字母打头,所以它们又被称作"三A法则"。懂得汽车服务礼仪的核心在于恰到好处地向顾客表达自己的尊敬之意,对广大汽车服务人员改进服务作风、端正服务意识、提高服务质量必将大有益处。

相关知识

当一名汽车服务人员在自己的工作岗位上为顾客提供服务时,能够非常规范地运用汽车服务礼仪,固然最好。即使做不到这一点,比如说,他不知道到底应当怎样做,或者他已经做错了,只要他能让顾客感受到自己不是刻意而为,并且能够表现得对顾客不失敬重之意,顾客一般不会对他进行非难。

在汽车服务实践中,要真正做到对顾客接受、重视与赞美,"三A法则"有着一系列的具体规定和要求。

一、接受顾客

在工作岗位上,"三A法则"要求汽车服务人员亲和而友善地接受顾客。

1. 具体的表现

接受顾客,主要应当体现为汽车服务人员对顾客热情相迎、一视同仁。汽车服务人员不仅不应当怠慢顾客、冷落顾客、排斥顾客、挑剔顾客、为难顾客,而且还应当积极、热情、主动地接近顾客,淡化彼此之间的戒备、抵触和对立的情绪,恰到好处地向顾客表示亲近友好之意,将顾客当作自己人来看待。

当"短缺经济"一去不返,买方市场出现之后,消费者可以选择的余地已经越来越多。在此情形之下,从广义上讲,消费者所要购买的,往往不只是某一种商品,与此同时,他们也在购买服务,即对于服务质量越来越表示关注。有时,汽车4S店服务质量的好坏,甚至成了消费者购车时的决定性因素。

2. 态度与行动

接受顾客,说到底,实际上就是一个服务态度是否端正的问题。在服务岗位上尊重顾客,其实就意味着必须尊重顾客的选择。若要真正将顾客视为自己的"上帝"和"衣食父母",诚心诚意地意识到顾客至上,自然而然,就应当认可顾客、容纳顾客、接近顾客。汽车服务人员在内心里必须确认顾客通常都是正确的。只有做到了这一点,才能真正地提高自己的服务质量。

在工作岗位上,汽车服务人员对于顾客的接受,不只是思想方法问题,而且还应当

项目2 汽车营销服务礼仪的基本理论

在自己的实际行动上得到贯彻体现。

例如,为顾客提供服务,切勿毫无缘由地对对方反复打量,或者斜着眼睛、翻着眼睛注视顾客。那样的眼神,显然绝非要接受对方。

同顾客进行交谈时,汽车服务人员一般不应当直接与对方争辩、顶嘴或抬杠。即使见解与顾客截然相反,也要尽可能地采用委婉的语气进行表达,而不宜直接与对方针锋相对。绝不要用"你们这种人""知道吗?您""谁说的,我怎么不知道""真的吗""有这么一回事吗"这一类的怀疑、排斥他人的话语去跟顾客讲话。更不要任意指出顾客的种种不足,特别是不应该明言顾客生理上、衣着上的某些缺陷。

二、重视顾客

在工作岗位上,"三A法则"要求汽车服务人员实心实意地重视顾客。

重视顾客,是汽车服务人员对于顾客表示敬重之意的具体表现。它主要应当表现为认真对待顾客,并且主动关心顾客。总而言之,是要通过为顾客所提供的服务,使对方真切地体验到自己受服务人员关注、看重,在汽车服务人员眼中自己永远都是非常重要的。

汽车服务人员在工作岗位上要真正做到重视顾客,应当做到目中有人、招之即来、有求必应、有问必答、想顾客之所想、急顾客之所急、认真满足顾客的要求、努力为其提供良好的服务。

与此同时,汽车服务人员对于下列3点重视顾客的具体方法,也应认真地学习和运用。

1. 牢记顾客的姓名

对于每一个人来说,自己的姓名都是很重要的。牢记顾客的姓名这件事情本身,就直接意味着对顾客重视有加,另眼相看。反之,连一个常来常往的顾客的姓名都记不住,恐怕是难言重视对方的。

要求汽车服务人员牢记顾客的姓名,往往会为其带来良好的回报。设想一下,当某客户再次登门,进入一家服务单位之际,以前见到过的一位服务人员主动上前打招呼:"某某先生,欢迎再次光临!"您会不感到温馨与舒畅吗?

汽车服务人员要牢记顾客的姓名,还有两个问题必须注意。

一方面,千万不要记错了顾客的姓名。将顾客的姓名张冠李戴,双方都会感到尴尬。另一方面,绝对不要读错顾客的姓名。汉字实在太多了,不认识的字和多种读音的字,少不了会在服务对象的姓名中出现。万一将顾客的姓名读错了,不但会失敬于对方,而且会让自己十分难堪。所以,在有必要称呼顾客,而又拿不准对方姓名的正确读音时,宁肯采用其他称呼方法变通一下,也绝不要冒失地乱叫顾客的姓名。

 知识链接

一天,一位姓查的先生来某汽车4S店看车,销售顾问小赵热情地接待了这位顾客,并且双方互换了名片。小赵接过查先生的名片不假思索地就说了一声:"查(cha)先生,您好!"查先生一听就不乐意了,"小伙子,我不姓查(cha),我姓(zha)。"这时候销售顾问小赵意识到自己的错误,连忙道歉。随后,

53

小赵对查先生进行了热情的接待和详细的介绍，查先生对小赵所推荐的车型也是非常满意，觉得这款车比较适合自己。但是查先生最后还是没有下订单，以"回头我再考虑考虑"为借口离开了4S店。小赵就因为自己一个小小的口误，因为自己的一个大意，让这位查先生觉得自己没有得到充分的尊重，最终使得小赵失去了这笔生意。

2. 善用顾客的尊称

对于顾客表示尊敬的一种常规做法，就是要对其采用尊称。汽车服务人员在为顾客提供各类具体服务时对其采用尊称，早已约定俗成。

在应当采用尊称时而并未这样做，例如，将一位上了年纪的老先生称为"老头儿"，或者直接把自己的顾客唤作"哎""五号""车主"，自然不会让顾客感受到尊重之意。

汽车服务人员在以尊称称呼自己的顾客时，首先必须准确地对顾客进行角色定位，力求使自己对顾客所使用的尊称可以为其所接受。不然的话，即使采用了某种尊称去称呼对方，也不会令对方高兴起来。例如，以"师傅"去称呼一位政府官员、以"老板"去称呼一位大学教授、以"小姐"去称呼一位两鬓如霜的家庭妇女、以"老先生"去称呼一位上了年纪的外籍男子等都很可能弄巧成拙。

3. 倾听顾客的要求

当顾客提出某些具体要求时，汽车服务人员最得体的做法是认真倾听，并尽量予以满足。从某种意义上讲，耐心倾听顾客的要求，本身就会使对方在一定程度上感到满足。

所谓倾听，是指在他人阐述见解时，专心致志地认真听取。由此可知，倾听就是对于被倾听者最大的重视。

有道是：少说多听。它不但是常人须知的处世之道，而且也是汽车服务人员必须掌握的服务技巧。当顾客提出要求或意见时，汽车服务人员耐心地加以倾听，除了可以表示对顾客的重视之外，也是汽车服务行业的工作性质对服务人员所提出的一种基本要求。因为唯有耐心地、不厌其烦地倾听了顾客的要求或意见，才能充分理解对方的所思所想，才能更好地为顾客服务。此时任何的三心二意，都会让顾客不快。

汽车服务人员在倾听顾客的要求或意见时，切忌弄虚作假、敷衍了事。一般来讲，当顾客阐明己见时，汽车服务人员理当暂停其他工作，目视对方，并以眼神、笑容或点头来表示自己正在洗耳恭听。如有必要的话，汽车服务人员还可以主动地与对方进行交流。

三、赞美顾客

在工作岗位上，"三A法则"要求汽车服务人员恰到好处地赞美顾客。

赞美顾客，实质上就是对顾客的接受与重视，也是对顾客的肯定。从某种意义上说，赞美他人实质上就是在赞美自己，就是在赞美自己的虚心、开明、宽厚与容忍。从心理上来讲，所有的正常人都希望自己能够得到别人的欣赏与肯定，而且是多多益善。获得他人的赞美，就是对自己最大的欣赏与肯定。一个人在获得他人中肯的赞美之时内心的愉悦程度，常常是任何物质享受均难以比拟的。

项目 2　汽车营销服务礼仪的基本理论

赞美顾客，具体而言，主要是要求汽车服务人员在向顾客提供具体服务的过程之中，要善于发现顾客之所长，并且及时地、恰到好处地对其表示欣赏、肯定、称赞与钦佩。这种做法的最大好处，是可以争取到顾客的合作，使汽车服务人员与顾客双方在整个服务过程中和睦而友善地相处。

汽车服务人员在有必要赞美顾客时，要注意以下 3 点，否则自己对顾客的赞美往往便难以奏效。

1. 适可而止

虽说赞美可被视为服务过程之中一种有效的人际关系润滑剂，但是汽车服务人员在对其运用时，必须有所控制，并限量使用。若是汽车服务人员对顾客所讲的每一句话都是赞美之词，使赞美充斥于整个服务过程之中，不但会令人觉得肉麻，而且也会使赞美本身贬值，令其毫无任何实际的意义。

所以说，汽车服务人员对于顾客的赞美，不可以一点儿没有，也不可以过度泛滥。点到为止、适可而止，是汽车服务人员赞美顾客时必须认真加以把握的重要分寸。

2. 实事求是

汽车服务人员必须明确：赞美与吹捧是有所分别的。真正的赞美，是建立在实事求是的基础之上，是对于他人所长之处的一种实事求是的肯定与认同。所谓吹捧，则是指无中生有或夸大其词地对别人进行恭维和奉承，就是为了讨好他人而存心要给对方戴高帽子。

一般而言，赞美别人的高水平做法是对事不对人。显而易见，汽车服务人员对于顾客的赞美假如背离了实事求是这一基础，从根本上就背离了服务行业"诚实无欺"的宗旨。发展到了极端，就是哄人、骗人、蒙人，因此绝对不可取。

3. 恰如其分

汽车服务人员对顾客的赞美要想被对方所接受，就一定要了解顾客的情况，赞美对方确有的长处。例如，赞美一位皮肤保养得不错的女士时，说她"深谙护肤之道"，一定会让她非常高兴。可要是用这句话去赞美一位皮肤黯然失色的女士，自然就令人匪夷所思了。

 特别提示

切勿自以为是地用他人不爱听的话语去对其进行赞美。例如，赞美一位顾客口才好，可以说他"妙语连珠""十分幽默"。但要是说他"真能侃""讲话跟说相声一样"，没准在对方听起来就同辱骂他、讽刺他一样。

任务实施

在汽车服务礼仪中，"三 A 法则"主要是汽车服务人员向顾客表达敬重之意的一般规律。它告诫汽车服务人员，欲向顾客表达自己的敬意，并且能够让顾客真正地接受自己的敬意，关键是要在向顾客提供服务时，以自己的实际行动去接受顾客、重视顾客、赞美顾客。而在前文中，业务员乔之所以会失去这个顾客恰恰就是因为当顾客自豪的提起自己的儿子时，乔却心不在焉，有一句没一句地应付着顾客，没有充分地重视顾客，没有很好地倾听顾客的诉说，更没有适时地赞美顾客的儿子，因此顾客觉得自己没有受到乔的重视，所以放弃了与乔的合作，乔也因此失去了这笔生意。

实训任务

根据学生人数进行适当的分组，要求每组学生设计一个情景剧，通过表演形式来反映汽车服务人员在汽车营销与服务工作中是否体现"三 A 法则"。

项目小结

汽车营销服务礼仪的基本理论包括角色定位、双向沟通、阳光心态和"三 A 法则"等内容。在汽车服务人员进入到具体服务工作之前要进行正确职业角色定位，只有站好队，定好位，才能在今后的工作中游刃有余。同时在汽车服务岗位上，要求汽车服务人员注重双向沟通，理解服务对象，加强相互理解，建立沟通渠道，重视沟通技巧。学习掌握好双向沟通理论，并在实际的汽车服务工作中加以灵活运用。在辛劳而烦琐的汽车服务岗位上，广大汽车服务人员承受着巨大的压力，在压力之下，汽车服务人员要拥有阳光心态，在工作中摆正位置、端正态度。在"三 A 法则"中，要求汽车服务人员在接待顾客时应热情相迎、一视同仁，在服务岗位上要尊重顾客，实心实意地重视顾客，恰到好处地赞美顾客。在赞美的过程中要注意：适可而止、实事求是、恰如其分。

练习与技能训练

一、填空题

1. 广大汽车服务人员如果想做好服务工作，主要需要从以下两个具体方面着手：强调人际交往中的互动，_____。

2. 既然人与人之间多有不同，既然做好汽车服务工作的基本要求是交往以顾客为中心，那么每一名汽车服务人员在其具体工作中，都必须积极而主动地进行_____。

3. 要求广大汽车服务人员端正态度，主要需要其关注如下两点：接受他人、_____。

4. 所谓接受他人，简言之，就是要_____、善待对方，而不是排斥对方。

5. 在汽车服务工作中要求汽车服务人员接受对方，必须明确以下两点：意在尊重、_____。

6. 在日常的服务工作中，每一名汽车服务人员均应具有的健康心态是：_____、善待别人。

7. 根据服务礼仪的规范，"三A法则"指接受顾客、重视顾客、_____。

8. 汽车服务人员重视顾客的具体方法：牢记顾客的姓名、善用顾客的尊称、_____。

9. 汽车服务人员在有必要赞美顾客时，要注意以下3点：恰如其分、实事求是、_____。

10. 真正的赞美，是建立在_____的基础之上的，是对于他人所长之处的一种实事求是的肯定与认同。

11. 广大汽车服务人员在其实际工作与生活中，要想真正地摆正自己与顾客之间的位置，首先要认真加以解决的一个重要问题，是必须_____。

12. 在工作岗位上要求广大服务人员摆正位置，主要是要求其必须：服务于人、_____。

二、判断题

1. 汽车服务人员在工作岗位上最需要的角色定位，即主要是确定自己的生活角色，而不是自己的社会角色或性格角色。（　　）

2. 汽车服务人员在为自己进行工作中的自我形象设计时必须清楚地认识到：自己应当被定位为服务于人的角色。（　　）

3. 当顾客提出某些具体要求时，汽车服务人员最得体的做法是：认真倾听，并全部予以满足。（　　）

4. 将自己正确地定位于"服务于人"的角色之后，汽车服务人员在为自己进行相应的形象设计时，就必须恪守本分，以朴素、大方、端庄、美观为第一要旨。（　　）

5. 重视顾客，是汽车服务人员对于顾客表示敬重之意的具体表现。（　　）

6. 汽车服务人员必须明确：赞美与吹捧是没有分别的。（　　）

7. 赞美顾客，实质上就是对顾客的接受与重视，也是对顾客的肯定。（　　）

8. 赞美顾客，具体而言，主要是要求汽车服务人员在向顾客提供具体服务的过程之中，要善于发现顾客之所长，并且及时地、恰到好处地对其表示欣赏、肯定、称赞与钦佩。（　　）

9. 一般而言，赞美别人的高水平做法是对人不对事。（　　）

10. 一般来讲，当顾客阐明己见时，汽车服务人员理当暂停其他工作，目视对方，并以眼神、笑容或点头来表示自己正在洗耳恭听。（　　）

11. 对顾客表示尊敬的一种常规做法，就是要对其采用昵称。（　　）

12. 接受对方，主要出自一种正确而健康的心态，它的本意是要促进彼此之间的交往，做好自己的本职工作，而并非厚此薄彼、自我否定。（　　）

13. 广大汽车服务人员在其实际工作与生活中，要想真正地摆正自己与顾客之间的位置，首先要认真加以解决的一个重要问题，是必须端正顾客的态度。（　　）

14. 既然人与人之间多有不同，既然做好汽车服务工作的基本要求是以顾客为中心，那么每一名汽车服务人员在其具体工作中，都必须积极而主动地进行换位思考。（　　）

三、单项选择题

1. 真正的赞美，是建立在（　　）的基础之上的，是对于他人所长之处的一种实事求是的肯定与认同。
   A. 坦诚相待　　B. 相互理解　　C. 阿谀奉承　　D. 实事求是

2. 广大汽车服务人员如果想做好服务工作，主要需要从以下两个具体方面着手：强调人际交往中的互动，（　　）。
   A. 坚持以自我为中心　　　　B. 坚持以企业为中心
   C. 坚持以交往对象为中心　　D. 坚持以利润为中心

3. 在工作岗位上要求广大服务人员摆正位置，主要是要求是：服务于人、（　　）。
   A. 换位思考　　B. 爱岗敬业　　C. 忠于职守　　D. 实事求是

4. 根据服务礼仪的规范，"三A法则"指接受顾客、重视顾客、（　　）。
   A. 理解顾客　　B. 赞美顾客　　C. 服务顾客　　D. 尊重顾客

5. 汽车服务人员在有必要赞美顾客时，要注意以下3点：恰如其分、实事求是、（　　）。
   A. 点到为止　　B. 无休无止　　C. 适可而止　　D. 夸大其词

四、情境设计

1. 小李是刚毕业的大学生，应聘到一家汽车4S店担任服务顾问。在工作的过程中，由于没有能够进行正确的角色定位，在工作中经常会与顾客发生摩擦，遭到很多客户的投诉，为此服务总监王总帮助小李进行正确的角色定位。请学生情景模拟服务总监王总如何帮助小李进行正确的角色定位，以及小李在以后的工作中态度和服务的转变。

2. 汽车4S店的小张已经在公司做了4年的销售顾问，刚参加工作的头几年，小张的工作表现非常优秀，销售业绩经常名列前茅，但是最近，他的销售业绩逐渐下滑，甚至到了面临末位淘汰的危险。在工作过程中，小张的工作积极性不高，消极怠工。面对小张的表现，销售总监李总对小张下了最后的通牒，如果在本月份，小张的销售业绩还是老样子，公司将与小张解除劳动合同。请学生设计情境，模拟小张该如何调整自己的心态，改变自己的工作状况呢？

3. 在某汽车销售有限公司年度优秀员工表彰大会上，服务顾问小刘被评为服务标兵。在颁奖大会上，小刘被邀请上台，为大家介绍工作经验。小刘讲到："在平时的工作中，我也没有什么技巧可言，我按照'三A法则'（接受顾客、重视顾客、赞美顾客）来规范我的工作。"请学生设计情景模拟小刘在工作中是如何遵守"三A法则"的？

项目 3

汽车营销服务形象礼仪

项目导读

何谓服务形象？服务形象就是汽车服务人员在进行汽车营销与服务时所具有的仪容仪表、体态形象、品德素质、心理状态、公共关系等方面的自身行为给顾客以整体评价和印象。

服务形象礼仪在汽车市场服务过程中起着重要的作用。当顾客遇见汽车服务人员的第一时间，就会对服务人员产生第一印象，这在心理学角度叫作"首因效应"。第一印象会左右顾客对企业的评价以及决定是否再次光顾。良好的服务形象既能反映出汽车服务人员的精神面貌和个人修养，又能体现出企业的整体形象、服务质量及管理水平。因此，在汽车市场服务活动中，和任何人打交道时，服务人员都应展示出自己的服务形象，提高顾客的满意度，增强企业形象。一个自信的、令人满意的汽车服务人员形象，既尊重了自己，又能尊重顾客和身边的人。

项目分析

服务礼仪是服务类企业从业人员必备素质之一，汽车服务人员只有通过深入学习和掌握汽车市场服务形象礼仪，并在实践中将其融会贯通，以提升服务形象礼仪的运用水准。只要汽车服务人员加强学习，就可以在从事汽车营销与服务行业的岗位工作时，将自己留在他人心目中的个人形象趋于完美。服务形象礼仪主要有：

- 仪容礼仪；
- 仪表服饰礼仪；
- 仪态礼仪。

任务3.1 仪容礼仪

任务目标

目标一：掌握正确的仪容礼仪规范。

目标二：学会在汽车营销与服务过程中合理的展现自身仪容礼仪，以塑造良好的个人形象。

任务下达

来自于同一所职业学院的小贾和小梦已经在某汽车品牌4S店实习汽车销售顾问岗位半年了，小梦已经提前转正成为销售顾问，而小贾工作业绩始终没有起色，还是销售见习生。

一天中午，小贾正如往常一样懒洋洋地趴在站台边发呆，这时一对夫妇走进展厅，好像打算购车的样子。小贾赶紧迎上去，热情地对两位顾客大声问好："欢迎光临！请问有什么可以帮助您的？"夫妇俩的眼光打量了小贾几眼，略微皱了一下眉头，说了一声："哦，随便看看，谢谢！"随后逛了一下，便转身离开了展厅。

看到客户似乎对她有所戒备，小贾疑惑得皱着眉头，却不知道发生了什么。这时小梦微笑着走了过来，对小贾说："小贾，走，去化妆间，我带了化妆品，我重新帮你画个淡妆，再把大耳环摘了，指甲油洗了。"听了小梦的一席话，她这才注意到自己的形象：头发凌乱，面部妆容粗糙，口红和指甲油鲜艳耀眼，夸张的圆形大耳环不停地前后摇摆着，再加上从不离口的口香糖，小贾一下羞得满脸通红，跟着小梦迅速跑向化妆间。

请思考：

（1）小贾、小梦都在同一家汽车4S店实习，而且都从事的是销售顾问岗位，但是为什么半年后两人的职位却大不一样？

（2）从仪容礼仪方面考虑，这两名同学在实习岗位上表现如何？

任务分析

在汽车服务人员的整体形象设计中，仪容礼仪居于首要位置，最能传达直接的信息，最能反映汽车服务人员的心理状态和精神面貌。因此，汽车服务人员良好的仪容不仅是给顾客留下好印象的第一步，也代表着企业形象、产品形象及服务形象。

相关知识

一、仪容的含义

仪容主要是指一个人的五官容貌，包括一个人的头部和手部，如头发、脸庞、眼睛、

项目3 汽车营销服务形象礼仪

鼻子、嘴巴、耳朵等。仪容是每个人生来就有的，具有先天性。但是后天也是可以通过改变来实现追求美的目的，所谓"三分长相、七分打扮"就是这个意思。对于汽车服务人员来说，仪容礼仪方面应遵循以下两条基本原则。

1. 干净、整洁和卫生

汽车服务人员在平时必须勤洗理、勤修饰，使自己的仪容永远显得清爽、利索，坚决杜绝仪容上的脏、乱、差。

2. 修饰要避人

汽车服务人员按常规修饰个人仪容时，应该注意回避他人，不应当众修饰自己。在他人面前"当窗理云鬓，对镜贴花黄"，既失之于端庄稳重，又有可能被人误解。例如，女性梳理自己的秀发，本属正常，但若是在工作岗位上这样做，可能会被视为孤芳自赏，缺乏敬岗爱业精神；而若是在大庭广众之下当着陌生人的面这样来修饰自己，还有可能会被误解为搔首弄姿、举止轻浮。所以，汽车服务人员要修饰、整理仪容，一定要注意回避他人，一般可以选择在更衣室或者洗手间进行。

二、基本的仪容礼仪

仪容礼仪包括个人卫生礼仪、美容美发礼仪等，是人类为维系社会正常生活而要求人们共同遵守的最起码的道德规范，它是人们在长期共同生活和相互交往中逐渐形成，并且以风俗、习惯和传统等方式固定下来。一般而言，汽车服务人员的仪容礼仪主要体现在头发、面容、手部、颈部和脚部等几个方面。

1. 头发

头发是人体的制高点，很能吸引他人的注意力。所谓头发的礼仪，就是通常所说的美发，即有关头发的护理及修饰的规范。在头发方面，对汽车服务人员的基本要求是干净、整齐、长短适当，发型简单大方、朴素典雅，一般不可以完全不加修饰，但也不可太花哨。

在汽车服务活动中，女士的发型种类较多，主要有长发、短发、卷发、发髻等，具体可依脸型、场合来决定。男士的发型变化则比较少，多以短发为主，以 6 cm 左右为佳，最长也不应该后及领口，前过额头，左右遮住耳朵。女士头发的长度虽然相对要求"宽松"些，但最好不要长过肩部，或挡住眼睛。在庄重严肃的工作场合，则必须暂时将头发梳成发髻，盘在头上，并套上发套。需要强调的是，不管是男是女，汽车服务人员原则上不宜留"大鬓角"，这也是为了使汽车服务人员看起来精神一些，利落一些。

汽车服务人员的头发要时刻保持健康、洁净、清爽的状态，首先必须定期清洗头发，并且坚持不懈，一般来说，每周至少应当清洗 2~3 次。其次是定期修剪头发，至少要确保每个月修剪一次。最后是梳理头发，汽车服务人员出门上班前、换装上岗前、摘下帽子时、下班回家时以及其他任何有必要的场合，都必须自觉地梳理头发，确保齐整。

2. 面容

面部是人际交往中为他人所注意的重点。英国有一句谚语："当你同别人打交道时，他注意你的面部是很正常的。可他要是打量你身体的其他部位，那就有些不正常了。"

在汽车服务活动中，汽车服务人员要使自己从容而自信，就不能忽略面容的修饰，绝不允许面部不干净、不卫生。修饰自己的面部，具体到各个环节，都有不同的要求和规定。

（1）面部的基本护理。做好面部的护理工作是做好美容化妆的先行条件，在注重化妆对人的改变的作用时，必须重视对面部皮肤的护理工作。了解自己的肤质，选择合适的肌肤保养品，采取正确的保养手段是非常重要的。

① 面部的清洁。洗脸的正确顺序是先从多油垢的"T"区地带洗起，接着是鼻子和下巴，然后再洗面颊和眼部四周，最后清洗耳部、颈部及发际、眉间等。洗脸时要注意以下几点：一是要让洗面乳充分起泡，泡沫越细越不会刺激肌肤；二是不要过于用力揉搓肌肤，以免给肌肤带来不必要的负担；三是每个部位都要洗净（包括发际和脖子）；四是要用流水冲洗去沫；五是冲洗完毕将毛巾轻贴脸颊自然吸干水分。

② 面部的护理。洗脸去除污垢后，要及时补充水分、油脂、角质层内的保湿因子等，使肌肤回复到原来的状态。可以使用化妆水和乳液进行日常的面部护理，还应视实际情况采用面膜敷脸的特殊保养方法。

（2）颊部修饰。面部化妆一方面要突出五官最美的部分，另一方面要掩盖或矫正缺陷或不足的部分。无论采用淡妆还是浓妆都要恰当运用化妆技术和化妆品才能达到美化形象的目的。

① 涂抹粉底。

② 刷腮红。注意选择腮红的位置和颜色，由上向下呈斜角刷腮红。有络腮胡的男士则要注意每天刮胡须，保持颊部干净清爽。

（3）眼部修饰。眼睛是心灵的窗户，它在很大程度上影响着别人对你的第一印象，因此眼部的修饰也是面容修饰的重要内容。眼部的化妆包括眉毛和眼睛的修饰。

① 修饰眉毛。眉毛是用来衬托眼睛和改善脸型的宽窄长短的。男性一般无须进行修饰，当然如果有瑕疵也可进行必要修饰以求美观。女士则必须经常修剪眉毛并尽可能修出适合的眉形，但是切记不能出现过浓的描画痕迹，汽车服务人员最好不要文眉。

② 修饰眼睛。首先要保持眼部的干净，清除眼屎，同时保证眼睛不充血、无眼袋。女士可以使用眼影使眼睛变大、加长，改善浮肿的眼皮，使单眼皮有双眼皮的效果。另外，汽车服务人员若是眼睛近视需要戴眼镜，最好使用隐形眼镜，否则必须随时对眼镜进行清洗、擦拭以保证美观。一般情况下，汽车服务人员不得戴太阳眼镜或其他有色眼镜。

（4）唇部修饰。对大多数女性来说，最先接触的化妆品就是口红，为双唇点上颜色，总是增加许多光彩。汽车服务人员在进行唇部仪容修饰时要注意以下几点。

① 清洁双唇。不要让口角长期积存异物或白沫，在干燥季节尤其要注意涂抹润唇膏令嘴唇滋润，以免唇皮皲裂影响美观。男士要注意剃须。

② 清洁牙齿。牙齿整齐洁白是仪容美的主要表现。对于汽车服务人员来说，应坚持每天早晚刷牙，并且最好在吃完每顿饭后都刷一次牙。在参加正式场合前，一定要事前漱口刷牙或是咀嚼口香糖，以免食物残渣留在口腔里。在进餐后，也不要当着别人的面剔牙，这样做既不雅观，也很失礼。

③ 消除口腔异味。汽车服务人员平时工作期间应少吃或尽量不吃生葱生蒜、洋葱及韭菜一类带刺激性气味的食物,以免在交往中说话"带味",使接近自己的人感到不快。汽车服务人员在用餐后一时难找机会刷牙时,可尝试用漱口水来进行口腔清洁,但最好不要当众大嚼口香糖。

(5) 鼻部清洁。汽车服务人员必须时刻保持鼻腔的干净清洁,不流鼻涕。鼻毛过长要及时修剪,以免外露。不得在汽车服务场合清理鼻屎或是吸鼻涕,这些都是很不雅的举动。

(6) 清洗耳朵。洗脸时千万不要忘记清洗耳朵,一定要确保耳内外干净,无耳屎。如果耳毛过长,也要及时进行修剪。

3. 手部、颈部和脚部

(1) 手部。握手是汽车服务交往中最基本的见面礼仪。一双干净、光洁的手往往能给交往对象留下良好的印象。因此,手也是汽车服务人员修饰仪容的重要部位。汽车服务人员必须时刻保持手部干净清爽,不得留长指甲,指甲内部也要注意不能够有污垢,不得在公共场所修剪指甲或是用牙齿啃咬指甲。女士不能使用色彩夸张的甲油和甲饰,如果手上有厚重的体毛,还必须经常剃、褪,以示美观。

(2) 颈部。汽车服务人员在清洗面部时,还不要忘了清洗脖颈、脖后等重要部位。如果只顾脸部而忽略了脖颈,致使二者反差过大,同样会给人留下不好的印象。对于随着年龄增长而显现的颈纹,也可适当加以修饰隐藏。

(3) 脚部。中国有句老话说:"远看头,近看脚,不远不近看中腰。"由此可见,脚部的保养和修饰也是很重要的。汽车服务人员,尤其是男士必须养成良好的卫生习惯,每天勤洗脚,勤换鞋袜,以清除脚臭。男士还要注意不能在公共场合穿短裤或是挽起长裤的裤脚。女士如腿毛过重,须注意进行剃、褪或是以丝袜进行遮掩。

4. 汽车服务人员的仪容注意事项及要求

表 3-1 及图 3.1 为汽车服务人员的仪容注意事项及要求。

表 3-1 汽车服务人员的仪容注意事项及要求

项目	男士	女士
着装	穿着标准工作装,熨烫平整、干净得体、无污点,裤线保持笔挺	
头发	梳理整齐、干净无异味、不留长发、无头皮屑	干净梳理有型的头发,发帘尽量不要遮住眼睛;留长发的女士用丝带扎住
面部	注意避免有眼屎、口臭、耳垢;胡须剃干净	注意避免有眼屎、口臭、耳垢;工作场合避免佩戴大耳环
手、指甲	手保持清洁,指甲勤修理,不易留长指甲;避免佩戴戒指及手镯	
鞋	保持干净,鞋后跟不应有磨损	保持干净,鞋跟在某种程度上 5 cm 以下为宜
袜子	尽量穿深色袜子,避免穿脏、破袜子	尽量穿肉色丝袜,避免穿破袜子,建议多备一双袜子在包里

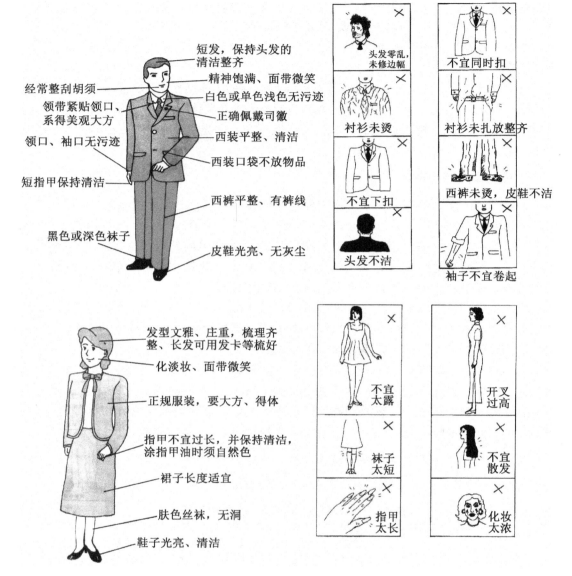

图 3.1 汽车服务人员的仪容注意事项及要求

任务实施

汽车服务人员留给客户的第一印象就是自身的仪容，仪容的好坏关系到销售和售后服务的成败。在服务过程中，汽车服务人员应给客户留下大方、得体的印象。这样不仅可以增强自信，赢得客户的好感和信任，更能将自己的形象演绎得神采飞扬。

在前文中，当夫妇进入展厅看到仪容不整的小贾后，随便逛了一下便离开了展厅。由此可以看出，在服务过程中，自身仪容的展现是多么重要。小贾在小梦的帮助下，重新对自己的仪容进行了整理，以崭新的面貌出现在工作岗位上，迎接客户的到来。

项目3 汽车营销服务形象礼仪

实训任务

（1）对学生进行分组，每组必须有两名以上女生。要求每组学生中男生简述男士如何保持仪容整洁，女生简述日常淡妆的步骤。其中每组抽选一名女生实际操作化淡妆，然后每组人员分别对本组及其他组女生的淡妆进行评价。

（2）个人卫生自检表，见表3-2。

表3-2 个人卫生自检表

检查项目	检查内容	评分细则	分数	得分
头发	理发的频率	最少一个月一次	5	
		两个月一次	3	
		三个月一次	1	
	洗发的频率	每次洗澡时都洗	5	
		每两次洗澡，只有一次洗头	3	
		洗澡时有时洗头	1	
口腔	刷牙的频率	早上起床后及晚上睡觉前	5	
		只是在早上起床后	3	
		有时	1	
	漱口的频率	吃完东西或喝完饮料后马上漱口	5	
		一日三餐之后漱口	3	
		很少	1	
洗澡	洗澡的频率	每天	5	
		两天一次	3	
		三天以上一次	1	
衣服	衬衫、袜子的换洗频率	每天	5	
		两天一次	3	
		三天以上一次	1	
衣服	白衬衫、职业装、手帕的熨烫频率	每次换洗之后都熨烫	5	
		有时	3	
		从来不	1	
鞋子	擦鞋的频率	每天	5	
		两天一次	3	
		三天一次	1	
合计				

得分说明如下：

（1）总分 40 分为"良好"，希望继续保持良好的个人卫生习惯。

（2）总分在 34～39 分之间为"一般"，在某些点上还需改进。

（3）总分在 24～33 分之间为"合格"，可能会因为某个或某几个细节问题给其他人留下不好的形象。

（4）总分在 23 分以下为"差"，个人卫生已严重妨碍你和他人的交往。

任务 3.2　仪表服饰礼仪

任务目标

目标一：掌握正确的仪表服饰礼仪规范。

目标二：掌握仪表礼仪的要素，了解服饰打扮的基本原则。

任务下达

1. 某 4S 店汽车销售顾问小林在第一次参加店内新车发售仪式时遭遇了着装带给他的窘境，那次境遇让小林认识到穿衣服不能忽视场合。

新车发售的前一天，小林恰好把店里发的白衬衣洗了，到早上还没干。小林就随便拿了件浅蓝色的衬衣穿上去了单位。到了单位后发现同事及领导们都统一身着白色衬衣，而自己却显得独树一帜，他感到了一种不自在，一种被环境隔离开来的不自在。从那以后，小林非常注意在不同时间、不同场合、不同环境的服饰穿着和饰物的搭配，使得自己的职业形象更完美。

请思考：

（1）为什么服务型企业都要求各级员工必须统一着装？

（2）你对着装的时间、地点、场合有怎样的想法？

2. 日本的著名企业家松下幸之助从前不修边幅，也不注重企业形象，因此企业发展缓慢。一天，当他理发时，理发师不客气地批评他不注重仪表，说："你是公司的代表，却这样不注重衣冠，别人会怎么想，连人都这样邋遢，他的公司会好吗？"从此松下幸之助一改过去的习惯，开始注意自己在公众面前的仪表仪态，生意也随之兴旺起来。现在，松下电器的种类产品享誉天下，与松下幸之助长期率先垂范，要求职员讲礼节、重仪表是分不开的。

请思考：

（1）作为一名汽车服务人员，注重仪表的意义何在？

（2）为什么要塑造职业化的仪表？

（3）仪表礼仪与企业形象有何重要的关系呢？

项目3 汽车营销服务形象礼仪

任务分析

仪表服饰礼仪是人们在交往过程中为了相互表示尊重与友好，达到交往的和谐而体现在仪表及服饰上的一种行为规范。在汽车营销与服务活动中，能直接影响着客户对服务人员、企业形象的评价与看法，较好地体现出服务人员的文化修养及审美趣味。好的仪表服饰礼仪不仅能赢得他人的信赖，给人留下良好的印象，而且还能够提高与人交往的能力。

因此，在汽车服务人员的整体形象设计中，学会正确的容貌修饰、丰富的个人表情、规范的举止动作，才能为自己塑造出成功的职业化仪表，进而反映出服务人员及汽车服务企业的面貌和实力。

相关知识

一、仪表的含义

仪表是指一个人精神面貌的外观体现，俗话说就是"包装"。一个人的卫生习惯、服饰与形成和保持端庄、大方的仪表有着密切的关系。

商品包装之所以重要，是因为当人们无法通过实际使用去判断商品的品质时，往往会通过商品的包装（外观）来判断商品的内在品质。当你面对汽车服务市场上的交往对象时，具有职业风范的仪表会清楚地表明你对自己的看法及你对对方的看法。塑造正确的职业化仪表，能够帮助汽车服务人员更快、更好地服务于客户。

二、仪表礼仪的要素

1. 卫生整洁

清洁卫生是仪表美的关键，是礼仪的基本要求。不管长相多好，服饰多华贵，若满脸污垢、浑身异味，那必然破坏一个人的美感。因此，每个人都应该养成良好的卫生习惯，做到入睡起床洗脸、脚，早晚、饭后勤刷牙，经常洗头又洗澡，讲究梳理勤更衣。不要在人前"打扫个人卫生"。比如剔牙齿、掏鼻孔、挖耳屎、修指甲、搓泥垢等，这些行为都应该避开他人进行，否则，不仅不雅观，也不尊重他人。与人谈话时应保持一定距离，声音不要太大，也不要对人口沫四溅。

2. 服饰

服饰反映了一个人文化素质之高低，审美情趣之雅俗。一个人的仪表要与他的年龄、体形、职业所在的场合吻合，表现出一种和谐，这种和谐能给人以美感。

具体来说，它既要自然得体，协调大方，又要遵守某种约定俗成的规范或原则。服装不但要与自己的具体条件相适应，还必须时刻注意客观环境、场合对人的着装要求，即着装打扮要优先考虑时间、地点和目的三大要素，并努力在穿着打扮的各方面与时间、地点、目的保持协调一致。

三、服饰的含义

服饰是一种文化，它反映着一个民族的文化水平和物质文明发展的程度。服饰具有极强的表现功能，在社交活动中，人们可以通过服饰来判断一个人的身份地位、涵养；通过服饰可展示个体内心对美的追求、体现自我的审美感受；通过服饰可以增进一个人的仪表、气质，所以，服饰是人类的一种内在美和外在美的统一。要想塑造一个真正美的自我，首先就要掌握服饰打扮的礼仪规范，让和谐、得体的穿着来展示自己的才华和美学修养，以获得更高的社交地位。

四、服饰打扮的原则

俗话说："佛要金妆，人靠衣妆""人靠衣裳马靠鞍"。我们与人交往，首先注重的是他的服饰。成功的着装和仪表有着紧密联系，穿着不当往往会降低一个人的身份，很难使周围的人对他有一个好的印象。更重要的是，它往往还是一个企业的信息窗口，与之交往的人士可以通过员工的服饰水平去窥视企业的面貌和实力。由于每个人的喜好不同，服饰打扮方式不同，搭配效果也会有所不同，因此也成就了五彩斑斓的服饰世界。然而，服饰穿戴必须讲求选择的艺术，汽车服务人员在选择服饰时要根据人们的审美观及审美心理，注意遵循一定的基本原则。

1. 整洁原则

整洁原则是指整齐干净的原则，这是服饰打扮的一个最基本的原则。一个穿着整洁的人总能给人以积极向上的感觉，并且也表示出对交往对象的尊重和对社交活动的重视。整洁原则并不意味着时髦和高档，只要保持服饰的干净合体、全身整齐有序即可。

2. 个性原则

个性原则是指汽车服务人员的服饰打扮必须根据自己的年龄、身份、形体等特点穿出属于自己的个性、品位，塑造属于自身的职业形象。

不同的人由于年龄、性格、职业、文化素养等各方面的不同，自然就会形成各自不同的气质，我们在选择服装进行服饰打扮时，不仅要符合个人的气质，还要突现出自己美好气质的一面。为此，必须深入了解自我，正确认识自我，选择自己合适的服饰。这样，可以让服饰尽显自己的风采。要使打扮富有个性，还要注意不要盲目追赶时髦，因为最时髦的东西往往是最没有生命力的。另外还要穿出自己的个性，不要盲目模仿别人，而不考虑自己的综合因素。

在汽车服务企业，汽车服务人员的着装一般有统一的制服，要彰显自己的个性的话，可以稍加修饰，佩戴一些简单的小饰物，如胸针、小丝巾。

3. 适合原则

汽车服务人员选择衣服不但要适合自己的个性特征，而且还要服从服务环境的需要，有的时候要学会放弃个性。比如，汽车服务人员的服饰必须体现出自己的个性、热情、细致和专业的一面，又要能衬托出你非常适合汽车服务的背景环境。如果仅仅为了突出个性而忽视汽车服务交往目的，穿着特别时髦甚至暴露的衣服来表现你的坦诚热情，是不可能被顾客接受的，直接影响汽车服务企业的整体形象。

4. TPO 原则

TPO 是 Time(时间)、Place(地点)、Object(目的)三个英文单词的缩写。这个原则的基本含义是人们在服装穿着、饰品佩戴等方面，不但要与自己的个性、风格、生理条件相适宜，而且还必须适应具体的时间、地点和目的的要求。TPO 是目前国际公认的服饰礼仪原则。一件被认为美的、漂亮的服饰不一定适合所有的场合、时间、地点。因此，我们在着装时应该要考虑到这三个方面的因素。

着装的时间原则(T 原则)，就是指服装打扮要考虑每天的早、中、晚时间的变化；春、夏、秋、冬四季的不同和时代的变化。着装的时代性是说服饰应顺应时代发展的主流和节奏，不可超前，亦不可过于滞后。服装依四季可分为春装、夏装、秋装和冬装，切不可"要风度不要温度"，只顾美丽"冻人"。在西方，服装还因时间不同分为晨装、日装和晚装，男士午前或整个白天不能穿晚礼服，夜晚不能穿晨礼服。

着装的地点原则(P 原则)，也就是环境原则，即不同的环境需要与之相适应的服饰打扮。一般来说，汽车服务人员上班时的穿着要正统，适合穿制服、套装、套裙、连衣裙，饰品佩戴遵循"以少为佳"的原则，最多不要超过 3 件。社交时的穿着打扮则宜讲求时尚，展现个性。休闲时的着装要求最低，只要舒适得体即可。通常，人们把上班、社交的场合称为正式场合，此时的穿着称为正装；而把休闲的场合称为非正式场合，此时的穿着称为便装。汽车服务人员一定要注意区分场合选择合适的着装，否则很可能影响到汽车服务活动的顺利进行。

着装的目的原则(O 原则)，是指场合气氛的目的原则，即着装应当与当时当地的气氛融洽协调，根据不同目的进行着装，通过穿着打扮给人留下好的印象，以便于汽车服务活动顺利开展。例如，穿着旗袍去赴宴，是为了展示东方女性的独有风姿；穿着西式套裙去上班，是为了显示自己的成熟稳重；而穿上牛仔与朋友一起去登山踏青，则是为了轻松方便。

服饰的 TPO 原则的三要素是相互贯通、相辅相成的。人们在社交活动与工作中，总是会处于一个特定的时间、场合和地点之中。因此，在你着装时应考虑：穿什么？怎么穿？这会是你踏入社会并取得成功的一个开端。

5. 配色原则

服饰的美是款式美、质料美和色彩美三者完美统一的体现，形、质、色三者相互衬托、相互依存，构成了服饰美统一的整体。而在生活中，色彩美是最引人注目的，因为色彩对人的视觉刺激最敏感、最快速，会给他人留下很深的印象。

服饰色彩的相配应遵循一般的美学常识。服装与服装、服装与饰物、饰物与饰物之间的色彩应色调和谐，层次分明。饰物只能起到"画龙点睛"的作用，而不应喧宾夺主。服饰色彩在统一的基础上应寻求变化，肤与服、服与饰、饰与饰之间在变化的基础上应寻求平衡。一般认为，衣服里料的颜色与表料的颜色，衣服中某一色与饰物的颜色均可进行相应的搭配。

(1) 服装色彩搭配有 3 种方法可供参考。

① 同色搭配。色彩相近或相同，明度有层次变化的色彩相互搭配形成一种统一和谐的效果。如墨绿配浅绿、咖啡色配米色等。在同色搭配时，宜掌握上淡下深、上明下暗。这样整体上就有一种稳重踏实之感。

② 相似色搭配。色彩学把色环上大约90°以内的邻近色称之为相似色。如蓝与绿、红与橙。相似色搭配时，两个色的明度、纯度要错开，如深一点的蓝色和浅一点的绿色配在一起比较合适。

③ 主色搭配。选一种起主导作用的基调和主色，相配于各种颜色，造成一种互相陪衬、相映成趣之效。采用这种配色方法，应首先确定整体服饰的基调，其次选择与基调一致的主色，最后再选出多种辅色。主色调搭配如选色不当，容易造成混乱不堪，有损整体形象，因此使用的时候要慎重。

（2）色彩选择应考虑的因素。在选择服饰色彩的时候，不仅要考虑色彩之间的相配，还要考虑与着装者的年龄、体形、肤色、性格职业等相配。

① 服色与年龄。不论年轻人还是年长者都有权利打扮自己。但是在打扮时要注意，不同年龄的人有不同的着装要求。

年轻人的穿着可鲜艳、活泼和随意些，这样可以充分体现年轻人朝气蓬勃的青春美；而中老年人的着装则要注意庄重、雅致、含蓄，体现其成熟和端庄，充分表现出成熟之美。但无论何种年龄段，只要着装与年龄相协调，都可以显示出独特的韵味。

② 服色与体形。天下人等，高矮胖瘦各得其所，不同的体形着装意识应有所区别。

对于高大的人而言，服色宜选择深色、单色为好，太亮太淡太花的色彩都有一种扩张感，使着装者显得更高更大。

对于较矮的人而言，服色宜稍淡、明快柔和些为好，上下色彩一致可以造成修长之感。

对于较胖的人而言，在服色的选择上，应以冷色调为好，过于强烈的色调就显得更胖。

对于偏瘦的人而言，服色选择应以明亮柔和为好，太深太暗的色彩反而显得瘦弱。

③ 服色与肤色。肤色影响服饰配套的效果，也影响服装及饰物的色彩。但反过来说服饰的色彩同样可以作用于人的肤色而使肤色发生变化。

肤色发黄或略黑、粗糙的人，在选择服色时应慎重。服色的调子过深，会加深肤色偏黑的感觉，使肤色毫无生气；反之，也不宜用调子过浅的服色，色泽过浅，会反衬出肤色的黝黑，同样会令人显得暗淡无光。这种肤色的人最适宜选用的是与肤色对比不强的粉色系、蓝绿色。最忌色泽明亮的黄、橙、蓝、紫或色调极暗的褐色、黑紫、黑色等。

肤色略带灰黄，则不宜选用米黄色、土黄色、灰色的服色，否则会显得精神不振和无精打采。

肤色发红，则应配用稍冷或浅色的服色，但不宜使用浅绿色和蓝绿色，因为这种强烈的色彩对比会使肤色显得发紫。

④ 服色与性格。不同的性格需要由不同的色彩来表现，只有选择与性格相符的服色才会给人带来舒适与愉快。

性格内向的人，一般喜欢选择较为沉着的颜色，如青、灰、蓝、黑等；性格外向的人，一般以选用暖色或色彩纯度高的服色为佳，如红、橙、黄、玫瑰红等。

⑤ 服色与职业。不同的职业有不同的着装要求。如法官的服色一般为黑色，以显示出庄重、威严；汽车服务人员的服色一般选用深色，这会给客户以牢靠、信任的感觉。

除此以外，在服饰选择时还要注意文化背景。我国与西方社会的文化背景不同，风俗习惯和审美观念也就不完全相同，不能简单模仿西方的穿着打扮。例如，在一些庄重、严肃的场合，上班、洽谈、参加大型会议、举行宗教仪式等，女士的着装不能"薄、透、露"，在公众面前，内衣"走光"会给人以轻浮之感。

只有遵循以上5个原则，服饰才能真正起到美化的作用。

任务实施

汽车服务人员的自身仪表有助于增加与顾客沟通时的交际魅力，给顾客留下良好的印象，对提高顾客的满意度起着至关重要的作用。服务人员在从事汽车技术服务及营销时，所穿的服装一定要以得体为准则，令客户能感觉到你的干练和自信。在工作的时候，服务人员一定要改掉自己随心所欲的穿着习惯。要时刻牢记穿着的目的是在于给客户留下一个良好的印象，让他们觉得你是可以信任的。因此衣服的选择一定要得体，应该跟你所从事的职业相适应，和你的身份、年龄、气质、场合相协调，寻找的是一种恰到好处的适中。

在前文中，松下幸之助接受了理发师的批评，改变个人习惯，注重个人仪表，最终影响到整个公司的形象改变，从而带动公司的整体发展；而小林由于个人的着装直接影响到公司的整体形象，使公司在对外宣传的活动中没有做到企业形象的整齐统一，没有展示出企业风貌和文化。因此，在汽车服务过程中，服务人员的仪表形象及着装直接代表着自身修养与企业的品牌文化形象、产品形象及服务形象，因此搭配好个人的服饰，塑造好个人的仪表形象是尤其重要的。

实训任务

（1）对学生进行分组，针对个人的仪表每名学生先自评，再对本组其他同学进行评价，最后对其他组同学进行评价。

（2）对学生进行分组，要求每个学生设计一个生活或工作中的场景，然后结合TPO原则，为自己设计一套服装（可以是正面的，也可以是反面的表现形式），让每组学生内部之间来评价所设计的场景与服装是否搭配。

（3）对照汽车服务人员个人形象自检表（见表3-3），看看自己在哪些方面还需改进？

表3-3 汽车服务人员个人形象自检表

男士形象	女士形象
1. 发型款式大方，不怪异，头发干净整洁，长短适宜；无浓重气味，无头屑，无过多的发胶、发乳	1. 头发保持干净整洁，有自然光泽，不要过多使用发胶；发型大方、高雅、得体、干练，前发以不遮眼、遮脸为好

续表

男士形象	女士形象
2. 鬓角及胡须已剃净，鼻毛不外露	2. 化淡妆，眼亮、粉薄、眉轻、唇浅红
3. 脸部清洁滋润	3. 服饰端庄，不太薄、不太透、不太露
4. 衬衣领口整洁，纽扣已扣好	4. 领口干净，脖子修长，衬衣领口不过于复杂和花哨
5. 耳部清洁干净，耳毛不外露	5. 饰品不过于夸张和突出，款式精致、材质优良，耳环小巧、项链精细，走动时安静无声
6. 领带平整、端正	6. 公司标志佩戴在要求的位置，私人饰品以简单为主
7. 衣、裤袋口平整伏贴；衬衣袖口清洁，长短适宜	7. 衣袋中只放小而薄的物品，衣装轮廓不走样
8. 手部清洁，指甲干净整洁	8. 指甲精心修理过，不太长、不太怪、不太艳
9. 衣服上没有脱落的头发和头皮屑	9. 裙子长短、松紧适宜，拉链拉好，裙缝位正
10. 裤子熨烫平整，裤缝折痕清晰；裤腿长及鞋面；拉链已拉好	10. 衣裤或裙子以及上衣的表面无明显的内衣轮廓痕迹
11. 鞋底与鞋面都很干净，鞋跟无破损，鞋面已擦亮	11. 鞋洁净，款式大方简洁，没有过多装饰与色彩，鞋跟不太高、不太尖
12. 公司标志佩戴在要求的位置，私人饰品以简单为主	12. 衣服上没有脱落的头发和头皮屑
	13. 丝袜无勾丝、无破洞、无修补痕迹，包里有一双备用丝袜

任务 3.3　仪态礼仪

任务目标

目标一：能够在汽车营销与服务过程中掌握正确的仪态礼仪规范。
目标二：掌握体态语言的表现形式。

任务下达

世界上最伟大的汽车推销员乔·吉拉德曾经说："当你笑时，整个世界都在笑，一脸苦相没人会理睬你。"

原一平在日本被称作"推销之神"，他在1949—1963年，连续15年保持全国人寿保险业绩第一，他身高只有1.53米，而且其貌不扬。在他最初当保险推销员的半年里，他没有为公司拉到一份保单。没有钱租房，就睡在公园的长椅上；没有钱吃饭，就去吃饭店专供流浪者的剩饭;没有钱坐车,就每天步行去他要去的那些地方。可是,他从来不觉得自己是个失败的人,至少从表面上没有人觉得他是一个失败者。自清晨从长椅上醒来开始,他就向每一个他所碰到的人微笑,不管对方是否在意或者回报以微笑,他都不在乎,而且他的微笑永远是那样的真诚,让人看上去永远是那么精神抖擞,充满信心。

终于有一天,一个常去公园的大老板对这个小个子的微笑产生了兴趣,他不明白一个吃不上饭的人怎么会总是如此快乐。于是,他提出请原一平吃顿饭。尽管原一平饿得要死,但还是委婉地谢绝了。他请求这位大老板买一份保险,于是,原一平有了自己的第一个业绩。这位大老板又把原一平介绍给他许多商场上的朋友。就这样,原一平凭借他的自信和微笑感染了越来越多的人,最终使他成为日本历史上签下保单金额最多的推销员。

帮助别人,往往就是帮助自己。原一平成功了,他的微笑被称为"全日本最自信的微笑""价值百万美元的微笑",而这样的微笑并非天生,而是长期苦练出来的结果。原一平曾经假设各种场合与心理,自己面对镜子,练习各种笑容。因为笑必须从全身出发,才会产生强大的感染力,所以他找了一个能照出全身的特大号镜子,每天利用空闲时间,不分昼夜地练习。经过一段时间的刻苦练习,他发现嘴唇闭与合,眉毛的上扬与下垂,皱纹的伸与缩,都会有不同的"笑"的含意,甚至于双手的起落与两腿的进退,都会影响到"笑"的效果。

有一段时间,原一平因为在路上练习大笑,而被路人误认为神经有问题,也因练习得太入迷,半夜常在梦中笑醒。历经长期苦练之后,他的笑达到了炉火纯青的地步。原一平把"笑"分为38种,针对不同的客户,有不同的笑容;并且深深体会出,世界上最美的笑就是婴儿的笑容,那种天真无邪、散发出诱人的魅力的笑,令人如沐春风,无法抗拒。

请思考:
原一平是如何成为日本历史上签下保单金额最多的推销员?

 任务分析

仪态在汽车营销与服务过程中通常起着巨大的辅助作用,有时甚至起着独立的作用。因此能够通过身体各部分的动作来清晰、准确、完整地向顾客传达服务人员的意思,避免和克服言语上可能产生的歧义,汽车服务人员就必须在站、坐、走、蹲与谈话等时候能够合理、简洁、有效的使用仪态礼仪,更好地展现自己良好的素质与教养,拉近与顾客之间的距离,有效地传递信任、友好、尊敬的信息,提高顾客满意度。

 相关知识

一、仪态的含义

仪态通常是指人们身体呈现出的各种姿势以及人们在各种行为中所表现出来的风度,包括人们在日常生活中的行为动作和表情,如站姿、坐姿、走姿等,是一个人性格、气质、情趣、德才、学识、阅历、礼貌和修养等内在本质的外在体现。仪态用表情、动作或体态来交流感情、传递信息、协调关系，常作为一种伴随性语言来使用。

二、基本的仪态礼仪

在汽车服务礼仪中，汽车服务人员的仪态礼仪被视为"第二语言"，是一种不说话的"语言"，但却又是内涵极为丰富的"语言"。它所发挥的作用，在某种意义来说，绝不亚于口头语言所发挥的作用。

"站如松，坐如钟，走如风，卧如弓"，是中国传统礼仪的要求，在当今社会中已被赋予了更丰富的含义。举手投足，一颦一笑都反映出个人特有的仪态，它与人的风度密切相关，是构成人们风度的主要方面。正确的仪态礼仪要求做到自然舒展、充满生气、端庄稳重、和蔼可亲。正如培根所说："论起美来，状貌之美胜于颜色之美，而适宜并优雅的动作之美又胜于状貌之美。"

服务型行业的仪态礼仪有很多内容，在此我们着重介绍与汽车服务过程密切相关的站姿、坐姿、走姿、蹲姿与谈话姿势。

1. 站姿礼仪

站立是人最基本的姿势，是一种静态的美。正确规范的站姿给人以挺拔笔直、精力充沛、积极进取、充满自信的感觉。在一些正式场合不宜将手插在裤袋里或交叉在胸前，更不要下意识地做些小动作，那样不但显得拘谨，给人缺乏自信之感，而且也有失仪态的庄重。正确与错误的站姿如图3.2所示，站姿礼仪规范要求见表3-4。

(a) 正确站姿

(b) 错误站姿

图 3.2　正确与错误的站姿

项目3 汽车营销服务形象礼仪

表3-4 站姿礼仪规范要求

男士	女士
两肩放松,气下沉,自然呼吸。身体挺立,抬头挺胸,下颌微收,双目平视对方,双手交叉,放在身前,右手搭在左手上	
身体挺拔直立,两脚开立,与肩同宽	脚跟并拢,呈字形,或两脚稍微错开,一前一后,前脚的脚后跟稍稍向后脚背靠拢,后腿的膝盖向前腿靠拢
注意:1. 千万不要僵直硬化,肌肉不能太紧,可以适宜地变化姿态,追求动感美 　　　2. 避免垂头、垂下巴、含胸、腹部松弛、肚腩凸出、耸肩、驼背、屈腿、斜腰、依靠物体、双手抱在胸前等不良站姿	

**拓展阅读**

车展中的"空乘礼仪"

第十四届上海车展,吉利汽车展台的礼仪们以其姣好的容貌、温婉的笑容及优雅知性的仪态赢得媒体、公众一致盛赞。这是一支全部由吉利大学空乘班学生组成的"空乘礼仪",如图3.3所示,她们中的大多数即将从这个展台飞向蓝天。

(a)

(b)

图3.3 "空乘礼仪"

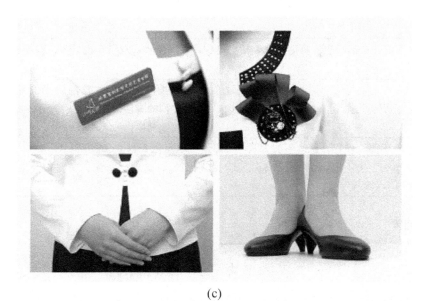

(c)

图 3.3 "空乘礼仪"(续)

2. 坐姿礼仪

坐,如图 3.4 所示,也是一种静态造型。端庄优美的坐,会给人以文雅、稳重、自然大方的美感。在正式场合,入座时要轻柔和缓,起座要端庄稳重,不可猛起猛坐,弄得桌椅乱响,造成尴尬气氛。不论何种坐姿,上身都要保持端正,如古人所言的"坐如钟"。若坚持这一点,那么不管怎样变换身体的姿态,都会优美、自然。符合礼仪规范的坐姿能传达出自信练达、积极热情、尊重他人的信息和良好风范。正确与错误的坐姿如图 3.5 所示,坐姿礼仪规范要求见表 3-5。

图 3.4 坐姿

项目 3　汽车营销服务形象礼仪

(a) 正确姿势

(b) 错误姿势

图 3.5　正确与错误的坐姿

表 3-5　坐姿礼仪规范要求

男士	女士
身体重心垂直向下，腰部挺起，上体保持正直，头部保持平稳，两眼平视，下颌微收，双掌自然地放在膝盖或座椅的扶手上	
上身挺直，两腿分开，不超肩宽，两脚平行	双腿并拢，两脚同时向左或右放，两手相叠后放在左腿或右腿上，也可双腿并拢，两腿交叉置于一侧

注意：1. 用手指示顾客就座的座位，为顾客扶住椅子(遵循女士优先，长者优先的原则)
　　　2. 坐下之前应轻轻拉椅子，用右腿抵住椅背，轻轻用右手拉出，切忌发出声响
　　　3. 坐下的动作不要太快或太慢、太重或太轻。太快显得有失教养，太慢则显得无时间观念
　　　4. 坐下后，上半身应与桌子保持一个拳头左右的感觉，应大方自然，不卑不亢
　　　5. 坐着与人交谈时，双眼应平视对方，但时间不宜过长或过短；也可用手势但不可过多或过大
　　　6. 女士不可将双腿叉开
　　　7. 双手不要叉腰或交叉在胸前
　　　8. 不要摆弄手中的茶杯或将手中的东西不停地晃动
　　　9. 腿脚不要不停地晃动

3. 走姿礼仪

行走是人生活中的主要动作，走姿是一种动态的美。"行如风"就是用风行水上来形容轻快自然的步态。协调稳健、轻松敏捷的走姿会给人以动态之美，表现朝气蓬勃、积极向上的精神状态。走姿礼仪规范要求见表 3-6，正确的走姿如图 3.6 所示。

表 3-6 走姿礼仪规范要求

起步时,上身略向前倾,身体重心落在脚掌前部,两脚跟走在一条直线上,脚尖偏离中心线约 10 cm。行走时,双肩平稳,目光平视,下颌微收,面带微笑。手臂伸直放松,手指自然弯曲,手臂自然摆动,摆动幅度以 30～35 cm 为宜。同时,速度要适中,不要过快或过慢,过快给人以轻浮的印象,过慢则显得没有时间观念,没有活力
注意:1. 上身倾斜和臂部摆动幅度不可过大,否则会显得体态不优美 　　　2. 避免含胸、歪脖、斜腰及挺腹等现象发生

图 3.6　正确的走姿

4. 蹲姿礼仪

蹲姿是在需要降低体位以便捡起掉在地上的物品或进行其他操作时采取的姿势。在工作场合中为避免弯腰捡拾,特别是女士着裙装时,为避免不雅,一般都采用蹲姿。蹲姿礼仪规范要求见表 3-7,正确的蹲姿如图 3.7 所示。

表 3-7 蹲姿礼仪规范要求

下蹲时一般一脚在前、一脚在后,女士应大腿靠紧向下蹲,男士下蹲时两腿之间可有适当距离。前脚全脚掌着地,后脚跟提起,脚掌着地。臀部始终向下,基本上以后腿支撑身体。女士还可以采用交叉式蹲姿,基本上以后腿支撑身体
注意:1. 女士下蹲时两腿一定要靠近;臀部始终向下 　　　2. 如旁边站有他人,尽量使身体的侧面对人,保持头、胸挺拔姿势,膝关节自然弯曲

5. 谈话姿势

谈话的姿势往往反映出一个人的性格、修养和文明素质。所以,交谈时,双方要互相正视、互相倾听、不能东张西望、看书看报、面带倦容、哈欠连天。否则,会给人心不在焉、傲慢无理等不礼貌的印象。谈话姿势如图 3.8 所示。

三、体态语言

人的各种身体语言有些是天生的,如哭、笑,有些是后天学习而来的;人与人之间大部分的非语言系统都是相通的,微笑、愤怒,有些则有差异。所以,体态语在不同文化、习俗中有不同程度的差异性。大致来说,在人际交往和商务服务活动中,有以下几种常见的体语表现形式。

图 3.7　正确的蹲姿

图 3.8　谈话姿势

1. 表情语言

表情语言是人内心的思想感情的脸部外化,这种外化通过面部肌肉运动来实现,如喜怒哀乐等。在汽车服务与营销活动中,表情一般是以喜乐为主,作为最基本的表情,微笑被认为是人类最美好的语言,可谓"犹如一缕春风轻抚人的心田,又似一束柔和的阳光给人以温暖,更似一滴雨露孕育心中的绿地"。

汽车服务人员应戒绝苦笑、狂笑、皮笑肉不笑、狞笑、冷笑等使人心寒的笑容,施以迷人的微笑,这样才能使人际交往更加和谐。在某些服务性行业里早已提出并实施"八颗牙齿的微笑""1 米的微笑"等微笑式服务标准了。

笑是人们的眉、眼、鼻、口、齿以及面部肌肉所进行的协调运动。发自内心的微笑,会自然调动人的五官:眼睛略眯起、有神,眉毛上扬并稍弯,鼻翼张开,脸肌收拢,嘴角上翘。做到眼到、眉到、鼻到、肌到、嘴到,才会亲切可人,打动人心。

1）微笑的类型

最常见的微笑类型有小微笑、普通微笑和大微笑。

（1）小微笑：往上提起两端嘴角，稍微露出上门牙8颗，配合微笑。保持5s之后，恢复原来的状态并放松。

（2）普通微笑：往上提起两端嘴角，露出上门牙6颗左右，眼睛也笑一点。保持5s后，恢复原来的状态并放松。

（3）大微笑：往上提起两端嘴角，稍微露出2颗门牙，配合微笑。保持5s之后，恢复原来的状态并放松。也可以稍微露出下门牙，保持5s后，恢复原来的状态并放松。

2）微笑训练方法

在微笑训练的方法中有一种方法就是要将眼睛以下的部分挡住，练习微笑，要求从眼中要看出笑的表情。这就是所谓的"眼中含笑"。这种训练方法的目的就在于微笑时要调动多部位器官协调动作，形成微笑的表情，如图3.9所示。

方式1：

①把手举到脸前

②双手按箭头方向做"拉"的动作，一边想象笑的形象，一边使嘴笑起来

方式2：

①把手指放在嘴角并向脸的上方轻轻上提

②一边上提，一边使嘴充满笑意

图3.9　训练微笑的方式

最常见的微笑训练方法有简易训练方法和细节训练方法。

（1）简易训练方法。用门牙轻轻地咬住木筷子，把嘴角对准木筷子，两边都要翘起，并观察连接嘴唇两端的线是否与木筷子在同一水平线上。保持这个状态10s。在第一状态下，轻轻地拔出木筷子之后，练习维持这一状态。

（2）细节训练方法。形成微笑是在放松的状态下训练的，练习的关键是使嘴角上升的程度一致。如果嘴角歪斜，表情就不会太好看。练习各种笑容的过程中，就会发现最适合自己的微笑。

2. 目光语

目光语是人们通过视线接触所传递的信息，也称眼神。不同的眼神可以表达环境的含义。仰视，有尊敬崇拜的意思；俯视，一般表示爱护、宽容或者傲慢无礼；正视则体现平等公正或自信坦率。商务交谈过程中，目光以亲切、温和、大方为宜，应多用正视的目光语。双目注视对方的眼鼻之间，表示重视对方或对其发言颇感兴趣，同时也体现出自己的坦诚，但若对方缄默不语，或是失言时，则不应看着对方，以免更加尴尬。目光注视的方式如图3.10所示。

(a) 错误方式　　　　　　　(b) 错误方式　　　　　　　(c) 正确方式

图 3.10　目光注视的方式

一般来说，如果两个人在室内面对面交谈，目光距离最好在1～2 m之间，目光注视对方胸部以上、额头以下部位。有时可能会出现谈话双方目光对视的情况，此时不必躲闪，泰然自若地徐徐移开就可以了。

如果是许多朋友在一起交谈，讲话的人不能把注意力只集中在其中一两个熟悉的人身上，要照顾到在场的每一个人。同时，与谁交谈或看谁谈话时，就应把目光注视到对方身上，让人感觉到你在与他交谈或正在关注着他，以示尊重。

目光接触的技巧有生客看大三角、熟客看倒三角、不生不熟看小三角。

(1) 与不熟悉的顾客打招呼时，眼睛要看他面部的大三角，即以肩为底线、头顶为顶点的大三角形。

(2) 与较熟悉的顾客打招呼时，眼睛要看着他面部的小三角，即以下巴为底线、额头为顶点的小三角形。

(3) 与很熟悉的顾客打招呼时，眼睛要看着他面部的倒三角形，即以眉毛为底线，鼻尖为顶点的倒三角。

3. 首语

首语是通过头部活动所传递的信息，最常见的是点头语和摇头语。一般点头语的语义是首肯，摇头语的语义是否定。点头语的语义还包括致意、同意、赞同、感谢、应允、满意、认可、理解、顺从等。但因环境和文化的差异，首语也有不同的形式和含义。例如，在保加利亚和印度的某些地方，阿拉伯语系国家，他们的首语是"点头不算摇头算"，形式含义正好和常规相反，一定要注意区别。

4. 手势语

手势语是通过手和手指活动所传递的信息。作为信息传递的方式，手势在日常交际中使用频率很高，范围也较广泛。人们常常以拍桌表示愤慨，捶胸以示悲痛，不停地搓手表现为难，翘起拇指表示称赞，V形手势表示胜利和成功等，在我国还有拱手作揖的礼节。

有时候下意识的手势动作会暴露我们内心的秘密。如十指交叉是不自信、心情不愉快、沮丧时常有的动作。据专家研究表明，这实际是一种防御性手势动作。人们在陌生人面前或是在紧张场合，多有这种姿势，以寻找安全感。再如，一个人和你谈话时，手一直不停摆弄衣角、扣子、笔或随手可及的事物，那么，这个人内心很可能觉得不安、自卑、紧张。另外，双臂交叉胸前，既是拒绝又是保护。人总感到身在某种屏障后才安全，所以就双手抱臂形式自我的保护圈，和对方、他人的距离拉大了。所以听别人谈话时，应尽量少抱双臂。

指引客户方向或指明东西的时候，手臂应自然伸出，手心向上，四指并拢，出手的位置应根据与客户所处的位置而定，即使用于距离客户远的那条手臂。正确的引导手势如图3.11所示。

图 3.11　正确的引导手势

5. 鞠躬

鞠躬也是表达敬意、尊重、感谢的常用礼节。鞠躬时应从心底发出对对方表示感谢、尊重的意念，从而体现于行动，给对方留下诚意、真实的印象。在行鞠躬礼时，我们按标准站姿站立或按标准行姿行走时要适当减缓速度，面带微笑，头自然下垂，并带动上身前倾5°，时间要持续1~3秒。

鞠躬礼仪的要点如下。

（1）"问候礼"通常是30°；"告别礼"通常是45°，如图3.12所示。

（2）鞠躬时眼睛直视对方是不礼貌的表现。

（3）地位低的人要先鞠躬，而且相对深一些。

图3.12 鞠躬礼仪

（4）男士行礼时，手放在身体的两侧；女士行礼时，双手握于体前。

（5）当别人向你行鞠躬礼时，你一定要以鞠躬礼相还。

6. 服饰语

服饰语是交际者在交际场合通过服装和饰物传递的信息。人的服饰同人的行为举止一样有着丰富的信息传播功能。如今，人们常以穿一套"合适"的服装来代表自己，服饰作为一种信号已成为一种特殊意义的交际语言。饰物本身并无意义，它只是一种象征、媒介。但是，饰物可以向别人表明一种思想，有时候也是在寻觅沟通者。我们都知道，臂戴黑纱，是对死者寄托哀思；胸戴十字架，是一种宗教信仰的表示；戒指的戴法则更是代表了不同的含义。因此，为了避免交际沟通中的误解，一定要准确理解服饰语。

正确的运用体态语言能够加强信息的沟通，反映个人的性格与修养，展现不同地域与民族的文化。

任务实施

英国哲学家培根曾经说过："美的精华在于文雅的动作。"仪态礼仪的运用应遵循适合、一致、随附、简括等原则。通过学习仪态礼仪，汽车服务人员在具体的实际工作中要注意有效地运用各种仪态礼仪来辅助表达自己所要传达给顾客的信息与关怀，增强顾客信任度，提高顾客满意度，提升企业形象，更好地为企业创造效益。

日本"推销之神"原一平通过长期苦练各种笑容，使自身的微笑达到了炉火纯青的地步。他用真诚的微笑，让顾客感觉他永远是那么精神抖擞，充满信心。因此，原一平的微笑最终成就他成为日本历史上签下保单金额最多的推销员。由此可以看出，仪态礼仪的成功运用能很好地开启汽车服务人员的人际关系网络资源。

实训任务

（1）对学生进行分组，要求每个学生设计一个遇到陌生人时，用自己的体态语言使对方精神放松，并博得对方好感的情景，然后抽签上台表演。

（2）各组学生先观察其他组学生的坐姿、站姿与走姿，再分别指出他们的这些姿态都有哪些问题，自己今后又将如何避免这类问题。

项目小结

本项目通过对汽车服务人员的服务形象礼仪相关学习任务的探讨与演练，使汽车服务人员系统地掌握了应如何运用恰当的仪容礼仪、仪表礼仪、服饰打扮、仪态礼仪以及体态语言等形象礼仪来从事汽车营销、售后服务接待等岗位工作，以及如何正确地实施服务礼仪规范来实现销售与服务的目标，提高客户满意度，如图3.13所示。

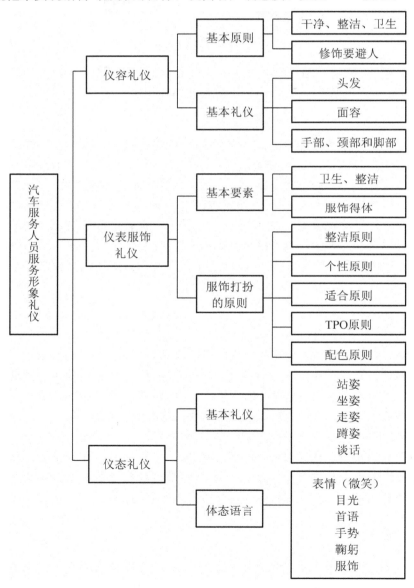

图3.13

练习与技能训练

一、填空题

1. 汽车服务人员在平时必须_____、_____。
2. 仪容礼仪包括_____、_____等，是人类为维系社会正常生活而要求人们共同遵守的最起码的道德规范。
3. 在头发方面，对汽车服务人员的基本要求是_____，_____。
4. 对面部皮肤进行护理的时候，要了解_____，选择合适的_____，采取正确的保养手段是非常重要的。
5. 洗脸的正确顺序是先从多油垢的_____洗起，接着是鼻子和下巴，然后再洗_____，最后清洗耳部、颈部及发际、眉间等。
6. 无论采用淡妆还是浓妆都要恰当运用_____和_____才能达到美化形象的目的。
7. 眉毛是用来衬托眼睛和改善脸型的_____。
8. 不要让口角长期积存_____，在干燥季节尤其要注意涂抹_____令嘴唇滋润，以免唇皮皴裂影响美观。
9. 汽车服务人员平时工作期间应少吃或尽量不吃_____、_____一类带刺激性气味的食物，以免在交往中说话"带味"。
10. 汽车服务人员，尤其是男士要注意不能在公共场合穿_____或是挽起_____。
11. 仪表是指一个人_____的外观体现，俗话说就是"_____"。
12. _____是仪表美的关键，是礼仪的基本要求。
13. 一个人的仪表要与他的_____、_____、_____所在的场合吻合。
14. 服饰是一种文化，它反映着一个民族的_____的程度。
15. TPO是_____、_____、_____3个英文单词的缩写。
16. 在西方，服装还因时间不同分为_____、_____和晚装。
17. 通常，人们把_____的场合称为正式场合，此时的穿着称为正装，而把休闲的场合称为非正式场合，此时的穿着称为_____。
18. 穿着西式套裙去上班，是为了显示自己的_____。
19. 服装与服装、服装与饰物、饰物与饰物之间的色彩应_____、_____。
20. 年轻人的穿着可_____，这样可以充分体现年轻人朝气蓬勃的青春美。
21. 仪态是一个人性格、_____、情趣、_____、学识、阅历、_____和_____等内在本质的外在体现。
22. "_____"，是中国传统礼仪的要求，在当今社会中已被赋予了更丰富的含义。
23. 对于坐姿而言，在正式场合不可_____，弄得桌椅乱响。

24. 坐着与人交谈时，双眼应_____，但时间不宜_____；也可用手势但不可过多或过大。

25. 交谈时，双方要互相正视、互相倾听、不能_____、_____、_____、_____。

26. _____被认为是人类最美好的语言。

27. 最常见的微笑类型有_____、普通微笑和_____。

28. 形成微笑是在放松的状态下训练的，练习的关键是使_____一致。

29. 与很熟悉的顾客打招呼时，眼睛要看着他面部的_____。

30. 在手势语中人们常常以拍桌表示_____，捶胸以示_____，不停地搓手表现_____，翘起拇指表示_____，V形手势表示_____。

二、判断题

1. 汽车服务人员按常规修饰个人仪容时，可以不用回避他人，当众修饰自己。（　　）

2. 汽车服务人员的头发一般可以完全不加修饰，有时可以花哨。（　　）

3. 一般来说，汽车服务人员的头发每周至少应当清洗2～3次。（　　）

4. 洗脸时可以用力揉搓肌肤。（　　）

5. 面部冲洗完毕，将毛巾轻贴脸颊自然吸干水分。（　　）

6. 汽车服务人员最好不要文眉。（　　）

7. 对于汽车服务人员来说，应坚持每天早上刷牙，并且最好在吃完每顿中饭后刷一次牙。（　　）

8. 汽车服务人员最好不要当众大嚼口香糖。（　　）

9. 汽车服务人员必须时刻保持鼻腔的干净清洁，不流鼻涕。（　　）

10. 汽车服务人员必须时刻保持手部干净清爽，但可以留长指甲。（　　）

11. 与人谈话时应，声音稍微大一点，有时口沫四溅也无关紧要。（　　）

12. 整洁原则并不意味着时髦和高档，只要保持服饰的干净合体、全身整齐有致即可。（　　）

13. 要使打扮富有个性，可以追赶时髦。（　　）

14. 汽车服务交往中穿着特别时髦甚至暴露的衣服来表现你的坦诚热情，是不可能被顾客接受的。（　　）

15. 男士午前或整个白天能穿晚礼服，夜晚不能穿晨礼服。（　　）

16. 穿上牛仔与朋友一起去登山踏青，则是为了展现自己独有的风姿。（　　）

17. 休闲时的着装要求最低，只要舒适得体即可。（　　）

18. 主色搭配即由色彩相近或相同，明度有层次变化的色彩相互搭配造成一种统一和谐的效果。（　　）

19. 年轻人的着装要注意庄重、雅致、含蓄，体现其成熟和端庄，充分表现出成熟之美。（　　）

20. 女士的着装不能"薄、透、露"，在公众面前，内衣"走光"会给人以轻浮之感。（　　）

21. 在汽车服务礼仪中，汽车服务人员的仪态礼仪被视为"第一语言"。（ ）
22. 正确规范的站姿给人以挺拔笔直、精力充沛、积极进取、充满自信的感觉。
（ ）
23. 在正式场合，入座时要端庄稳重，起座要轻柔和缓。（ ）
24. 男士坐姿规范要求：上身挺直，两腿分开，不超肩宽，两脚平行。（ ）
25. 协调稳健、轻松敏捷的走姿会给人以动态之美。（ ）
26. 女士下蹲时两腿不一定要靠近；臀部也可向上。（ ）
27. 在保加利亚和印度的某些地方，阿拉伯语系国家，他们的首语是"点头不算摇头算"。（ ）
28. 十指交叉是不自信、心情不愉快、沮丧时常有的动作。（ ）
29. 指引客户方向或指明东西的时候，手臂应自然伸出，手心向里，四指松开。（ ）
30. 在行鞠躬礼时，我们应面带微笑，头自然下垂，并带动上身前倾35°，时间要持续10秒以上。（ ）

三、单项选择题

1. 下列属于在汽车服务活动中，女士的发型种类的有（   ）。
   A. 发髻   B. 盘发   C. 爆炸式   D. 小平头
2. 男士的发型变化则比较少，多以短发为主，以（   ）cm左右为佳，最长也不应该后及领口。
   A. 2   B. 5   C. 6   D. 10
3. 洗脸时要让（   ）充分起泡，泡沫越细越不会刺激肌肤。
   A. 沐浴液   B. 肥皂   C. 面霜   D. 洗面乳
4. 在颊部修饰时，注意选择腮红的位置和颜色，（   ）呈斜角刷腮红。
   A. 由下向上   B. 由上向下   C. 由左向右   D. 由右向左
5. 对大多数女性来说，最先接触的化妆品就是（   ）。
   A. 防晒霜   B. 指甲油   C. 口红   D. 眼影
6. 不属于着装打扮要优先考虑的三大要素的是（   ）。
   A. 时间   B. 环境   C. 目的   D. 地点
7. 在汽车服务企业，汽车服务人员可以佩戴一些毫不夸张的小饰物，如（   ）。
   A. 钻石项链   B. 胸针   C. 环状大耳环 D. 大宝石戒指
8. 汽车服务人员上班时的穿着要正统，适合穿制服、套装、套裙、连衣裙，饰品佩戴遵循"以少为佳"的原则，最多不要超过（   ）件。
   A. 一   B. 二   C. 三   D. 四
9. 一般认为，衣服里料的颜色与表料的颜色，衣服中某一色与饰物的颜色均可进行（   ）搭配。
   A. 呼应式   B. 和谐式   C. 对比式   D. 色差式
10. 色彩学把色环上大约90°以内的邻近色称之为（   ）。
    A. 相应色   B. 同色   C. 反差色   D. 相似色
11. 仪态用表情、动作或体态来交流感情、传递信息、协调关系，常作为一种（   ）

语言来使用。

A. 附着性　　　B. 消逝性　　　C. 记忆性　　　D. 伴随性

12. 不属于正确的仪态礼仪的是(　　)。

A. 自然舒展　　B. 端庄稳重　　C. 充满童真　　D. 和蔼可亲

13. 走姿中手臂的摆动幅度以(　　)为宜。

A. 30°～35°　　B. 40°～55°　　C. 90°　　　　D. 10°～25°

14. 在某些服务性行业里早已提出并实施"八颗牙齿的微笑""(　　)的微笑"等微笑式服务标准了。

A. 零距离　　　B. 1米　　　　C. 2米　　　　D. 3米

15. 与不熟悉的顾客打招呼时，眼睛要看他面部的(　　)，即以肩为底线、头顶为顶点的(　　)形。

A. 小三角　　　B. 倒三角　　　C. 正三角　　　D. 大三角

四、情境设计

1. 你是某品牌汽车4S店销售前台接待实习生，今早将正式赴店上岗实习，到店之前你将做好哪些准备？现在请进入情境。

2. 作为汽车维修服务接待实习生，入店3个月以来一直在车间实习。某天中午，售后经理突然拿出一套工装，要求你下午进入服务接待岗位实习，随正式服务顾问接待客户，你将在哪几方面有所改变？现在请进入情境。

3. 你是某品牌汽车4S店正式的销售顾问，今天下午跟一老客户约好对其进行上门拜访，你将在仪表和服饰方面做好哪些准备？现在请进入情境。

4. 今晚学校将举行假面晚会，作为参与者，你将在晚会开始前做好哪些准备？现在请进入情境。

5. 作为汽车维修服务顾问，当客户的爱车保养完毕，客户即将离开4S店时，你应该如何送走客户？现在请进入情境。

6. 客户发现自己刚买的车的出厂日期是10个月前的，怒气冲冲地找你来讨个说法，你应该如何化解客户的怒气？现在请进入情境。

项目 4

日常交往礼仪

 项目导读

汽车服务人员在日常工作中，经常与客户打交道，尤其是初次会面时，是否知礼、守礼，关系到交往对象对自己第一印象的好坏。初次见面对他人形成的印象最为深刻，往往对今后的人际交往起着决定性的作用。因此在与客户会面时，每一个汽车服务人员都要充分地注意自己的见面礼仪，个人的教养和品位，以及如何恰当地表现自己。在正式的商务交往中，用得最多的是见面介绍礼仪、称呼礼仪、握手礼仪及名片礼仪。

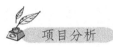 项目分析

汽车服务人员在日常工作中，经常要与客户打交道。在与客户的交往中，称呼他人，介绍自己，握手致谢，递送名片等都是家常便饭。如何介绍自己或他人，如何称呼别人，如何称呼自己，如何握手致谢，如何递送名片等，这些看似简单的礼节，却蕴藏着深厚的学问。每一种礼节都有基本的礼仪标准，如果在日常生活中遵守这些基本的礼仪规范，往往会收到意想不到的效果。

作为汽车服务人员，我们不仅要掌握这些礼仪还要善于把这些基本礼仪应用到实践中去，在实践中将其融会贯通，切实做到见面介绍到位、称呼他人规范、与人握手儒雅、交递名片大方，不断提高自我的服务礼仪运用水准。从事汽车营销与服务工作，日常交往礼仪的基本内容有：

🚌 见面介绍礼仪；
🚌 称呼礼仪；
🚌 握手礼仪；
🚌 名片礼仪。

任务 4.1　见面介绍礼仪

任务目标

目标一：掌握介绍内容和介绍顺序，把握介绍时机。
目标二：能针对不同场合和情境，恰当地运用介绍礼仪。

任务下达

1. 在一次宴会上，有一个喝醉酒的客人指着对面桌子上的一个女人说："那个女的长得太丑了，好恶心。"主人生气地说那是我的夫人，客人慌忙掩饰说："不是她，是她旁边的那位。"主人愤怒地说："那是我的女儿。"客人很尴尬，呆若木鸡再也不知道怎么说了。

2. 有一个大学生在某4S店实习期间，向客户推销车辆养护用品。他只要见到客户就介绍我是××，××学校毕业，我的特长爱好是××××，我为什么向你们推销，说了很长一串，东西没有卖出去，还遭人白眼。他非常纳闷，不知道什么地方做的不妥。

请思考：
请针对以上两个案例涉及的社交礼仪行为有哪些不妥之处？

汽车服务人员在正式入职前必须接受严格的日常交往礼仪训练，要把日常交往礼仪内化成自己的一种自觉或不自觉的行为，在工作中才能做到运用自如、如鱼得水、得心应手。礼仪是一个人气质、修养、能力等的一种外在表现，作为当代大学生，更应该树立自己的阳光形象。每个同学在日常生活和学习当中遇到陌生人要善于自我介绍，也要学会在公共场合中，在可能的情况下把自己的同学、朋友、老师等介绍给他人。

任务分析

现代生活，人们交往范围日益广泛，汽车服务人员似乎每天都在认识新的面孔，结交新的朋友。初次认识，总少不了介绍，介绍自己，介绍别人。得体的介绍往往会给对方留下良好的第一印象，因此人们又把介绍称为交际之桥。

在人际交往中，介绍有很多技巧。谁先介绍？谁后介绍？什么时候介绍最为恰当？介绍的内容又该注意些什么？见面介绍常见的有自我介绍和他人介绍，无论是哪一种介绍，汽车服务人员都要注意介绍的时机、介绍的内容和介绍的基本礼仪要求，尤其要掌握介绍的顺序。这些问题通常决定着介绍的成功与否。

相关知识

一、介绍礼仪的含义

介绍是一切社交活动的开始，是人际交往中使互不认识的人之间解除陌生感，缩短人与人之间的距离，建立必要的了解、信任和联系的一种最基本、最常见的方式。介绍是交际之桥，通过自己主动沟通或者通过第三者从中沟通，从而使交往双方相互认识，建立联系，加强了解和增进友谊。

二、介绍自己

介绍自己即自我介绍，就是在商务交际场合，把自己介绍给其他人，以使对方认识自己。

1. 介绍的时机

应该在适当的时机及时进行自我介绍，比如在社交场合中，与一个不相识的人单独相处时，进行业务推广时以及有不相识的人对自己表现出兴趣时，应当进行适当的自我介绍。在公共聚会上，打算和周围的陌生人相识，见到一个很久未见的同学，担心对方记不清自己以及求一个不了解自己的人办事的时候，应当进行适当的自我介绍，避免沟通过程中尴尬。以下6种情况适合做自我介绍。

（1）没有其他介绍人在场的时候。

（2）没有其他闲杂人员在场的时候。

（3）对方并未忙碌，而且看起来有一个较为轻松的心情。

（4）周围的环境比较安静、氛围比较舒适的时候。

（5）比较正式的社交场合。

（6）对方在与别人谈话出现停顿的时候。

2. 介绍自我的要点

在进行自我介绍时，应注意3点：一是先递名片；二是时间简短，一般以一分钟或半分钟为宜；三是内容完整。

3. 自我介绍的形式

一般情况下，正式的自我介绍前应先向对方点头致意，得到回应后再向对方介绍自己。自我介绍的具体形式如下。

（1）应酬式：适用于某些公共场合和一般性的社交场合，这种自我介绍最为简洁，往往只包括姓名一项即可。

（2）工作式：适用于工作场合，它包括本人姓名、供职单位及其部门、职务或从事的具体工作等。

（3）交流式：适用于社交活动中，希望与交往对象进一步交流与沟通的场合。它大体上应包括介绍者的姓名、工作、籍贯、学历、兴趣及与交往对象的某些熟人的关系。

（4）礼仪式：适用于讲座、报告、演出、庆典、仪式等一些正规而隆重的场合。它包括姓名、单位、职务等，同时还应加入一些适当的谦辞、敬辞。

（5）问答式：适用于应试、应聘和公务交往的场合。问答式的自我介绍，应该是有问必答，问什么就答什么。

4. 自我介绍的顺序

介绍的标准化顺序是所谓的位低者先行，就是地位低的人先做介绍。一般的顺序是：

主人和客人一起，主人先做介绍；长辈和晚辈在一起，晚辈先做介绍；男士和女士在一起，男士先做介绍；地位低的人和地位高的人在一起，地位低的人先做介绍。

5. 自我介绍的注意事项

（1）注意时间：要抓住时机，在适当的场合进行自我介绍。自我介绍时要简洁，尽可能地节省时间，以半分钟左右为佳。

（2）讲究态度：进行自我介绍，态度一定要自然、友善、亲切、随和。语气要自然增长，语速要正常，语音要清晰。

（3）真实诚恳：进行自我介绍要实事求是，真实可信，不可自吹自擂，夸大其词。

6. 自我介绍时的礼仪规范

（1）必须镇定而充满信心。一般人对于自信的人，都会另眼相看。如果你有信心，对方会对你产生好感。相反，如果你胆怯，紧张，可能会使对方产生同样的反应，对你有所保留，使彼此之间的沟通产生障碍。

（2）根据场合与时机，把握介绍的深度。注意不要中止客户的谈话来介绍自己，要等待适当的时机，不失分寸。

（3）要注意眼神的运用。自我介绍时，眼神要表达出对客户友善、关怀及渴望沟通的心情。

（4）表情庄重，尊重对方。无论男女都渴望别人尊重自己，特别希望别人重视自己，因此自我介绍时，态度不要轻浮，表情一定要庄重。

（5）如果希望认识某一个客户，要采取主动，不能等待对方注意自己。

三、他人介绍

他人介绍又叫第三方介绍，即自己作为第三者，替不相识的双方做介绍。为他人介绍，主要有以下几个方面。

1. 介绍的顺序

为他人做介绍时，要遵守"尊者优先"的规则。其先后顺序大体上有 6 种。

（1）先男后女：把男士引见给女士。这是最常见的一种方式。唯有女士面对尊贵人物时，才允许有例外。

（2）先少后老：优先考虑被介绍人双方的年龄差异，通常适用于同性之间。

（3）先宾后主：适用于来宾众多的场合，尤其是主人未必与客人都相识的时候。

（4）先未婚者后已婚者：此顺序仅适用于对被介绍人知根知底的前提之下，要是拿不准，最好不要冒昧行事。

（5）先低后高：它适用于比较正式的场合，特别适用于职业相同的人士之间。

（6）先个体后团体：当新加入一个团体的人初次与该团体的其他成员见面时，负责人须将新人介绍给团体的其他成员。

2. 他人介绍的注意事项

（1）介绍者在被介绍者介绍之前，一定要征求一下被介绍双方的意见，切勿上去开口即讲，显得很唐突，让被介绍者感到措手不及。

（2）被介绍者在介绍者询问自己是否有意认识某人时，一般不应拒绝，而应欣然应允。实在不愿意时，则应说明理由。

（3）一般情况下，介绍人和被介绍人都应起立，以示尊重和礼貌。但是在宴会、会议桌、谈判桌上，视情况介绍人和被介绍人可不必起立，被介绍双方可点头微笑致意；如果被介绍双方相隔较远，中间又有障碍物，可举起右手致意，点头微笑致意。

（4）待介绍人介绍完毕后，被介绍双方应微笑点头示意或握手致意，并且彼此问候对方。问候语有"你好""很高兴认识你""久仰大名""幸会幸会"，必要时还可以进一步做自我介绍。

四、介绍集体

介绍集体是他人介绍的一种特殊形式，被介绍者一方或双方都不止一人，大体可分两种情况：一是为一人和多人做介绍；二是为多人和多人做介绍。鉴于此，替别人做介绍时，介绍他人的基本规则是可以使用的。

1．集体介绍的时机

（1）规模较大的社交聚会，有多方参加，各方均可能有多人，要为双方做介绍。

（2）大型的公务活动，参加者不止一方，而各方不止一人。

（3）涉外交往活动，参加活动的宾主双方皆不止一人。

（4）正式的大型宴会，主持人一方人员与来宾均不止一人。

（5）演讲、报告、比赛，参加者不止一人。

（6）会见、会谈，各方参加者不止一人。

（7）婚礼、生日晚会，当事人与来宾双方均不止一人。

（8）举行会议，应邀前来的与会者往往不止一人。

（9）接待参观、访问者，来宾不止一人。

2．集体介绍的顺序

进行集体介绍的顺序可参照他人介绍的顺序，也可酌情处理。但注意越是正式、大型的交际活动，越要注意介绍的顺序。

（1）"少数服从多数"，当被介绍者双方地位、身份大致相似时，应先介绍人数较少的一方。

（2）强调地位、身份。若被介绍者双方地位、身份存在差异，虽人数较少或只一人，也应将其放在尊贵的位置，最后加以介绍。

（3）单向介绍。在演讲、报告、比赛、会议、会见时，往往只需要将主角介绍给广大参加者。

（4）人数多一方的介绍。若一方人数较多，可采取笼统的方式进行介绍。例如："这是我的家人""这是我的同学"。

（5）人数较多各方的介绍。若被介绍的不止两方，需要对被介绍的各方进行位次排列。排列的方法：①以其负责人身份为准；②以其单位规模为准；③以单位名称的英文字母顺序为准；④以抵达时间的先后顺序为准；⑤以座次顺序为准；⑥以距介绍者的远近为准。

3. 集体介绍注意事项

集体介绍的注意事项与他人介绍的注意事项基本相似。除此之外，还应再注意以下两点。

（1）不要使用易生歧义的简称，在首次介绍时要准确地使用全称。

（2）介绍时要庄重、亲切、正规，切勿开玩笑。

五、接受介绍时的礼仪

1. 起立

男士起立，女士也要起立，尤其是介绍长辈时，应起立以示对对方的尊重。

2. 目视对方，面带微笑

被介绍人的目光一定要注视着对方的脸部，无论是男女。不要让其他事情分散你的注意力，不要东张西望，以免给对方留下心不在焉、不重视或不欢迎对方的印象。

3. 握手

如果双方均为男性，握手绝对必要。如果把男性介绍给女性认识时，女性觉得有握手必要时，可以先伸出手来，以表示感谢。

4. 问候对方并复述对方姓名

可以说："认识你很高兴，刘慧女士"或"你好，王富强先生"。

5. 交谈后离开时要互相道别

离开时，说一声"再见"可以给对方留下很好的印象。

任务实施

进行介绍礼仪时，必须遵守基本的礼仪规范。如酒醉状态下介绍别人或评价别人是介绍礼仪的一大禁忌，前文中，酒醉的客人在没有弄清他人身份的基础上胡乱猜测和评价，这是严重违反介绍的基本礼仪规范的。同样，在介绍或推销自己时要注意介绍的艺术，应该根据具体的时境、空间、场合和对象灵活地介绍自己，从不同的角度多方面展现自己。在某 4S 店实习的大学生恰恰违反了这一点。

为了掌握见面介绍礼仪相关知识，我们将通过虚拟情境、角色扮演的练习方式，用这些理论正确地指导实践，切实做到在日常生活中自觉或不自觉地运用这些礼仪。

实训任务

一、分析下列为他人介绍的事例

（1）这位是×××公司的人力资源部经理，他可是实权派，路子宽，朋友多，需要帮忙可以找他。

（2）约翰·梅森·布朗是一位作家兼演说家。一次他应邀去参加一个会议并进行演讲。演讲开始前，会议主持人将布朗先生介绍给观众，下面是主持人的介绍语："先生们，请注意了，今天晚上我给你们带来了不好的消息。我们本想要求伊塞卡·马克森来给我们讲话，但他来不了，病了（下面嘘声）。后来我们要求参议员布莱德里奇前来，可他太忙了（嘘声）。最后，我们试图请堪萨斯城的罗伊·格罗根博士，也没有成功（嘘声）。最后我们请到了——约翰·梅森·布朗。"

（3）我给各位介绍一下："这小子是我的铁哥们儿，开小车的，我们管他叫'黑蛋'。"

小组讨论：以上介绍存在什么问题？应该如何介绍？

二、分组分项介绍

1. 自我介绍练习

若干同学分成若干组，每组指定一名组长。每个组员分别做一个自我介绍，然后大家进行讨论，评议，指出问题，每个组员对自我介绍进行改善直到满意为止。

2. 介绍他人

每个小组虚拟一个介绍他人的商务情景，小组讨论，评议，指出问题。表演者吸收组员意见后进行改进，在此模拟演练。

3. 汇报演练

在具体实施时，首先分组分项练习。把若干人分成若干组，然后分项（自我介绍、介绍他人等）轮流练习。对每一个人或每一轮的练习小组要进行总结和评价，每个项目都要进行相应改善。然后选取比较有代表性的小组进行汇报表演，教师进行总评。

任务4.2 称呼礼仪

任务目标

目标一：能根据不同交际场合、情境和对象，在交往中恰当地称呼他人。
目标二：能运用得体的称呼，建立良好的社交形象。

任务下达

1. 有一次，演讲家曲啸同志应邀到一所监狱向犯人讲话，遇到了一个难题。那就是怎么称呼的问题，如果叫"同志们"吧，好像不大合适；叫"罪犯们"吧，好像会伤害到对方的自尊。经过考虑，曲啸同志在称呼他们时，说的是"触犯了国家法律的年轻的朋友们"，谁知这句称呼一出来，全体罪犯热烈鼓掌，有人还当场落下了热泪。

2. 有一次，有一位先生为他的外国朋友订做生日蛋糕，并要求制作一份贺卡。蛋糕店小姐接到订单后，询问先生说："先生，请问您的朋友是小姐还是太太？"这位先生也不清楚朋友是否结婚了，想想一大把年纪了，应该是太太吧，于是就跟小姐说写太太吧。蛋糕做好后，小姐把蛋糕送到指定的地方，敲开门，只见一位女士开门，小姐有礼貌地询问："您好，请问您是怀特太太吗？"女士愣了愣，不高兴地说："咦，错了！"就把门关上了。蛋糕店小姐糊涂了，打电话向订蛋糕的先生再次确认，地址和房间号码都没错，于是再次敲开门，说道："没错，怀特太太，这正是您的蛋糕！"谁知这时，这位女士大叫道："告诉你错了，这里只有怀特小姐，没有怀特太太！""啪"的一声，门大声地关上了。

请思考：
以上案例涉及的称呼礼仪行为是否得体？如何建立良好的社交形象？

在某 4S 店上班的王先生与公司门卫的关系处得好，平时进出公司大门时，门卫都对王先生以王哥相称，王先生也觉得这种称呼很亲切。这天王先生陪同几位来自香港的客人一同进入公司，门卫看到王先生一行人，又热情地打招呼到："王哥好！几位大哥好！"谁知随行的香港客人觉得很诧异，其中有一位还面露不悦之色。

为什么门卫平时亲切的称呼，在这时却让几位香港客人诧异甚至不悦？门卫的称呼有何不妥，应该如何称呼？

任务分析

中华民族素有"礼仪之邦"的美称，这决定了对称呼的要求也相当严格。不称呼或乱称呼对方，都会给对方带来不快，给会面带来障碍。在人际交往中，明确如何称呼对方，是非常必要的。

称呼别人一要看对象，对不同的人采取不同的称呼；二要注意看场合，对他人的称呼应与具体的环境相对应。上述案例中，公司门卫就犯了此类错误才导致不快。

相关知识

称呼也称称谓，是人们交谈中所使用的用以表示彼此身份与关系的名称。商务交往中，选择正确、恰当的称呼，既体现了自身的良好教养，又表示了对对方的尊敬，同时反映出关系发展的程度及一定的社会风尚。

一、称呼的方式

在工作中，彼此之间的称呼有其特殊性。总的要求是庄重、正式、规范。常见的称呼方式有以下几种。

1. 职务性称呼

在工作中，以交往对象的职务相称，以示身份有别、敬意有加，这是一种最常见的称呼方法。

（1）仅称职务。例如："部长""经理""主任"等。

（2）职务之前加上姓氏。例如："周总理""隋处长""马委员"等。

(3) 职务之前加上姓名，仅适用极其正式的场合。例如："胡锦涛主席"等。

2. 职称性称呼

对于具有职称者，尤其是具有高级、中级职称者，可直接以其职称相称。以职称相称，下列3种情况较为常见。

(1) 仅称职称。例如："教授""律师""工程师"等。

(2) 在职称前加上姓氏。例如："钱编审""孙研究员"等。有时，这种称呼也可加以约定俗成的简化，例如，"吴工程师"简称为"吴工"。但使用简称应以不发生误会、歧义为限。

(3) 在职称前加上姓名，它适用于十分正式的场合。例如："安文教授""杜锦华主任医师""郭雷主任编辑"等。

3. 学衔性称呼

工作中，以学衔作为称呼，可增加其权威性，有助于增强现场的学术气氛。称呼学衔，也有4种情况使用最多。

(1) 仅称学衔。例如："博士"。

(2) 在学衔前加上姓氏。例如："杨博士"。

(3) 在学衔前加上姓名。例如："劳静博士"。

(4) 将学衔具体化，说明其所属学科，并在其后加上姓名。例如："史学博士周燕""工学硕士郑伟""法学学士李丽珍"等。此种称呼最为正式。

4. 行业性称呼

在工作中，有时可按行业进行称呼。它具体又分为两种情况。

1) 称呼职业

称呼职业，即直接以被称呼者的职业作为称呼。例如，将教员称为"老师"、将教练员称为"教练"，将专业辩护人员称为"律师"，将警察称为"警官"，将会计师称为"会计"，将医生称为"医生"或"大夫"等。

在一般情况下，在此类称呼前，均可加上姓氏或姓名。

2) 称呼"小姐""女士""先生"

对商界、服务业从业人员，一般约定俗成地按性别的不同分别称呼为"小姐""女士"或"先生"。其中，"小姐""女士"二者的区别在于：未婚者称"小姐"，已婚者或不明确其婚否者则称"女士"。在公司、外企、宾馆、商店、餐馆、歌厅、酒吧、交通行业，此种称呼极其。在此种称呼前，可加姓氏或姓名。

5. 姓名性称呼

在工作岗位上称呼姓名，一般限于同事、熟人之间。其具体方法有3种。

(1) 直呼姓名。

(2) 只呼其姓，不称其名，但要在它前面加上"老""大""小"。

(3) 只称其名，不呼其姓，通常限于同性之间，尤其是上司称呼下级、长辈称呼晚辈时。在亲友、同学、邻里之间，也可使用这种称呼。

二、称呼的禁忌

在使用称呼时，一定要回避以下几种错误的做法。否则，会失敬于人。

1. 使用错误的称呼

使用错误的称呼，主要在于粗心大意，用心不专。常见的错误称呼有两种。

（1）误读。一般表现为念错被称呼者的姓名。比如"郇""查""盖"这些姓氏就极易弄错。要避免犯此错误，就要做好先期准备，必要时，虚心请教。

（2）误会。主要指对被称呼的年纪、辈分、婚否以及与其他人的关系做出了错误判断。比如，将未婚妇女称为"夫人"，就属于误会。

2. 使用过时的称呼

有些称呼，具有一定的时效性，一旦时过境迁，若再采用，难免贻笑大方。比方说，法国大革命时期人民彼此之间互称"公民"。在我国古代，对官员称为"老爷""大人"。若全盘照搬过来，就会显得滑稽可笑，不伦不类。

3. 使用不通行的称呼

有些称呼，具有一定的地域性，比如，北京人爱称人为"师傅"，山东人爱称人为"伙计"，中国人把配偶、孩子经常称为"爱人""小鬼"。但是，在南方人听来，"师傅"等于"出家人"，"伙计"肯定是"打工仔"，而外国人则将"爱人"理解为进行"婚外恋"的"第三者"，将"小鬼"理解为"鬼怪""精灵"。可见其含义真是"南辕北辙"，误会太大了。

4. 使用不当的行业称呼

学生喜欢互称为"同学"，军人经常互称"战友"，工人可以称为"师傅"，道士、和尚可以称为"出家人"，这都无可厚非。但以此去称呼"界外"人士，并不表示亲近，没准对方还会不领情，反而产生被贬低的感觉。

5. 使用庸俗低级的称呼

在人际交往中，有些称呼在正式场合切勿使用。例如"兄弟""朋友""哥们儿""姐们儿""磁器""死党""铁哥们儿"等一类的称呼，就显得庸俗低级，档次不高。它们听起来令人肉麻不堪，而且带有明显的黑社会人员的风格。逢人便称"老板"，也显得不伦不类。

6. 使用绰号作为称呼

对于关系一般者，切勿自作主张给对方起绰号，更不能随意以道听途说来的对方的绰号去称呼对方。至于一些对对方具有侮辱性质的绰号，例如，"北佬""阿乡""鬼子""鬼妹""拐子""秃子""罗锅""四眼""肥肥""傻大个""柴禾妞""北极熊""黑哥们""麻杆儿"等，更应当免开尊口。另外，还要注意，不要随便拿别人的姓名乱开玩笑。要尊重一个人，必须首先学会去尊重他的姓名。每一个正常人，都极为看重本人的姓名，而不容他人对此进行任何形式的轻贱。

总之,称呼是交际之始,交际之先。慎用称呼、巧用称呼、善用称呼,将使你赢得别人的好感,将有助于你的人际沟通顺畅地进行。

三、称呼应注意的问题

1. 称呼要看对象

与多人见面招呼时,称呼对方应遵循先上级后下级、先长辈后晚辈、先女士后男士、先疏后亲的礼遇顺序进行。

同事之间的称谓已有一定的讲究。一般来说,在开会、工作等场合,直接称呼其职务、职业。还可以采用"姓+职务、职业称谓",如"李经理";"名+职务",如"尔康主管";"姓名+职务、职称称谓"相称,如"张飞教授"。

一般年纪较大、职务较高、辈分较高的人对年纪较轻、职务较低、辈分较小的人称呼姓名;相反,年纪较轻、职务较低、辈分较小的人对年纪较大、职务较高、辈分较高的人称呼姓名是没有礼貌的。

在所有称呼中,最亲切、最随便的一种称呼是不称姓而直呼其名,但只限于长者对年轻人,老师对学生,或关系亲密的个人之间。

对不同性别的人应使用不同的称呼,对女性可以称"小姐""小姑娘""女士"等,对男性可称"先生""师傅"等。

2. 称呼要看场合

一般情况下,人们对对方的称呼都是与其环境相对应的正式称谓。例如,某4S店有一位姓刘的经理,下级向他汇报工作时称他"刘经理";同事和他交往时称"老刘";年轻人在车间里称他"刘师傅";他的亲密朋友在与他交往时称其"刘大哥";回家时,妻子称他为"当家的";对他不满的人私下里称他为"姓刘的"。

3. 称呼和身份、修养有关

能否恰当地称呼对方还跟一个人的文化修养有关,一个没有见过场面的农民很难称呼一个风度翩翩的服务顾问为"先生"。因此,作为汽车服务人员应该不断提高自身修养,学会恰当地称呼对方。

任务实施

称呼他人有很多学问,尤其是称呼他人时一定要注意场合,讲究称呼的得体性。前文中的门卫受个人文化、修养的限制在称呼他人时没有看场合才导致出现了尴尬的场面。相反,演讲家曲啸正是注意了监狱这个特殊的场合,并且在演讲前认真琢磨了如何得体的称呼这些犯人,显示了对犯人的尊重,获得了犯人的心理认同,所以演讲很成功。而蛋糕店小姐却没有演讲家曲啸那么幸运,其根本原因是违反了称呼他人的一些基本规范。一般来讲,如果在不明确对方身份的基础上,尽量采用通行的称呼方式,"小姐"针对未婚女士,"太太"针对已婚女士,但是无论是"小姐"还是"太太"都是针对女性而言的,所以在不明确对方婚否的情况下,可以采用通用称呼方式,如"女士"等。

大家在日常与他人交往中,一定要注意正确地运用称呼礼仪。一是练习如何在具体的时境中正确地称呼他人，切身感受称呼他人应注意哪些具体问题；二是通过练习来体会称呼他人对个人人际关系将产生哪些影响。

实训任务

（1）有一位销售顾问决定上门拜访某位准客户，但不知客户住址所在街道的方位，路上碰见一位老者在前方行走，跑过去张口就问："喂，老头，某某街道还有多远啊？"老者抬头望了销售顾问一眼，说："前面不远就是。"销售顾问大喜，也不道谢，急往前走，可走了很长一段，还是不见某某街道。销售顾问不禁骂起老者来。

小组讨论：请问销售顾问的问题出在哪儿？小组派代表分别扮演老者和销售顾问，如何问路，分组上台试演，全班评议。

（2）一位西装革履的客户进入一写字间，问前台服务顾问："这是某某4S店吗？"小姐不理。这时，又有两个客户走来，服务顾问说："李姐，王哥，我们经理正等着你们呢……"

小组讨论：以上情景在称呼上有什么问题？分别由组员担任各角色，上台试演，全班评议。

任务4.3　握手礼仪

任务目标

目标一：掌握正确的握手礼仪。
目标二：能根据不同的交往对象和场景，准确地把握握手的时机和顺序。

任务下达

1. 在一次接待某大宗客户团到访的任务中，销售顾问小王因与客户团团长熟识，因而作为主要迎宾人员陪同部门领导前往机场迎接贵宾。当客户团团长率领其他工作人员到达后，销售顾问小王面带微笑热情地走向前，先于部门领导与团长握手致意，表示欢迎。小王旁边的领导已经面露不悦之色。

2. 某国的商业代表团到一个大国访问，大国的首脑人物接见商业代表团。这位首脑人物与代表团团长握手时，代表团团长心中不悦，因为对方戴着手套和他握手。他为了表示心中的不满，顺手摸出一块手帕，擦了擦刚握过的手，把手帕扔掉了。他认为对方嘲弄他和他的国家，这是不能容忍的。

请思考：
请针对以上两个案例思考一下交际对象的社交礼仪行为有何不妥之处。

某4S店服务顾问张健与客户王小姐双休日偶然在公园相遇，由于好久没见，张健大方、热情地向王小姐伸出手去，想与王小姐握手。谁知王小姐却不将手伸出来与之同握，甚至将手放进裤袋里。张健只好尴尬地摸着自己的手。

如果你是张健或者王小姐，你会怎么做呢？

任务分析

目前，握手已经是我们国内最通行的相见礼节，从某种意义上来讲，它其实也是国际社会社交场合最常见的礼节。握手时标准的伸手顺序，应该是位高者居前，也就是地位高的人先伸手。男性和女性在社交场合见面的话，一般规则是女士先伸手，这可以看作是一个默认准则。前文中，张健就犯了此类错误。但是从另一方面来讲，我们这位女士也有做得不对的地方。你是一个女孩子，得饶人处且饶人，别人都诚心诚意地主动伸手了，就别让他伸出来的手回不去，否则大家都很尴尬。由此可见，握手礼对我们的人际交往还是有很重要的影响的。

相关知识

相传在刀耕火种的年代，人们经常持有石头或棍棒等武器，陌生者相遇，双方为了表示没有敌意，都放下手中的武器，伸出手掌，让对方抚摩掌心。久而久之，这种习惯便逐渐演变为今日的握手礼节。当今，握手已成为世界上最为普遍的一种礼节，其应用的范围远远超过了鞠躬、拥抱、接吻等。在日常交际中，我们必须注意握手的基本礼节。

一、握手的次序

在正式场合中，握手时伸手的先后次序主要取决于职位、身份。在社交、休闲场合，则主要取决于年纪、性别、婚否。根据礼仪规范，握手时双方伸手的先后次序，一般应当遵守"尊者先伸手"的原则，应由尊者首先伸出手来，位卑者只能在此后予以响应，而绝不可贸然抢先伸手，不然就是违反礼仪的举动。其基本规则如下。

1. 职业、身份高者与职位、身份低者

职业、身份高者与职位、身份低者握手，应由职位、身份高者首先伸出手来。

2. 男女之间

男女之间握手，男士要等女士先伸出手后才握手。如果女士不伸手或无握手之意，男士向对方点头致意或微微鞠躬致意。男女初次见面，女方可以不和男士握手，只是点头致意即可。男女握手时，男士要脱帽和脱右手手套，如果偶遇匆匆忙忙来不及脱，要道歉。女士除非对长辈，一般可不必脱手套。

3. 宾客之间

宾客之间握手，主人有向客人先伸出手的义务。在宴会、宾馆或机场接待宾客，当客人抵达时，不论对方是男士还是女士，女主人都应该主动先伸出手。如果主人是男士，尽管对方是女宾，也可先伸出手，以表示对客人的热情欢迎。而在客人告辞时，则应由客人首先伸出手来与主人相握，在此表示的是"再见"之意。

4. 长幼之间

长幼之间握手，年幼的一般要等年长的先伸手。和长辈及年长的人握手，不论男女，都要起立趋前握手，并要脱下手套，以示尊敬。

5. 上下级之间

上下级之间握手，下级要等上级先伸出手。但涉及主宾关系时，可不考虑上下级关系，做主人的应先伸手。

6. 一个人与多人

若是一个人需要与多人握手，则握手时亦应讲究先后次序，由尊而卑，即先年长者后年幼者，先长辈后晚辈，先老师后学生，先女士后男士，先已婚者后未婚者，先上级后下级，先职位、身份高者后职位、身份低者。

另外，已婚者与未婚者握手，应由已婚者首先伸出手来。社交场合的先至者与后来者握手，应由先至者首先伸出手来。

二、握手的时机

（1）遇到久未谋面的熟人时。
（2）在比较正式的场合与相识之人道别时。
（3）自己作为东道主迎送客人时。
（4）向客户辞行时。
（5）被介绍给不相识者时。
（6）在外面偶遇同事、朋友、客户或上司时。
（7）感谢他人的支持、鼓励或帮助时。
（8）向他人或他人向自己表示恭喜、祝贺时。
（9）应邀参与社交活动见东道主时。
（10）对他人表示理解、支持、肯定时，要握手，以示真心实意。
（11）在他人遭遇挫折或不幸而表示慰问、支持时。
（12）向他人或他人向自己赠送礼品或颁发奖品时。

三、握手姿态

1. 男士握位

整个手掌，如图4.1所示。

2. 女士握位

食指位，如图4.2所示。

图 4.1 男士握位

图 4.2 女士握位

3. 男女握位

男士：握手应握女士的手指部位（或手掌三分之一处），或轻轻贴一下，如图 4.3 所示。

图 4.3 男女握位

四、握手的方式

握手的标准方式，是行礼时行至距握手对象约 1m 处，双腿立正，上身略向前倾，伸出右手，四指并拢，拇指张开与对方相握。握手时应用力适度，上下稍许晃动三四次，随后松开手来，恢复原状。具体地应注意如下几点。

1. 神态

与人握手时神态应专注，热情、友好、自然。在通常情况下，与人握手时，应面含微笑，目视对方双眼，并且口道问候。在握手时切勿显得自己三心二意，敷衍了事，漫不经心，傲慢冷淡。如果在此时迟迟不握他人早已伸出的手，或是一边握手，一边东张西望，目中无人，甚至忙于跟其他人打招呼，都是极不应该的。

2. 力度

握手时用力应适度，不轻不重，恰到好处。如果手指轻轻一碰，刚刚触及就离开，或是懒懒地慢慢地相握，缺少应有的力度，会给人勉强应付、不得已而为之的感觉。

一般来说，手握得紧是表示热情，男人之间可以握的较紧，甚至另一只手也加上，包括对方的手大幅度上下摆动，或者在手相握时，左手又握住对方胳膊肘、小臂甚至肩膀。但是注意既不能握得太使劲，使人感到疼痛，也不能显得过于柔弱，不像个男子汉。对女性或陌生人，轻握是很不礼貌的，尤其是男性与女性握手应热情、大方、用力适度。

3. 时间

通常是握紧后打过招呼即松开。握手的时间通常是3～5s钟。匆匆握一下就松手，是在敷衍；长久地握着不放，又未免让人尴尬。但如亲密朋友意外相遇、敬慕已久而初次见面、至爱亲朋依依惜别、衷心感谢难以表达等场合，握手时间就可以长一点，甚至紧握不放，话语不休。在公共场合，如列队迎接外宾，握手的时间一般较短。握手的时间应根据与对方的亲密程度而定。

知识链接

握手"七要诀"

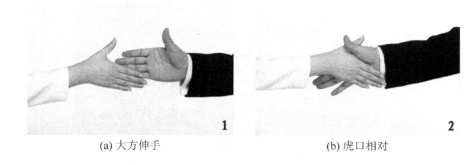

(a) 大方伸手　　　　　　　　　(b) 虎口相对

图 4.4　握手"七要诀"

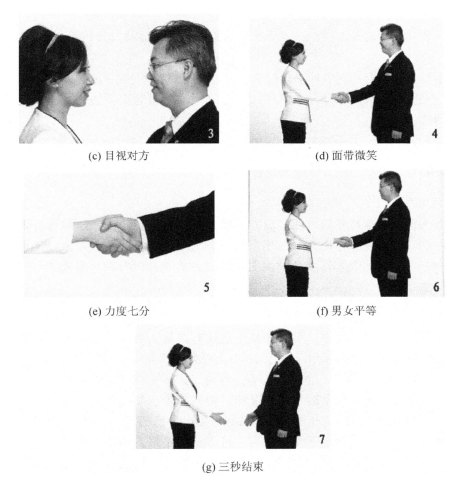

图 4.4 握手"七要诀"(续)

五、握手的禁忌

在人际交往中,握手虽然司空见惯,看似寻常,但是由于它可被用来传递多种信息,因此在行握手礼时应努力做到合乎规范,并且避免违反下述失礼的禁忌。

(1) 不要用左手与他人握手,尤其是在与阿拉伯人、印度人打交道时更要牢记此点,因为在他们看来左手是不洁的。

(2) 不要在握手时争先恐后,而应当遵守秩序,依次而行。特别要记住,与基督教信徒交往时,要避免两人握手时与另外两人相握的手形成交叉状,这种形状类似十字架,在基督教信徒眼中是很不吉利的。

(3) 不要戴着手套握手,在社交场合女士的晚礼服手套除外。

(4) 不要在握手时戴着墨镜,只有患有眼疾或眼部有缺陷者才能例外。

(5) 不要在握手时将另外一只手插在衣袋里。

(6) 不要在握手时另外一只手依旧拿着香烟报刊、公文包、行李等东西而不肯放下。

(7) 不要在握手时面无表情,不置一词,好似根本无视对方的存在,而纯粹是为了应付。

（8）不要在握手时长篇大论，点头哈腰，滥用热情，显得过分客套，让对方不自在，不舒服。

（9）不要在握手时把对方的手拉过来、推过去，或者上下左右抖个没完。

（10）不要在与人握手之后，立即擦拭自己的手掌，好像与对方握一下手就会使自己受到感染似的。

六、握手的技巧

在商务场合，握手应注意掌握如下技巧。

1. 主动与每个人握手

在商务场合，如谈判开始之前，双方都要互相介绍认识一下。这时候，你最好表现得积极、主动一些，表示你很高兴与他们认识。为了表示你的这种善意，你可以主动地与他们每一个人握手，因为你主动就说明你对对方尊重，只有在你尊重别人时，才会受到别人的尊重。

2. 有话想让对方出来讲，握手时不要松开

有时你想找对方谈一些事，不巧的是里边还有其他人在，你想与对方单独谈，耐心等了很久以后仍没有机会，那你只好想办法让对方出来说了。但你不能明白告诉对方："我有点事，咱们到外边说"，这显然是不礼貌的。你得想办法让对方起身相送。在你起身告辞时，对方站起来，你就边与对方交谈，边向外走。如果对方无意起身，你就走近他，很礼貌地与他握手，出于礼貌对方会站起身走出自己的座位，然后你边说边往外走，千万不能断了话。因为当你还有话要说时，对方是很不好意思不送你的。说话时，眼睛也要看着对方，不要只顾走。走到门口对方要与你告辞，你主动伸手与他握手，握手之后不要马上松开，要多握一会儿，并告诉对方，"你看我还有件事……。"你说得缓慢些，对方也就意识到了，他也就主动走出来了。

3. 握手时赞扬对方

握手时的寒暄话是非常重要的，在你与对方握手的时候，可以对对方表示一下关心和问候，或赞扬对方两句。

握手时双方的距离很近，对方的衣着服饰可以尽收眼底，如果你用心观察，肯定会有某一方面值得你赞扬。而每个人又都有自己特别注重修饰的地方，有人特别爱惜自己的发式，每天修理头发，使自己神采奕奕；有人特别注意领带，不惜高价购买，或用一枚精制的领带夹子点缀一下，使自己容光焕发；有的穿了一件新西装，质地优良、做工讲究；有的穿一件衬衣，色彩和谐明快，使人显得年轻漂亮。见面握手时不能对这些地方熟视无睹，要加以赞美。双方会因此而显得亲近，你则显得格外大方、热情、细心，因而会给人留下一个好印象。

 任务实施

在正式场合，握手时伸手的先后次序主要取决于职位、身份。握手时一方面要注意

握手的次序,即握手时谁先伸手,一般的做法是长辈先伸手,上级先伸手,老师先伸手,主人先伸手,女士先伸手;另一方面,在与他人行握手礼时还要注意尽量克服错误的握手习惯,忌用左手握手,忌坐着握手,忌戴有手套,忌手脏,忌交叉握手,忌与异性握手用双手,忌三心二意。在前文中,张健被客户王小姐拒绝握手是因为他违反了握手礼的基本规范,男女之间握手,男士要等女士先伸出手后才握手,而不能强行与对方握手。

商务活动中,在接见大宗客户团时,握手时应先让接待方职位(职务)高的人与被接待方领导(团长)等一一握手,职务低者按顺序随行握手。销售顾问小王明显违反了这些基本礼仪。另外,握手时若戴有手套将被视为对别人极不尊重的一种行为,大国的首脑人物就犯了这样的错误,所以遭到对方的有力反击。

从前文可以看出,握手礼运用得是否合适直接对商务活动产生这样或那样的影响。因此我们应通过大量训练来掌握握手礼的基本规范和技巧。

实训任务

(1) 夏天,天气很热,光线很强,服务顾问小陈戴着墨镜出门迎接客户王先生,并主动趋身向前与王先生握手。

小组讨论:小陈在和王先生握手的时候有何不妥之处,应该如何处理,抽2~3个小组代表上台试演。全班同学评议。

(2) 小张是刚到某汽车销售服务有限公司工作的销售员,这天在公司内遇到了公司总经理。小张立即跑过去,向总经理问好,并伸出双手,去握住总经理的手,却看见总经理微蹙眉头,面露不悦之色。小张很纳闷,不知自己哪里做错了。

小组讨论:小张和领导在握手时候有何不妥之处,应该如何处理,抽2~3个小组代表上台试演,全班同学评议。

(3) 在某品牌汽车销售服务有限公司年会上,被分派到不同分店做销售顾问的王强、张波、陈刚、李露云(女)在阔别多年后相遇了,他们四人高兴地相互交叉握手,久久不放,热烈交谈。

小组讨论:4位年轻人的这种握手方式是否妥当,应该如何握手,学生分别模拟角色表演,全班同学评议。

任务4.4 名片礼仪

任务目标

目标一:能针对不同场合和情境,灵活把握使用名片的时机。
目标二:掌握名片递交的正确方式。
目标三:能对名片进行科学合理的归类整理,建立良好的社交形象。

任务下达

2011年5月，武汉举行车展，各方厂家云集，企业家们济济一堂，某销售公司的徐总经理在车展上听说某集团的崔董事长也来了，想利用这个机会认识这位素未谋面又久仰大名的商界名人。午餐会上他们终于见面了，徐总彬彬有礼地走上前去，"崔董事长，您好，我是华新公司的总经理，我叫某某，这是我的名片。"说着，便从随身携带的公文包里拿出名片，递给了对方。此时的崔董事长显然还沉浸在与他人谈话的情景中，他顺手接过徐总经理的名片，说了一声"你好"，便将名片放进了自己包里，继续与旁边的人交谈。徐总在一旁站了一会儿，未见崔董有交换名片的意思，失望地走开了……

请思考：

请针对以上案例思考一下交际对象在情境中的社交礼仪行为有何不妥之处。

某汽车销售服务有限公司王经理约见了重要的客户方经理。见面之后，客户就将名片递上。王经理看完后随手将名片放在桌子上，两人继续谈事。过了一会儿，服务人员将咖啡端上桌，请两位经理享用。王经理喝了一口，将咖啡放在了名片上，自己没有感觉到，客户方经理皱了皱眉头，但是没有说什么。王经理这种行为为什么会使方经理不悦？在交换名片的时候要注意哪些礼节？

任务分析

名片是人们交往中一种必不可少的联络工具，已成为具有一定社会性、广泛性，便于携带、使用、保存和查阅的信息载体之一。在各种场合与他人进行交际应酬时，都离不开名片的使用。而名片的使用是否正确，已成为影响人际交往成功与否的一个因素。

相关知识

要正确使用名片，就要对名片的类别、制作、用途和交换等方式予以充分的了解，遵守相应的规范和惯例。

一、名片的用途

（1）自我介绍。名片具有进行自我介绍和保持联络的作用。

（2）替代便函。在名片上写上简短的几句话，可用来表示对友人的祝贺、感谢、介绍、辞行、慰问、馈赠以及吊唁等多种礼节。

（3）介绍别人。如一位总经理想把公司新来的营销部经理介绍给自己的朋友，可在自己的名片的左下角用铅笔写上 P. P.（Pour Presentation，介绍），然后把营销经理的名片附在后面一并送去。

（4）业务介绍和宣传。一般名片上写有公司名称及相关业务，在进行商务往来时，名片是公司的招牌，具有类似广告宣传单作用，可使对方了解你所从事的业务。

（5）通知变更。一旦调任、迁居或更换电话号码，送给至亲好友一张注明上述变动的名片，相当于及时而又礼貌地打了招呼。

（6）用于拜会或留言。拜访客户或友人时，若对方不在家，拜访者可在名片上写上"很遗憾，未能相见"等，既表示留言，也是很友善的表示。

（7）用作礼单。向友人寄送或托送礼物鲜花时，可在礼品或花束上附上名片并写上祝贺短语。自己收到友人的礼品，应立即回复一张名片，左角下面用铅笔写上 P.r.（Pour remerciement，谨谢），以表示感谢。

（8）代替请柬。在非正式邀请中，可用名片代替请柬，并写明时间、地点和内容。

二、名片的分类

根据名片用途、内容及使用场合的不同，日常生活中所用的名片可分为4类。

1. 应酬式名片

应酬式名片，主要适合在社交场合应付泛泛之交，拜会他人时说明身份，馈赠时替代礼单，以及用作便条或短信。

2. 社交式名片

社交式名片，特指主要适用于社交场合，用作自我介绍与保持联络之用的个人名片。其内容有二：一是个人姓名，应以大号字体印于名片中央；二是联络方式，应以较小字体印于名片右下方。

3. 公务式名片

公务式名片，指的是在政务、商务、学术、服务等正式的业务交往中所使用的个人名片。它是目前最为常见的一种个人名片。标准的公务式名片应由归属单位、本人称呼、联络方式三项内容构成。

如有必要，可在名片的另一面印上本单位的经营范围或所在方位图。

4. 单位式名片

因其多为公司企业所用，故又称企业名片。它主要用于单位对外宣传、推广活动。它的内容分为两项：一是单位的全称及其标识；二是单位的联络方式。后者由单位地址、邮政编码、单位电话号码或公关部电话号码构成。

三、名片的制作

（1）规格：9 cm×5.5 cm（最通用），10 cm×6 cm（境外人士），8 cm×4.5 cm（女士专用）。

（2）质材：纸张（白卡纸、再生纸、合成纸、布纹纸、麻点纸、香片纸）。

（3）色彩：单色（白色、米色、浅蓝色、淡黄色、淡灰色）。

（4）图案：纸张纹路；企业标志、蓝图、方位、主导产品等。

（5）文字：中文简体字。

（6）字体：印刷体。

（7）印法：铅印或胶印。

（8）版式：横式或竖式，以横式为佳。

四、名片的递接

1. 发送名片的时机

（1）希望与对方认识时，尤其是初次见面，相互介绍之后就可递上名片。
（2）当被介绍给对方时。
（3）初次登门拜访对方时。
（4）当对方希望与自己交换名片时。
（5）当自己的信息有变更时，需告知对方。
（6）当对方主动向自己索要名片时。
（7）当需要知晓对方的准确情况，想要获得对方的名片时。
（8）好朋友很久没见面了，可以在告别时相互交换名片。

2. 发送名片的礼节

（1）首先要把自己的名片准备好，整齐地放在名片夹、盒或口袋中。
（2）出示名片的顺序：①地位低的人先向地位高的人递名片；②男性先向女性递名片；③当对方不止一人时，应先将名片递给职务较高或年龄较大者，或者由近至远处递，依次进行。
（3）向对方递送名片时，应面带微笑，稍欠身，注视对方，将名片正对着对方，用双手的拇指和食指分别持握名片上端的两角送给对方，如图4.5所示。如果是坐着的，应当起立或欠身递送，并说些客气话。

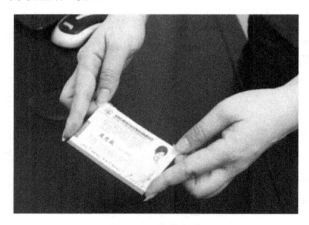

图 4.5　递送名片

3. 接受名片的礼节

（1）他人递名片给自己时，应起身站立，面含微笑，目视对方。
（2）接受名片时，双手捧接，或以右手接过，如图4.6所示。
（3）拿到对方名片时，应先仔细地看一遍，特别是碰到生字、难字时一定要请教对方，以免出错。同时也确认一下对方的头衔。
（4）收了对方的名片后，若是站着讲话，应该将名片拿在齐胸的高处；若是坐着，

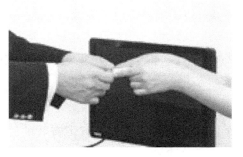

图 4.6　接受名片

就放在视线所及之处。

（5）在交谈时，不可折皱、玩弄对方的名片。

（6）与对方分别时不可将对方名片任意丢弃在桌上。

4. 递接名片的注意事项

（1）不要用左手递交名片。

（2）不要将名片背面对着对方或是颠倒面对着对方。

（3）不要将名片举得高于胸部。

（4）不要用手指夹着名片给人。

（5）不要将自己的名片像发牌一样扔发给每个人。

（6）不要混淆自己的名片和他人的名片，要分开装。

（7）不要在对方的名片上压放任何物品，也不可在离去时忘了拿对方的名片。

（8）不要将名片放在后裤袋或裙兜里。

五、索要名片的礼仪

1. 向对方提议交换名片

2. 主动递上本人名片

3. 委婉地索要名片

（1）向尊长索取名片，可以这样说："今后如何向您老请教？"

（2）向平辈或晚辈索要名片，可以这样说："以后怎样与您联系？"

（3）当他人索取本人名片，而自己又不想给对方时，应用委婉的方法表达此意，可以说："对不起，我忘了带名片，"或者"抱歉，我的名片用完了。"若本人没有名片，又不想明说时，可以采用这种方法表述。最常用的有以下几种方法。

① 交易法。"将欲取之，必先予之"。比如我想要史密斯先生的名片，我先把自己的名片递给他，"史密斯先生，这是我的名片"。当然，在国际交往中，会有一些地位落差，有的人地位身份高，你把名片递给他，他跟你说声谢谢，然后就没下文了。你要担心出现这种情况的话，就是跟对方身份有较大落差的时候，不妨采用下一个方法。

② 激将法。"尊敬的威廉斯董事长，很高兴认识你，不知道能不能有幸跟您交换一下

名片?"这话跟他说清楚了,不知道能不能有幸跟你交换一下名片,他不想给你也得给你,如果对方还是不给,那么可以采取再下一种方法。

③ 联络法。"史玛尔小姐,我认识你非常高兴,以后到联邦德国还希望能够见到你,不知道以后怎么跟你联络比较方便?"她一般会给,如果她不给,意思就是她会主动跟你联系,其深层含义就是这辈子不跟你联系。

六、存放名片礼仪

名片这样有用,但是你是否对收到的名片进行了有效的管理?你是不是有过这种情况:参加一次人际活动之后,名片收到了一大把,你往家里或办公室里随手一放。可是有一天,你急于寻找一位曾经结识的朋友帮忙,却东找西翻,就是找不到他留给你的名片和联系方法。

因此,对名片的管理十分必要。首先,当你和他人在不同场合交换名片时,务必详尽记录与对方会面的人、事、时、地、物。交际活动结束后,应回忆复习一下刚刚认识的重要人物,记住他的姓名、企业、职务、行业等。第二天或过个两三天,主动打个电话或发个电邮,向对方表示结识的高兴,或者适当地赞美对方的某个方面,或者回忆你们愉快的聚会细节,让对方加深对你的印象和了解。其次,对名片进行分类管理。你可以按地域分类,如按省份、城市;也可以按行业分类;还可以按人脉资源的性质分类,如同学、客户、专家等。再次,养成经常翻看名片的习惯,工作的间隙,翻一下你的名片档案,给对方打一个问候的电话,发一个祝福的短信等,让对方感觉到你的存在和对他的关心与尊重。最后,定期对名片进行清理。将你手边所有的名片与相关资源数据做一次全面性整理,依照关联性、重要性、长期互动与使用概率、数据的完整性等因素,将它们分成三堆:第一堆是一定要长期保留的;第二堆是不太确定,可以暂时保留的;第三堆是确定不要的,当确定不要时可以销毁。

存放名片礼仪主要有以下几点。

1. 名片的置放

(1) 在参加商务活动时,要随身准备名片。名片要经过精心的设计,能够形象地表现自己的身份、品位和公司形象。

(2) 随身所带的名片,最好放在专用的名片包、名片夹里,公文包以及办公桌抽屉里,也应经常备有名片,以便随时使用。

(3) 接过他人的名片看过之后,应将其精心存放在自己的名片包、名片夹或上衣口袋内。

2. 名片的管理

把所收到的名片加以分类整理收藏,以便今后使用方便,不要将它随意夹在书刊、文件中,更不能把它随便地扔在抽屉里面。

存放名片要讲究方式方法,做到有条不紊。推荐的方法有:①按姓名拼音字母分类;②按姓名笔划分类;③按部门、专业分类;④按国别、地区分类;⑤输入商务通、电脑等电子设备中,使用其内置的分类方法。

项目4　日常交往礼仪

🔘 任务实施

在接受对方名片时，若是站着讲话，应该将名片拿在齐胸的高处；若是坐着，就放在视线所及之处；在交谈时，不可折皱、玩弄对方的名片，更不可将对方名片任意丢弃在桌上。上文中，王经理在接受对方名片后无意间把咖啡放在了名片上，这是对别人不尊重的一种表现。递送名片时也要注意场合和时机，前文中崔董事长明显违法了接受名片的基本礼仪，这个错误又与徐总经理没有恰当地把握递送名片的场合和时机是分不开的。因此，在商务交往活动中，一定要正确运用名片礼仪。

🔘 实训任务

在系统学习了有关名片礼仪的知识后，下面将通过实操和模拟演练练习如何正确地运用名片礼仪。首先将学生分组，练习如何正确地交换名片，然后通过模拟演练体会在交换或保管名片时应该注意哪些问题，名片礼仪运用是否得当对商务产生哪些影响，最后通过汇报表演进一步强化名片礼仪学习和运用的自觉性。

（1）请学生分组练习如何递送名片和接收名片，教师从旁指导和纠正。

（2）因客户王总经理不能在约定时间到某4S店签购车协议，销售顾问小陈在征得王总经理同意的前提下约定某日到王总经理办公室签订购车协议。约定当日，销售顾问比预定时间早去了40分钟，并随身带上了王总索要的资料。王总经理没料到对方会提前到访，刚好手边又有几件事情急需处理，就请对方先等一会。这位销售员等了不到半小时，就开始不耐烦了，一边收拾起资料，一边说："我还是改天再来拜访吧。"

这时，王总经理发现小陈在收拾资料准备离去的时候，将自己刚才递上的名片不小心掉在了地上，可对方并未发觉，走时还无意地从名片上踩了过去。但这个不小心的失误，却令王总经理改变了初衷，并决定到其他品牌店购车。

分组讨论：为何小陈把到手的生意都谈没了？请学生分组分别扮演小陈和客户王总经理，利用得体的拜访，正确的名片礼仪，来谈成这笔生意。

（3）张女士与孙先生相遇了，由于孙先生的工作有所变动，孙先生主动递出了自己的名片，张女士也打开自己的手提包，准备拿出自己的名片与之交换。可是一摸，首先摸出了一张健身卡，再一摸是一张名片，高兴地递给孙先生，孙先生接过低头一看，是别人的名片。张女士尴尬地笑着，继续在包里找着名片……

讨论：本例中为何张女士出现这种尴尬的情况？应如何避免？请学生分组讨论，再上台表演，互相评议。

（4）汇报表演。针对上述案例，请各小组选取其一，进行汇报表演，教师进行指导和总评。

项目小结

本项目通过对正式的商务交往中的日常交往礼仪介绍,详细说明了见面介绍礼仪、称呼礼仪、握手礼仪及名片礼仪的规范要求。

见面介绍礼仪一般有介绍自己、他人介绍和介绍集体这3种情况。无论是哪一种介绍都要注意把握介绍的时机,时机把握不好,就会显得比较唐突,甚至尴尬。尤其是做他人介绍和集体介绍,更要注意介绍的顺序,一般遵从"尊者优先"的顺序。在接受对方介绍时也要显得彬彬有礼。

称呼礼仪中主要有称呼的方式、称呼的禁忌和注意事项。常见的称呼的方式主要有职务性称呼、职称性称呼、学衔性称呼、行业性称呼和姓名性称呼。在实际工作当中,我们应该根据实际情况选用恰当的称呼方式。尤其值得注意的是,称呼不仅要看对象,更要看场合,称呼反映了一个人的身份、修养,切不可大意。

握手礼仪中,包括握手的次序、握手时机、握手姿态、握手方式、握手禁忌、握手技巧等内容。行握手礼时,一定要注意握手的次序,一般说来位高者居前。握手还要注意握手的时机,运用正确的握姿同别人握手,要注意自己的神态,用力要适度,时间要恰当。用左手与他人握手、在握手时争先恐后、戴着手套握手、握手时戴着墨镜等都是握手的禁忌。

名片礼仪中,包括名片的用途、名片的分类、名片的制作、名片的递接、索要名片的礼仪、存放名片礼仪等内容。在行名片礼仪时要准确把握发送名片的时机。向对方递送名片时,应面带微笑,接受名片时,应起身站立,双手捧接,先仔细地看一遍。向别人索要名片时,一定要有礼貌。另外还要注意妥善存放和保管名片。

练习与技能训练

一、填空题

1. 在进行自我介绍时,应注意3点:一是_____;二是_____;三是_____。

2. 有6种情况适合做自我介绍,一是_____;二是_____;三是_____;四是_____;五是_____;六是_____。

3. 自我介绍的具体形式有:_____、_____、_____、_____及问答式共5种形式。

4. 介绍的标准化顺序是所谓的位低者先行,就是地位低的人先做介绍。一般的顺序是:主人和客人做介绍,_____先做介绍;长辈和晚辈在一起,_____先做介绍;男士和女士在一起,_____先做介绍。地位低的人和地位高的人在一起,_____先做介绍。

项目4　日常交往礼仪

5. 为他人做介绍时，要遵守"_____"的规则。
6. 为他人做介绍时，介绍的先后顺序大体上有6种：_____、先宾后主、_____、_____、先低后高、_____。
7. 在做集体介绍时当被介绍者双方地位、身份大致相似时，应先介绍_____的一方。
8. 若被介绍的不止两方，需要对被介绍的各方进行位次排列。排列的方法有：_____；以其单位规模为准；以单位名称的英文字母顺序为准；_____；以座次顺序为准；_____。
9. 自我介绍的注意事项有_____、_____、_____。
10. 接受介绍时的礼仪有起立、_____，面带微笑、_____、问候对方并复述对方姓名、_____。
11. 在工作中，以交往对象的职务相称，以示身份有别、敬意有加，这是一种最常见的称呼方法，这种称呼方式称为_____。
12. 以职称相称，有3种情况较为常见，即_____、_____、_____。
13. 学衔性称呼有4种情况，即_____、_____、_____、_____。
14. 在工作中，有时可按行业进行称呼。它具体又分为两种情况，即_____、_____。
15. 在工作岗位上称呼姓名，一般限于同事、熟人之间。其具体方法有3种，即_____、_____、_____。
16. 在工作中上，彼此之间的称呼有其特殊性。总的要求，是_____、_____、_____。
17. 对商界、服务业从业人员，一般约定俗成地按性别的不同分别称呼为_____、_____、_____。
18. "小姐""女士"二者的区别在于：_____。
19. 常见的错误称呼有两种，即_____、_____。
20. 称呼应注意的问题有3点，一是_____，二是_____，三是_____。
21. 在正式场合，握手时伸手的先后次序主要取决于_____、_____。
22. 在社交、休闲场合，则主要取决于_____、_____、_____、_____。
23. 根据礼仪规范，握手时双方伸手的先后次序，一般应当遵守"_____"的原则，应由尊者首先伸出手来，_____。
24. 职业、身份高者与职位、身份低者握手，应由_____首先伸出手来。
25. 若是一个人需要与多人握手，则握手时亦应讲究先后次序，由尊而卑，即_____、_____、_____、_____。
26. 握手的标准方式，_____。
27. 握手的技巧主要有：主动与每个人握手、_____、_____、_____。

115

28. 与人握手时神态应_____、_____、_____、_____。
29. 长幼之间握手，_____先伸手。和长辈及年长的人握手，不论男女，都要_____，并要脱下手套，以示尊敬。
30. 已婚者与未婚者握手，应由_____首先伸出手来。社交场合的先至者与后来者握手，应由_____首先伸出手来。
31. 名片有八大用途，即_____、_____、_____、_____、_____、_____、_____、_____。
32. 日常生活中所用的名片可分为4类：_____、_____、_____、_____。
33. 名片最通用的规格是_____cm×_____cm。
34. 出示名片的顺序，地位低的人先向_____的人递名片，_____先向女性递名片，当对方不止一人时，应先将名片递给_____或_____；或者由近至远处递，依次进行。
35. 当他人索取本人名片，常用的方法有_____、_____、_____。
36. 社交式名片，其内容有二：一是_____；二是_____。
37. 标准的公务式名片应由_____、_____、_____三项内容构成。
38. 企业名内容分为两项：一是_____，二是_____。
39. 向对方递送名片时，应面带微笑，稍欠身，注视对方，将名片_____着对方，用_____分别持握名片上端的两角送给对方；如果是坐着的，应当_____，并说些客气话。
40. 随身所带的名片，最好放在_____、_____以及_____。

二、判断题

1. 长辈和晚辈在一块儿，长辈先做介绍。（　　）
2. 自我介绍时要简洁，尽可能地节省时间，以半分钟左右为佳。（　　）
3. 被介绍者在介绍者询问自己是否有意认识某人时，一般应拒绝。（　　）
4. 在演讲、报告、比赛、会议、会见时，往往只需要将主角介绍给广大参加者。（　　）
5. 做集体介绍时要庄重、亲切，切勿开玩笑。（　　）
6. 做集体介绍时，为节约时间，可以使用简称。（　　）
7. 如果把男性介绍给女性认识时，女性觉得有握手必要时，可以先伸出手来，以表示感谢。（　　）
8. 规模较大的社交聚会，有多方参加，各方均可能有多人，要为双方做介绍时必须行集体介绍礼仪。（　　）
9. 他人介绍时，如果被介绍双方相隔较远，中间又有障碍物，可举起左手，点头微笑致意。（　　）
10. 在他人介绍时，任何情况下介绍人和被介绍人都应起立，以示尊重和礼貌。（　　）

11. 替代性称呼，就是非常规的代替正规性称呼的称呼。比如医院里的护士喊床号"十一床"、服务行业称呼顾客几号、"下一个"等，这是很不礼貌的行为。（ ）

12. 中国内地的人，很传统的一个称呼就是同志，这种称呼在中国范围内不受地域限制。（ ）

13. 在我国有很多地方性称呼，比如，北京人爱称人为"师傅"，山东人爱称人为"伙计"，中国人常称配偶为"爱人"等。在商务活动中，可以使用这些称呼。（ ）

14. 一般年纪较大、职务较高、辈分较高的人对年纪较轻、职务较低、辈分较小的人称呼姓名。相反，年纪较轻、职务较低、辈分较小的人对年纪较大、职务较高、辈分较高的人称呼姓名是没有礼貌的。（ ）

15. 在所有称呼中，最亲切、最随便的一种称呼是不称姓而直呼其名，但只限于长者对年轻人，老师对学生，或关系亲密的个人之间。（ ）

16. 对不同性别的人应使用不同的称呼，对女性可以称"小姐""小姑娘""女士"等，对男性可称"先生""师傅"等。（ ）

17. 小王和小李十多年未见的好友，一次在商务活动中偶然相遇，小王直接叫出了小李的绰号。（ ）

18. 王强是某公司人事处处长，服务顾问小王得知后连忙改口称他为"王处"。（ ）

19. 在使用"先生""小姐""夫人"等称谓时，可以加上姓氏或姓名。（ ）

20. 在国际交往中，一般对成年男子，不论是已婚的或未婚的，都称"先生"；对于已婚女子称"夫人"；对于未婚女子称"小姐"；对不了解婚姻状况的女子称"小姐"；对已婚的和未婚的女子都可以称"女士"。（ ）

21. 男女之间握手，男士要等女士先伸出手后才握手。如果女士不伸手或无握手之意，男士向对方点头致意或微微鞠躬致意。（ ）

22. 男女初次见面，女方可以不和男士握手，只是点头致意即可。（ ）

23. 男女握手时，男士要脱帽和脱右手手套，如果偶遇匆匆忙忙来不及脱，要道歉。（ ）

24. 女士除非对长辈，一般可不必脱手套。（ ）

25. 在宴会、宾馆或机场接待宾客，当客人抵达时，不论对方是男士还是女士，女主人都应该主动先伸出手。（ ）

26. 长幼之间握手，年幼的一般要等年长的先伸手。（ ）

27. 和长辈及年长的人握手，不论男女，都要起立趋前握手，并要脱下手套，以示尊敬。（ ）

28. 上下级之间握手，下级要等上级先伸出手。但涉及主宾关系时，可不考虑上下级关系，做主人的应先伸手。（ ）

29. 已婚者与未婚者握手，就由已婚者首先伸出手来。（ ）

30. 社交场合的先至者与后来者握手，应由先至者首先伸出手来。（ ）

31. 向对方递送名片时，应面带微笑，稍欠身，注视对方，将名片正对着对方，用双手的中指和食指分别持握名片上端的两角送给对方。（ ）

32. 接受名片时，双手捧接，或以左手接过。（ ）

33. 拿到对方名片时，应先仔细地看一遍，特别是碰到生字、难字一定要请教对方，以免出错。同时也确认一下对方的头衔。（   ）

34. 在交谈时，不可折皱、玩弄对方的名片。（   ）

35. 不要在对方的名片上压放任何物品，也不可在离去时忘了拿对方的名片。（   ）

36. 不要将名片背面对着对方或是颠倒着面对对方。（   ）

37. 不要将名片举得高于胸部。（   ）

38. 不要以手指夹着名片给人。（   ）

39. 不要将自己的名片像发牌一样扔发给每个人。（   ）

40. 名片可以放在后裤袋或裙兜里。（   ）

三、单项选择题

1. 以下几种情况中适合做自我介绍的是（   ）。
   A. 有其他介绍人在场的时候
   B. 有其他闲杂人员在场的时候
   C. 对方并未忙碌，但看起来有心情很糟糕
   D. 周围的环境比较安静、氛围比较舒适的时候

2. 下面对自我介绍顺序描述正确的是（   ）。
   A. 主人和客人做介绍，主人先做介绍；长辈和晚辈在一起，长辈先做介绍；男士和女士在一起，男士先做介绍；地位低的人和地位高的人在一起，地位低的人先做介绍
   B. 主人和客人做介绍，客人先做介绍；长辈和晚辈在一起，长辈先做介绍；男士和女士在一起，男士先做介绍；地位低的人和地位高的人在一起，地位低的人先做介绍
   C. 主人和客人做介绍，客人先做介绍；长辈和晚辈在一起，长辈先做介绍；男士和女士在一起，女士先做介绍；地位低的人和地位高的人在一起，地位低的人先做介绍
   D. 以上都不对

3. 自我介绍时要简洁，尽可能地节省时间，以（   ）分钟左右为佳。
   A. 0.5　　　　　B. 1　　　　　C. 2　　　　　D. 3

4. 下面对他人介绍的注意事项描述正确的是（   ）。
   A. 介绍者为被介绍者介绍之前，上去开口即讲
   B. 被介绍者在介绍者询问自己是否有意认识某人时，一般不应拒绝，而应欣然应允，实在不愿意时，则应说明理由
   C. 介绍人和被介绍人都没有起立；待介绍人介绍完毕后，被介绍双方应各走各的
   D. 待介绍人介绍完毕后，被介绍双方应微笑点头示意或握手致意，但不需问候对方

5. 下面适合集体介绍顺序描述正确的是（   ）。
   A. "少数服从多数"，当被介绍者双方地位、身份大致相似时，应先介绍人数较少的一方
   B. 在演讲、报告、比赛、会议、会见时，做双向介绍
   C. 人数多一方的介绍。若一方人数较多，可采取逐个的方式进行介绍。如："这是我的家人""这是我的同学"
   D. 人数较多各方的介绍。若被介绍的不止两方，按关系疏近进行介绍

6. 以下属在职称前加上姓氏的称呼方式的是(　　)。
   A. 钱编审　　B. 孙老师　　C. 杨博士　　D. 王经理
7. 称呼职业，即直接以被称呼者的职业作为称呼。以下不属在职称前加上姓氏的称呼方式的是(　　)。
   A. 教练　　B. 老爷　　C. 律师　　D. 警官
8. 与多人见面招呼时，称呼对方应遵循(　　)。
   A. 先上级后下级、先晚辈后长辈、先女士后男士、先疏后亲的礼遇顺序进行
   B. 先下级后上级、先晚辈后长辈、先女士后男士、先疏后亲的礼遇顺序进行
   C. 先上级后下级、先长辈后晚辈、先女士后男士、先疏后亲的礼遇顺序进行
   D. 先上级后下级、先晚辈后长辈、先女士后男士、先亲后疏的礼遇顺序进行
9. 在人际交往中，以下(　　)中称呼在正式场合切勿使用。
   A. 博士　　B. 教授　　C. 师傅　　D. 兄弟
10. 对商界、服务业从业人员，一般约定俗成地按性别的不同分别称呼为"小姐""(　　)"或"先生"。
    A. 夫人　　B. 太太　　C. 同志　　D. 女士
11. 握手时应用力适度，上下稍许晃动(　　)次，随后松开手来，恢复原状。
    A. 1～2　　B. 2～3　　C. 3～4　　D. 4～5
12. 握手的时间通常是(　　)秒钟。
    A. 1～3　　B. 3～5　　C. 4～7　　D. 2～4
13. 以下属握手的时机的是(　　)。
    A. 遇到熟人时
    B. 在比较正式的场合与相识之人道别时
    C. 迎送客人时
    D. 向朋友辞行时
14. 以下是对握手禁忌描述正确的是(　　)。
    (1) 右手与他人握手。
    (2) 握手时争先恐后，而应当遵守秩序，依次而行。
    (3) 戴着手套握手，在社交场合女士的晚礼服手套除外。
    (4) 握手时戴着墨镜，只有患有眼疾或眼部有缺陷者才能例外。
    (5) 握手时将另外一只手插在衣袋里。
    A. (1)、(2)、(3)、(4)　　B. (1)、(2)、(4)、(5)
    C. (1)、(3)、(4)、(5)　　D. (2)、(3)、(4)、(5)
15. 握手时亦应讲究先后次序，由尊而卑，下面描述正确的是(　　)。
    A. 先年长者后年幼者，先长辈后晚辈，先老师后学生，先女士后男士，先已婚者后未婚者，先上级后下级，先职位、身份高者后职位、身份低者
    B. 先年幼者后年长者，先长辈后晚辈，先老师后学生，先女士后男士，先已婚者后未婚者，先上级后下级，先职位、身份高者后职位、身份低者
    C. 先年长者后年幼者，先长辈后晚辈，先老师后学生，先女士后男士，先未婚者后

已婚者,先上级后下级,先职位、身份高者后职位、身份低者

D. 先年长者后年幼者,先晚辈后长辈,先老师后学生,先女士后男士,先已婚者后未婚者,先上级后下级,先职位、身份高者后职位、身份低者

16. 下面对发送名片的时机叙述正确的是(　　)。

(1) 希望与对方认识时,尤其是初次见面,相互介绍之后就可递上名片。

(2) 当被介绍给对方时。

(3) 登门拜访对方时。

(4) 当对方希望与自己交换名片时。

A. (1)、(2)、(3)　　　　　　B. (1)、(2)、(4)

C. (1)、(3)、(4)　　　　　　D. (1)、(2)、(3)、(4)

17. 存放名片要讲究方式方法,做到有条不紊。推荐的方法有(　　)。

(1) 按姓名拼音字母分类。

(2) 按姓名笔划分类。

(3) 按部门、专业分类。

(4) 按爱好分类。

(5) 按关系疏近分类。

A. (1)、(2)、(3)、(4)　　　　B. (1)、(2)、(4)、(5)

C. (1)、(2)、(3)　　　　　　D. (1)、(2)、(3)、(4)

18. 下面对出示名片的顺序叙述正确的是(　　)。

(1) 地位高的人先向地位低的人递名片。

(2) 男性先向女性递名片。

(3) 当对方不止一人时,应先将名片递给职务较高或年龄较大者;或者由近至远处递,依次进行。

A. (1)、(2)、(3)　　　　　　B. (2)、(3)

C. (1)、(2)　　　　　　　　D. (1)、(3)

19. 女士专用的名片,其规格是(　　)。

A. 9cm×5.5cm　　　　　　B. 10cm×6cm

C. 8cm×4.5cm　　　　　　D. 8.5cm×4cm

20. 对递接名片的注意事项叙述正确的是(　　)。

(1) 不要用左手递交名片。

(2) 不要将名片背面对着对方或是颠倒着面对对方。

(3) 不要将名片举得高于胸部。

(4) 不要以手指夹着名片给人。

(5) 不要将自己的名片像发牌一样扔发给每个人。

(6) 不要混淆自己的名片和他人的名片,要分开装。

(7) 不要在对方的名片上压放任何物品,也不可在离去时忘了拿对方的名片。

(8) 不要将名片放在后裤袋或裙兜里。

A. (1)、(2)、(3)、(4)、(5)、(6)、(7)、(8)

B. (1)、(2)、(3)、(4)、(5)、(6)、(7)
C. (2)、(3)、(4)、(5)、(6)、(8)
D. (2)、(3)、(4)、(5)、(6)、(7)、(8)

四、情境设计

1. 某客户王先生到某 4S 店买车后，销售顾问小刘把王先生介绍给服务顾问小黄。请 3 个或 3 个以上的同学模拟表演。

2. 某 4S 店服务顾问小赵随同销售经理王经理等一行 5 人去参加车展，在车展会场入口碰到了兄弟企业一行 5 人，此前两兄弟企业有部分人相识，请模拟做集体介绍。

3. 销售顾问小王做客户拜访，没想到客户家里来了很多人，该如何称呼随到的客人，请模拟演练此情景。

4. 一次大型的公务活动中，服务顾问小乐碰到了久未逢面的高中同学小强，小强现在是某品牌公司的销售总监，小强高中时成绩突出，老师和同学都称他为"爱因斯坦"。那么小乐该如何同小强打招呼，如何称呼，请模拟表演。

5. 在一次大型商务活动中，服务顾问小彭(男)碰到了十多年没见的高中同学刘女士，此时该如何行握手礼，请模拟演练。

6. 某 4S 店服务顾问小赵随同销售经理王经理等一行 5 人去参加车展，车展博览会上用餐期间碰到了兄弟企业一行 5 人，此前两兄弟企业有部分人相识，此时该如何交换名片，请模拟演练。

7. 销售顾问做陌生客户拜访，该如何向陌生客户递送名片，请模拟演练。

项目 5

汽车营销服务位次礼仪

项目导读

交往艺术的核心在于向交往对象表达自己的尊重之意。而如何向对方表达这种尊重，却是我们在交往中经常遇到的一个现实问题。

例如，在接待本单位的重要客人时，如何让客人感觉到自己对他的尊重？许多人总是在物质上予以很多的考虑：提供最丰盛的饮食，最幽雅的环境，最便利的交通等。这些条件是必要的，但却往往不是客人最在意的。因为良好的物质招待并非难事，难的是在细节上"润物细无声"般的感化对方。位次问题就是这种最重要的细节问题。

项目分析

当汽车服务人员与客户见面时，很多销售环节、服务环节都与位次礼仪有关，位次礼仪是汽车营销与服务领域最常用到的礼仪。比如，顾客来到汽车4S店展厅选购车辆，销售顾问在接待、产品介绍等环节中要对客户进行行进中的引导，涉及位次礼仪；试乘试驾环节中要注意乘坐交通的礼仪；协商谈判中坐姿礼仪、签字的位次礼仪以及会客座次礼仪等都具有明显的规范性和很强的可操作性的特点。

汽车服务人员了解并掌握这些礼仪，并在实践中将其融会贯通，为客户提供满意的服务，对提升企业的形象、增加与顾客的沟通有很大帮助。在这些环节中运用的基本礼仪有：

🚌 行进中的位次礼仪；
🚌 乘坐交通工具礼仪；
🚌 谈判位次礼仪；
🚌 签字仪式位次礼仪；
🚌 会客座次礼仪；
🚌 会议座次礼仪。

项目 5　汽车营销服务位次礼仪

任务 5.1　行进中的位次礼仪

任务目标

目标一：掌握行进中的位次礼仪。
目标二：了解行进中的位次排序情况，掌握公众场合最基本的礼仪规范。

任务下达

顾客张女士与朋友来到位于长春硅谷大街的广本成邦 4S 专卖店，准备选购一辆新车，销售顾问李明热情地迎接了她们。由于李明新入职不久，急于完成销售业绩，一看到张女士两人，不禁心中暗喜。在引领客人进入展厅的时候，李明与张女士并肩而行，他一边走一边介绍车型，而且他的手总是无意触碰到张女士的胳膊上，引起了张女士的不快。

请思考：
销售顾问在引领客人进入展厅时应该注意哪些礼仪？

在接待、陪同客人的过程中，经常会有短距离的步行，其中有个行进中的位次排列问题。行进中的位次排列主要包括平面行进、上下楼、出入电梯、出入房间等内容。它们都是汽车营销与服务岗位涉及的礼仪问题，是汽车营销人员与客户进行良好沟通的前提条件。

任务分析

作为销售顾问，在接待客人的过程中，如何注意行进中的礼仪，尤其是位次的礼仪。这些是需要学习并在工作中引起重视的。

相关知识

举步行走，是一个正常人活动的基本方式。即使采用其他交通工具，例如汽车、火车、地铁、轮船、飞机或者自行车，行路依然必不可少。在前面的章节中，已经介绍了走姿的基本要求，除此之外，行进中的位次排序问题，礼仪要求有以下 3 种情况。

(1) 情况一：平面行进时。
① 两人横向行进，内侧高于外侧。
② 多人并排行进，中央高于两侧。
③ 对于纵向来讲，前方高于后方。
(2) 情况二：上下楼梯时。
① 纵向：上下楼时宜单行行进，以前方为上。把选择前进方向的权利让给对方。

② 男女同行时，一般女士优先走在前方。但如遇到着裙装（特别是短裙）的女士，上下楼时宜令女士居后。

④ 横向：陪同人员应该把内侧（靠墙一侧）让给客人，把方便留给客人，如图5.1所示。

图5.1　正确的位次排序

（3）情况三：出入房间时。

① 出入房门时，一般客人或位高者先出入，表示对宾客的尊重，如图5.2所示。

② 如有特殊情况时，如双方均为首次到一个陌生房间，陪同人员宜先入房门。

图5.2　正确礼节

同时，作为汽车服务人员，在公众场合，还有一些最基本的礼仪规范是必须掌握的。

1）不吃零食、不吸香烟

一个人在公共场所边走边吃或叼根香烟，不仅形象不雅，而且不卫生、不利于身体健康，更重要的是还有可能给公共环境及其他过往的行人造成不便，妨碍公共卫生与秩序，有违社会公德。

2）不随地吐痰，不随意打喷嚏、擤鼻涕

唾沫、擤鼻涕等分泌物中，包含的细菌很多。行路时，若需要清嗓子、吐痰、擤鼻涕、打喷嚏，应注意避开他人，尽量控制发出的声量，痰和鼻涕应用纸巾包好，投入垃圾箱。切忌将痰、鼻涕"自行消化"，更不可随地乱吐、乱搞或者将鼻涕乱擦到公共物品上。打喷嚏要用手或纸巾遮掩，切忌打喷嚏时将口水喷到别人脸上、身上。

3）不乱扔垃圾

在行路当中，若有个人的废弃物品需要处理，应将其投入专用的垃圾箱。不要"天女散花"，随手乱丢，破坏公共场合的环境卫生。对于口香糖一类难以清理的垃圾则应该按照环保要求，用纸巾包好之后再投放到垃圾箱，切不可随口乱吐。

4）礼貌谦让

通过狭窄路段时，应请他人先行，不要争先恐后。在拥挤之处不小心碰到别人，要立即说"对不起"，对方则应答以"没关系"。不要若无其事或是借题发挥、寻衅滋事。

5）保持适当距离

社交礼仪认为：人际距离在某种情况下也是一种无声的语言。它不仅反映着人们彼此之间关系的现状，而且也体现着其中某一方，尤其是保持距离的主动者对另一方的态度、看法，因此，对此不可马虎大意。引领客人时，应走在客人左前方的2、3步处，要与客人的步伐保持一致，引路时要注意客人，适当地做些介绍。

任务实施

在前文中李明之所以使张女士感觉不愉快，是因为在引领客人进入展厅的时候，李明与张女士并肩而行，没有走在客人左前方2、3步处；他一边走一边介绍车型，引路时没有注意客人，所以引起张女士的不快。在今后的工作中，李明要随时注意礼仪规范，服务于客户，使客户感觉愉悦。

实训任务

根据学生人数进行相应分组，要求每组学生分别进行行进位次礼仪的模拟，老师进行现场指导。

任务5.2　乘坐交通工具礼仪

任务目标

目标一：掌握乘坐交通工具礼仪。
目标二：掌握乘坐轿车时座次、举止、上下车顺序的规范要求。
目标三：掌握不同情况下出入电梯顺序的规范要求。

任务下达

"五·一"黄金周即将到来,一汽大众要举办一次试乘试驾活动。客户王先生与朋友应邀来到长春硅谷大街的广本成邦4S专卖店参与活动,销售顾问张浩很热情地迎接了他们。在办理了试驾手续后,张浩引导客户来到试驾车旁,待客人上车后,张浩将副驾驶车门打开后,先将脚和头伸进车内,然后再将身体挪入车内。这个不雅观的动作,让从事营销工作的王先生看了,不太舒服。

请思考:
作为销售顾问,在乘坐车辆等交通工具时,应该注意哪些礼仪呢?

人们在来去匆匆、争分夺秒的现代生活中,往往需要乘坐各种交通工具,尤其是各种机动车辆,以求方便。交通工具有很多种类型,如汽车、飞机、轮船、电梯等。作为汽车服务人员主要涉及哪些交通工具,要注意哪方面的礼仪呢?

任务分析

汽车制造厂家每年会举办各种各样的活动,其中的试乘试驾活动是邀约客户,让客户体味"车的味道"的最好的方法。同时,汽车服务人员在与客户接触、处理公务过程中,也会涉及乘坐电梯等交通工具事项。所以,汽车服务人员应注意该方面的相关礼仪。

相关知识

人们可以乘坐的交通工具有多种类型,下面主要介绍一下有关乘坐轿车、电梯等交通工具的礼仪规范,以供参考。

一、乘坐轿车的礼仪

轿车特指区别于货车、皮卡、SUV、大巴、中巴的小型汽车,有四门或两门、封闭式车身、固定顶盖、一个车厢的汽车,一般包括司机在内可乘坐4~9人。

乘坐轿车时,需要注意的礼仪问题主要涉及座次、举止、上下车顺序3个方面。

1. 座次

在比较正规的场合,乘坐轿车时一定要分清座次的尊卑,以找到符合自己身份的座位。而在非正式场合,则不必过分拘礼。轿车上座次的尊卑,从礼仪上来讲,主要有下面几种情况。

1)商务面包车

上座位为车辆中前部靠近车门的位置。此类汽车上座位置的确定,一般考虑乘客的乘坐舒适性和上下车的便利性。

2)越野吉普车

前排副驾位置为上座位。越野车功率大,底盘高,安全性也较高,但通常后排比较颠簸,而前排副驾的视野和舒适性最佳,因此为上座位置。

3）双排座轿车

情况一：主人或熟识的朋友驾驶汽车时：这种情况下，副驾位置为上座位，如图5.3所示座位④。坐到后面位置等于向主人宣布在打的，非常不礼貌。如果有两位客人，则与主人较熟悉、关系密切的一位坐在前面副驾位。

情况二：专业司机驾车，一般商务或公务接待场合。这时，主要考虑乘车者的安全性和下车时是否方便，第二排司机斜对角位置为上座位，如图5.3所示座位①。而前排副驾一般为陪同人员座位。

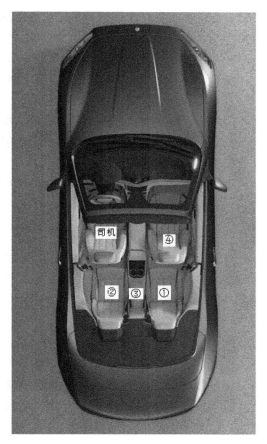

图5.3　轿车座位分布

情况三：职业司机驾车，接送高级官员、将领、明星知名公众的人物时。这种场合下，主要考虑乘坐者的安全性和隐私性，司机后方位置为汽车的上座位，如图5.3所示座位②，通常也被称作VIP位置。

前面讲的都是以双排四座为例，双排五座轿车的座次可以参照双排四座来区分，其中，后排中座的尊卑顺序排在后排左座后面。而多排轿车的顺序是，以前排为上，以后排为下，以右为尊，以左为卑。

2. 举止

与其他人一同乘坐轿车时，即应将轿车视为公共场所。在这个移动的公共场所里，同样有必要对个人的行为举止多加约束。具体来说，应当注意以下问题。

（1）不要争抢座位。上下轿车时，要井然有序，相互礼让。

（2）动作要得体。入座时，要大方、端庄、稳重地走到车门前，转身背对车门，先轻轻坐下，再将头和身体移入车内，然后再将双脚收入车内。女士应注意双脚并拢一起收入车内，最后才调整坐姿、整理衣裙。切忌车门打开后，先将脚和头伸进车内，然后再将身体挪入车内，这是很不雅观的动作。下车时，待车门打开后，转身面对车门，同时将双脚慢慢移出车外，女士仍然要注意双脚并拢，待双脚落地踩稳后，再慢慢将身体移出车外。坐好之后应注意举止，切勿与异性卿卿我我，或是东倒西歪。

（3）要讲卫生。如果是雨雪天气，上车之前，要把雨具收好并用袋子装好，把身上的雨雪拍打干净，不要把车子里面弄得湿乎乎的；鞋子上如果有泥，要尽量擦洗干净再上车。不要在车上吸烟、吃零食、喝饮料，更不要随手乱扔东西。不要携带有异味的东西上车。

（4）不要往车外丢东西、吐痰，也不要在车上脱鞋、脱袜、换衣服。

（5）要注意安全。上车后，如果坐在副驾驶座，应该主动系好安全带。不要与驾车者交谈或做其他影响驾车者注意力的事情，以防其走神。当自己上下车、开关门时，要先看车前车后，有没有过往行人或车辆，如果旁边停有车辆要观察一下是否有足够的距离开启车门。切勿疏忽大意，造成意外事故。

3. 上下车顺序

上下轿车的顺序也有礼可循。其基本要求是：倘若条件允许，应请尊长、女士、来宾先上车，后下车。具体而言，还有一些细节也应注意。

（1）如果是主人驾驶轿车时，如有可能，主人应后上车先下车，以便照顾客人上下车。

（2）乘坐由专职司机驾驶的轿车时，坐于前排者，大都应后上车先下车，以便照顾坐于后排者。

（3）乘坐由专职司机驾驶的轿车，并与其他人同坐于后一排时，应请尊、长、女士来宾从右侧车门先上车，自己再从车后绕到左侧车门上车。下车时，则应自己先从左侧下车，再从车后绕过来帮助对方。

（4）为了上下车方便，坐在折叠座位上的人，应当最后上车，最先下车。

（5）乘坐多排座轿车时，通常应以距离车门的远近为序。上车时，距车门最远者先上，其他人随后由远而近依序上车。下车时则相反。

 知识链接

女性上下车姿势

女性上下车姿势必须十分讲究，具体如下所述。

1) 上车姿势

上车时仪态要优雅，姿势应该为"背入式"，即将身体背向车厢入座，坐定后将双脚同时缩进车内

(如穿长裙，应在关上车门前将裙子弄好)，如图 5.4 所示。

2）下车姿势

应将身体尽量移近车门，坐定，然后将身体重心移至另一只脚，再将整个身体移至车外，最后踏出另一只脚。如穿短裙则应将两只脚同时踏出车外，再将身体移出，双脚不可一先一后。起身后等直立身体以后转身关车门，关门时不要东张西望，而是面向车门，好像关注的样子，如图 5.5 所示。避免太大力气。

(a) 开门后手自然下垂，可半蹲捋裙摆顺势坐下

(b) 依靠手臂作支点，腿脚并拢提高

(c) 继续保持腿与膝盖的并拢姿势，脚平移至车内

(d) 略调整身体位置，坐端正后，关上车门

图 5.4　女性上车姿势

二、乘坐电梯的礼仪

出入电梯的顺序，主要有以下几种情况。

图 5.5　女性关车门姿势

1. 平面式电梯

规则：单行右站。

2. 无人操作升降电梯

陪同人员先进后出。陪同人员先进后出，以便控制电梯，先进去可以把按钮摁住，让客人进去方便，不会有被夹的危险，同时可以更方便帮客人按楼层。

3. 有人操作升降电梯

陪同人员后进后出。陪同人员后进后出，但也不绝对。比如电梯里人太多，最后进来已经堵在门口了，如果还硬要最后出去，那别人就没法出去了。

总之，作为服务人员，进出电梯还应当注意：如果服务人员不陪同客人时应使用专用的电梯。乘电梯时，里面的人出来之后，外面的人方可进去。要尊重周围的乘客。进出电梯时，尽量侧身而行，免得碰撞、踩踏别人。进入电梯后，应尽量站在里边。

任务实施

前文中，销售顾问张浩之所以让王先生看着不太舒服，从礼仪的角度来说他犯了一个错误，就是将副驾驶车门打开后，先将脚和头伸进车内，然后再将身体挪入车内，这个动作是不雅观的。从前面的礼仪中，我们知道，进入轿车，动作要得体；入座时，要大方、端庄、稳重地走到车门前，转身背对车门，先轻轻坐下，再将头和身体移入车内，然后再将双脚收入车内。

实训任务

根据学生人数进行相应分组，要求每组学生分别进行乘坐轿车礼仪和乘坐电梯礼仪的模拟，老师进行现场指导。

项目5 汽车营销服务位次礼仪

任务5.3 谈判位次礼仪

任务目标

目标一：掌握谈判位次礼仪。
目标二：了解谈判位次的排列，掌握双边谈判和多边谈判的位次礼仪规范。

任务下达

在广丰长春翼欣4S汽车专卖店，销售顾问李明接待了前一天来看车的客户张先生及单位同事一行5人。张先生表示这次来店是打算为单位购买公务用车，事先已了解"汉兰达2.7L精英版"车型，但是，就价格和售后服务的具体问题需要进一步沟通协商。接下来，李明请来了销售经理顾城，双方就购买的具体细节进行谈判和协商。李明把张先生一行引到洽谈区。

请思考：
销售顾问李明这时应该注意怎样安排座次，才不失礼仪规范呢？

在商务交往中，当不同的公司为了各自的经济利益而在一起进行接洽商谈时，就出现了谈判。为了表示谈判的严肃性，人们对谈判的位次十分重视。谈判也是公务活动中的一种经常性的内容。了解、掌握、遵守谈判中的一些基本礼仪规范，对于保证谈判的成功具有重要意义。

任务分析

举行正式谈判时，有关各方在谈判现场对具体就座的位次，要求是非常严格的，礼仪性是很强的。所以，汽车服务人员应注意该方面的相关礼仪。

相关知识

谈判位次的排列，大体上有下列两种基本情况。

一、双边谈判

双边谈判，指的是由两个方面的人士所举行的谈判。在一般性的谈判中，双边谈判最为多见，如图5.6所示。

（1）使用长桌或椭圆形桌子，宾主分坐于桌子两侧。
（2）横桌式。横桌式座次排列，是指谈判桌在谈判室内横放，客方人员面门而坐，主方人员背门而坐。除双方主谈者居中就座外，各方的其他人士则应依其具体身份的高低，各自先右后左、自高而低地分别在己方一侧就座。双方主谈者的右侧之位，在国内谈判中可坐副手，而在涉外谈判中则应由译员就座。

（3）竖桌式。竖桌式座次排列，是指谈判桌在谈判室内竖放。具体排位时以进门时的方向为准，右侧由客方人士就座，左侧则由主方人士就座。在其他方面，则与横桌式排座相仿。

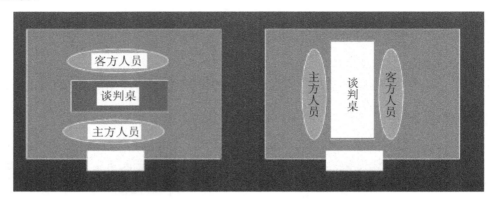

图5.6　双边谈判

二、多边谈判

多边谈判，在此是指由三方或三方以上人士举行的谈判。多边谈判的座次排列，主要也可分为两种形式，如图5.7所示。

（1）自由式。自由式座次排列，即各方人士在谈判时自由就座，而无须事先正式安排座次。

（2）主席式。主席式座次排列，是指在谈判室内面向正门设置一个主席之位，由各方代表发言时使用。其他各方人士，则一律面对主席之位分别就座。各方代表发言后，亦须下台就座。

图5.7　多边谈判

任务实施

前文中，李明和销售经理顾城作为主方，与张先生及单位同事5人要就购买的具体细

项目5 汽车营销服务位次礼仪

节进行谈判和协商，这是一个双边谈判。李明把张先生引到洽谈区，洽谈区里谈判桌在谈判室内横放，张先生面门而坐，他的同事各自先右后左、自高而低地分别在他一侧就座。李明和销售经理顾城背门而坐。双方就价格和售后服务的具体问题进行了沟通协商，最后达成了成交协议。

实训任务

根据学生人数进行相应分组，7人一组，要求每组学生自定角色，分别就汽车商务中的双边谈判和多边谈判进行座次礼仪的模拟，老师进行现场指导。

任务5.4　签字仪式位次礼仪

任务目标

目标一：掌握签字仪式位次礼仪。
目标二：了解签字仪式的基本程序，掌握签字仪式座次排列的具体方式和基本规则。

任务下达

2009年9月17日，由中国陕西省贸促会和中华总商会主办，印度尼西亚金水门集团承办的"陕汽重卡忠诚用户交车及签约仪式"在雅加达苏丹酒店举行。陕西省副省长吴登昌、中国驻印尼大使馆张建新参赞出席仪式并致辞。陕西贸促会代表、中国驻印尼使馆经商处代表、中国和印尼企业界代表、华人协会代表等50多位嘉宾出席签字仪式。印尼《星洲日报》等媒体派记者进行报道。

在仪式上，陕汽重型汽车进出口有限公司总经理王刚和印尼金水门集团总经理Jacob Suryanata分别代表双方签署合同，并由中国陕西重型汽车有限公司董事长方红卫向购买陕汽SHACMAN重卡的用户交付金钥匙。根据合同，陕汽将向印尼出口350台SHACMAN载重卡车。

请思考：
在"陕汽重卡忠诚用户交车及签约仪式"上，应如何进行位次排列呢？

签字仪式是政府、部门、企业之间通过谈判，就政治、军事、经济、科技等领域相互协议，缔结条约、协定或公约时举行的仪式。签字仪式虽不算是一种纯礼仪活动方式，但目前世界各国所举行的签字仪式，都有比较严格的程序及礼节规范。这不仅显示出签字仪式的正式、庄重、严肃，同时也表明双方对缔结条约的重视及对对方的尊重。

任务分析

签字仪式，通常是指订立合同、协议的各方在合同、协议正式签署时举行的仪式。

举行签字仪式,不仅是对谈判成果的一种公开、固定,也是有关各方对自己履行合同、协议所做出的一种正式承诺。签字仪式的整个过程所需时间并不长,也不像举办宴会那样涉及多方面的工作,其程序较简单但由于签字仪式涉及国与国之间,政府、部门、企业之间的关系,而且往往是访谈、谈判成功的一个标志,有时甚至是历史转折的一个里程碑,因此,签字仪式也一定要认真筹办。作为汽车服务人员,应当熟悉签字仪式的程序。

相关知识

一、座次排列的具体方式

从礼仪上来讲,举行签字仪式时,最基本的当属举行签字仪式时座次的排列方式。一般而言,举行签字仪式时,座次排列的具体方式共有3种,可根据不同的具体情况来选用。

(1) 并列式。并列式排座,是举行双边签字仪式时最常见的形式。基本做法是:签字桌在室内面门横放。双方出席仪式的全体人员在签字桌之后并排排列,双方签字人员居中面门而坐,客方居右,主方居左。

(2) 相对式。相对式签字仪式的排座,与并列式签字仪式的排座基本相同。二者之间的主要差别,只是将双边参加签字仪式的随员席移至签字人的对面。

(3) 主席式。主席式排座,主要适用于多边签字仪式。其操作特点是:签字桌仍须在室内横放,签字席设在桌后,面对正门,但只设一个,并且不固定其就座者。举行仪式时,所有各方人员,包括签字人在内,皆应背对正门、面向签字席就座。签字时,各方签字人应以规定的先后顺序依次走上签字席就座签字,然后退回原位就座。

签字仪式上,由于文件需要长久保存,签字时应用黑色的钢笔或签字笔,不宜用圆珠笔或其他色彩的笔。

二、基本程序

公务人员在具体操作签字仪式时,可以依据下述基本程序进行运作。

(1) 宣布开始。此时,有关各方人员应先后步入签字厅,在各自既定的位置上正式就座。

(2) 签署文件。通常的做法是,首先签署应由己方保存的文本,然后再签署应由他方保存的文本。依照礼仪规范,每一位签字人在己方所保留的文本上签字时,应当名列首位。

因此,每一位签字人均须首先签署将由己方保存的文本,然后再交由他方签字人签署。此种做法,通常称为"轮换制"。它的含义是:在文本签名的具体顺序上,应使有关各方均有机会居于首位一次,以示各方完全平等。

(3) 交换文本。各方签字人此时应热烈握手、互致祝贺,并互换刚才用过的签字笔,以示纪念。全场人员应热烈鼓掌,以表示祝贺之意。

(4) 饮酒庆贺。有关各方人员一般应在交换文本后饮上一杯香槟酒,并与其他方面的人士——干杯。这是国际上所通行的增加签字仪式喜庆色彩的一种常规做法。

三、位次排列的基本规则

1. 双边签字

举行双边签字仪式时，位次排列的基本规则包含以下3点。

（1）签字桌一般横放在签字厅内。

（2）双方签字者面对房间正门而坐。

（3）双方参加签字仪式的其他人员，一般需要呈直线，单行或者多行并排站立在签字者身后，并面对房间正门，通常面对房门站在右侧的是客方，站在左侧的是主方。要注意一点，中央要高于两侧，也就是双方地位高的人站在中间，站在最外面的人地位相对较低。如果站立的人员有多排，一般的原则是前排高于后排，站在第一排的人地位较高。

2. 多边签字

多边签字仪式的基本礼仪规范有3点。

（1）签字桌横放。

（2）签字座席面门而设，仅为一张。

（3）多边签字仪式讲究签字者要按照某种约定的顺序依次签名，而不像双边签字仪式一样大家平起平坐，同时签名。

任务实施

陕汽重型汽车进出口有限公司总经理王刚和印尼金水门集团总经理 Jacob Suryanata 分别代表双方签署合同，两人作为双方签字人员入座后，双方的助签人员分别站立于签字人员的外侧，协助翻揭文本及指明签字处。其他人员分主方、客方按身份顺序站立于后排，客方人员按身份由高到低从中向右边排，主方人员按身份高低由中向左边排。当一行站不完时，可以按照以上顺序并遵照"前高后低"的惯例，排成两行、三行或四行。

实训任务

把学生人数分为两组，分别代表汽车厂商和大客户就达成的合作意向进行双边签字仪式模拟，老师进行现场指导。

任务5.5　会客座次礼仪

任务目标

目标一：掌握会客座次礼仪。

目标二：能针对会见时的宾主双方情况，把握座次安排方式。

任务下达

有一天，广州本田成铭维修服务公司来了一位洽谈业务的客人，他是广州飞翔汽车配件有限公司的白经理。会客室在二楼，成铭维修服务公司郝秘书在前面引路，将白经理带到会客室。公司的王海总经理前来迎接，请白经理在会客室就座。白经理心情愉悦，双方就汽车配件供应问题进行了友好洽谈。

请思考：
白经理心情愉悦的原因是什么？

会客，也叫会见、会晤或者会面。它所指的多是礼节性、一般性的人与人之间的交往。在日常生活、工作当中，人与人的交往，无不涉及会见礼仪。会见客人时，对于让座的问题应予以重视。

 任务分析

得体的座次让客人温暖如春。具体而言，在会见客人时，让座于人有两点需要注意：一方面，必须遵守有关惯例；另一方面，必须讲究主随客便。作为汽车服务人员，应该注意合理安排会客时的座次，使主客双方在交往中处于平等互利的地位。

 相关知识

总体上讲，会客时，应当恭请来宾就座于上座。会见时的座次安排，大致有如下5种主要方式。

一、相对式

具体做法是宾主双方面对面而坐。这种方式显得主次分明，往往易于使宾主双方公事公办，保持距离。这种方式多适用于公务性会客，通常又分为两种情况，如图5.8所示。

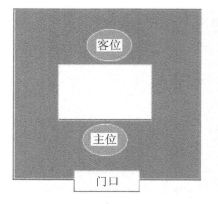 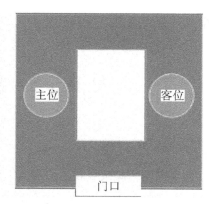

图5.8 相对式会客位次

（1）双方就座后，一方面对正门，另一方背对正门。此时讲究"面门为上"，即面对正门之座为上座，应请客人就座；背对正门之座为下座，宜由主人就座。

（2）双方就座于室内两侧，并且面对面地就座。此时讲究进门后"以右为上"，即进门后右侧之座为上座，应请客人就座；左侧之座为下座，宜由主人就座。当宾主双方不止一人时，情况也是如此。

二、并列式

基本做法是宾主双方并排就座，以暗示双方"平起平坐"、地位相仿、关系密切。具体也分为两类情况，如图5.9所示。

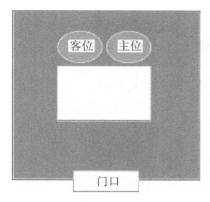 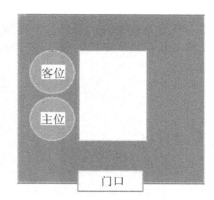

图5.9　并列式会客位次

（1）双方一同面门而坐。此时讲究"以右为上"，即主人要请客人就座于自己的右侧。若双方不止一人时，双方的其他人员可各自分别在主人或主宾的一侧，按身份高低依次就座。

（2）双方一同在室内的右侧或左侧就座。此时讲究"以远为上"，即距门较远之座为上座，应当让给客人；距门较近之座为下座，应留给主人。

三、居中式

所谓居中式排位，实为并列式排位的一种特例。它是指当多人并排就座时，讲究"居中为上"，即应以居于中央的位置为上座，请客人就座；以其两侧的位置为下座，由主方人员就座。

四、主席式

主要适用于正式场合，由主人一方同时会见两方或两方以上的客人。此时，一般应由主人面对正门而坐，其他各方来宾则应在其对面背门而坐。这种安排犹如主人正在主持会议，故称之为主席式。有时，主人亦可坐在长桌或椭圆桌的一端，而请各方客人坐在他的两侧。

五、自由式

自由式的座次排列，即会见时有关各方均不分主次、不讲位次，而是一律自由择座。自由式通常用在客人较多，座次无法排列，或者大家都是亲朋好友，没有必要排列座次时。进行多方会面时，此法常常采用。

总之，会客时排座次，要遵循的原则就是宾主对面而坐，以面门为上；宾主并列而坐，以右为上；当难以排列座次时，可自由择座。

任务实施

前文中，郝秘书在前面引路，将白经理带到会客室。双方就座后，白经理面对正门，王经理背对正门。白经理感受到尊重。因为在服务礼仪里讲究"面门为上"，即面对正门之座为上座，应请客人就座；背对正门之座为下座，宜由主人就座。这种方式显得主次分明，往往易于使宾主双方公事公办，保持距离。

实训任务

把学生人数分为若干组，每组学生列出分别代表主客双方的人员，按会客的5种常见方式进行会客座次礼仪的模拟，老师进行现场指导。

任务5.6 会议座次礼仪

任务目标

目标一：掌握会议座次礼仪。
目标二：了解会场中与会者的礼仪规范，掌握不同类型的会议座次礼仪。

任务下达

某市政府考察队来恒实汽车股份有限公司考察情况，来宾有考察队长李海、副队长孙明、技术主管赵涛和考察队员王刚、向海，公司召开了欢迎大会。
请思考：
会议桌是长方形的，应该怎么排座次？

随着经济的发展，举行各种各样的会议是经常性的工作。参加任何会议都须遵守会议规范，成功、顺利、合适的会议，是所有与会者共同合作的结果。

任务分析

商务交往中，会议的种类分为例行的工作会议、专题性会议、联席性会议、布置工作和总结性会议及各种座谈会，如报告会、讨论会、恳谈会等。而在不同类型会议中，除了进行常规性的会议程序之外，与会人员更要注重会场礼貌礼节。作为汽车服务人员，应该注意会议的座次安排和会场礼节，使之符合礼仪规范的要求。

相关知识

一、不同会议的座次

商务交往时的会议按规模划分，有大型会议和小型会议之分，座次排列有下面一些规则。

1. 大型会议

大型会议应考虑主席台、主持人和发言人的位次，排好前中右。主席台的位次排列要遵循3点要求。

（1）前排高于后排。

（2）中央高于两侧。

（3）右侧高于左侧（政务会议则为左侧高于右侧）。主持人之位，可在前排正中，也可居于前排最右侧。发言席一般可设于主席台正前方，或者其右方。

2. 小型会议

举行小型会议时，要选准主席位，位次排列需要注意两点。

（1）讲究面门为上，面对房间正门的位置一般被视为上座。

（2）小型会议通常只考虑主席之位，同时也强调自由择座。例如主席也可以不坐在右侧或者面门而坐，也可以坐在前排中央的位置，强调居中为上。

上位是左还是右？国际惯例是以右为尊，商务礼仪遵守的是国际惯例，一般以右为上，坐在右侧的人为地位高者。而在国内的政务交往中，往往采用中国的传统做法，以左为尊。

二、参加会议礼仪

参加会议的人员，有一般与会者、其他会议参加人，要注意会场中的一些礼仪规范。

1. 一般与会者礼仪

对于参加会议的公务员而言，在开会过程中，也应注意礼貌、礼节。

1）开会之前

公务员在会议召开前，应注意以下几点。

（1）守时。公务员在参加会议时，一般在规定的会议时间之前提早五六分钟进入会场，不要迟到，迟到可以视为是对本次会议的不重视或是对会议主持人以及其他与会者的蔑视与不尊重。确有原因迟到的，要向主持人及与会者点头致歉。

（2）仪表。公务员衣着应以正式上班服装为主，穿着不可过于随便。如果是户外会议，应事先询问主办单位是否可着休闲服。

（3）举止。公务员在参加会议时，要坐姿端正，不可东倒西歪或趴在桌子上。不要搔首、掏耳、挖鼻、剔牙、剪指甲，甚至把脚从鞋里抽出来抠脚趾。室内若无烟灰缸，表示不能抽烟。

（4）若在会议开始前，主席仍未介绍与会人士，可主动伸手和左右的人握手并且进行自我介绍。

2）会议进行时

会议进行中，也有不少礼节是公务员所要注意的。

（1）会议进行期间，公务员应认真倾听报告或他人发言。择要做好记录，对深入体会和准确传达会议精神有很大帮助。携带寻呼机和手机进入会场，在会议开始时应予以关闭或调至振动挡。开会时，在下面闲聊、看书报、摆弄小玩意儿、抽烟、吃零食、打瞌睡或随意进出会场，都是切忌出现的不文明行为。

（2）在会议进行中，出席者要发言时，应先举手，这是发言的礼貌。发言时应对事不对人，勿损及他人的人格及信誉。会上发言时，应口齿清楚，态度平和，手势得体，不可手舞足蹈，忘乎所以或出言不逊。

（3）在大型会议上发言，准备要充分，态度要谦虚，发言开始时要向听众欠身致意。发言内容要求做到中心突出，材料翔实，感情真实，语言生动。力戒自我宣传，自我推销，更不能有对听众不尊重的语言、动作和表情。发言要严格遵守会议组织者规定的时间。发言结束，要向听众致谢并欠身施礼。如参加小型的座谈会、研讨会，发言要简练，观点要明确，讨论问题，态度要友好，不要随便打断别人的发言。对不同意见，应求同存异，以理服人。不要嘲讽挖苦，人身攻击。

（4）别人发言时不要打岔。如有问题可举手，经过会议主持人认可后再发言。

（5）不可否认，开会有时很闷，但在大众面前打哈欠、频频看表、身体动来动去、把玩手上的笔或闭上眼睛等，都是很不礼貌的行为。

3）会议结束后

公务员要按顺序离开会场，不要拥挤和横冲直撞。

2. 其他会议参加人礼仪

其他会议参加人，主要是相对于一般与会者而言的，包括主席台就座者、会议发言人、会议来宾等。他们除了应遵循一般与会者所遵循的礼仪之外，还有一些独特的礼仪需要遵从。

1）主席台就座者礼仪

主席台上的就座者，应遵循相应的礼仪规范。进入主席台时，应该井然有序，若此时参加会议者鼓掌致意，主席台就座者也应该微笑着鼓掌作答，有些会议，座位上或主席台的长桌上已标明就座者姓名，就应按照会议工作人员的引导准确入座。会议进行中，主席台就座者应该认真倾听发言人发言，一般不要与其他就座者交头接耳，更不能擅自离席，确有重要和紧急的事宜需提前离开会场的，应同主持人打招呼，最好征得其同意后再离席。

2）会议发言人礼仪

对会议发言人或报告人来说，其礼仪主要表现在发言要遵守秩序。若话筒距离自己的座位较远，则应以不快不慢的步子走向话筒。不要刚一落座就急着发言。在发言之前，可面带微笑，环顾一下会场四周。如会场里响起掌声，可以适时鼓掌答礼，等掌声静落后，再开始发言。发言时应掌握好语速和音量，以使会场中所有的人都能听清为宜。发言或报告一般应使用普通话，不能大量运用方言土语。发言或报告中还应注意观察与会者的反应，以便根据具体情况对内容做相应的调整。比如，会场里交头接耳不断时，就要考虑适当转移话题，或将发言、报告内容适当压缩，使时间尽量缩短。发言或报告结束时，应向会议全体参加人员表示感谢。

3）来宾礼仪

对会议邀请的来宾来说，应遵守"客随主便"的习俗，听从会议组织者的安排，做到举止端庄，行为有度。如果在会议开始前或进行中遇到熟人，不能把注意力只分配在一两个人身上，要照顾到来宾中的每个人，不能因为自己是来宾就不遵守会场纪律，也不能有"高人一等"的表现。

3. 与会者的十二个注意事项

以下是与会者应有的礼仪。

（1）准时或早到会场均可，但千万不要迟到。任何人都不宜存有晚到是"重要人物"的虚荣心理，这样会影响议程的进行。

若你是新人（会议新手），提早进入会场是有好处的，因为你可以向早到的与会者作自我介绍，联络感情，也可以多请教前辈，更深入会议内容，以提早进入状态。新人必须以友善且正式的方式将自己介绍给对方，如告诉对方你是外地来的，你的姓名、代表公司或单位、负责部门等并出示名片。

（2）会议若因某人迟到而延后，不要一个人坐在位子上干等或显得不耐烦。可适时与周围的与会人士交谈，聊些与主题相关的事或时下流行的话题。

（3）到会场时态度应从容，不要慌慌张张、一副对会议主旨摸不着头绪的样子。参加任何会议都最好事先将开会的目的、内容做一番深入了解，这样在开会时才能顺利进入状态。

（4）开会时若须发言，到会场时应将报告的内容及资料再整理、过目一下，并且要求管理人员再测试一下视听设备，以便会议进行中报告发言能顺利无阻。

（5）如果要在会议中使用录音机录音，应于事前征求主持人同意，不宜擅自录音。若需录像，宜在会议开始前就架设好，以免到时手忙脚乱。

（6）除了指定的会议记录人员之外，与会者也宜记下他人或自己的讨论及评论的要点，以吸收别人的意见与经验。但绝不要因无聊而打盹，也不宜在纸上任意涂写或玩弄纸笔，这些举动会给人留下不好的印象。

（7）不可任意打断他人的发言，应等对方报告到一段落或结束时再提出问题，对于对方的论点有听不清楚或不明了的地方，可要求对方再做说明。但无论如何，都应尊重议事规范，先举手等点名之后再说。

（8）在会场上要轻松流利地抒发自己的观点，尽可能避免紧张或词不达意。对于他人的见解如果不能认同，也应控制自己的情绪。暴躁式的否定是粗俗无礼的，可轻轻摇头或在对方说完话之后，做一番平静的评论，以显示不认同。面对其他与会者发表意见时，要注意用字的准确度，"我"是代表个人，而"我们"则是代表公司、团体或某些人。

（9）如果觉得自己表达能力不是很好或者容易紧张、害羞，可在事前将发言内容和意见写在纸上，请主持人或其他人代为发言，以免因发言杂乱无章或口齿不清而浪费大家的时间。

（10）要清楚了解会议室内能否吸烟，并尽量不抽雪茄。

（11）会场若供应饮料，宜用杯子喝，不可拿着罐子猛喝，有不雅的仪态。

（12）散会后要祝贺主持人会议举办成功，并称赞与会者在会议中的表现及发言，以表示对会议的重视及肯定。

任务实施

某市政府考察队来恒实汽车股份有限公司考察情况，公司召开了欢迎大会。除了与会者要注意参加会议的一些注意事项外，在会议主席台上，公司排位以职务高低排列，公司总经理张昊天作为主持人，坐在主席台中间位置，来宾队长李海坐在张经理的左手边，副队长孙明坐在张经理的右手边，技术主管坐在队长李海的左手边，依此类推。

实训任务

根据学生人数进行相应分组，要求每组学生分别进行不同类型不同规模会议位次礼仪的模拟，老师进行现场指导。

项目小结

位次礼仪是汽车营销与服务领域最常用到的礼仪。它主要有：行进中的位次礼仪、乘坐交通工具礼仪、谈判位次礼仪、签字仪式位次礼仪、会客座次礼仪和会议座次礼仪。行进中的位次排序问题，礼仪要求有以下3种情况：平面行进时、上下楼梯时和出入房间时。乘坐交通工具礼仪主要有乘坐轿车时座次、举止、上下车顺序的规范要求和不同情况下出入电梯的顺序的规范要求。谈判位次的排列，大体上有两种基本情况，即双边谈判和多边谈判的位次礼仪规范。签字仪式位次礼仪不仅要掌握签字仪式座次排列的具体方式和基本规则，还要了解签字仪式的基本程序。会客时的座次安排，大致有如下5种主要方式：相对式、并列式、居中式、主席式和自由式。商务交往时的会议按规模划分，有大型会议和小型会议之分。座次排列的一些规则，依据参加会议的人员情况，有一般与会者、其他会议参加人，要注意会场中的一些礼仪规范。

练习与技能训练

一、填空题

1. 行进中的位次排列主要包括_____、_____、_____、_____等内容。
2. 出入房门时，一般_____先出入，表示对宾客的尊重。
3. 平面行进时_____行进，中央高于两侧。
4. 上下楼梯时，_____，一般女士优先走在前方。
5. 通过狭窄路段时，应_____，不要_____。
6. 乘坐轿车时，需要注意的礼仪问题主要涉及_____、_____、_____三个

项目5 汽车营销服务位次礼仪

方面。

7. 乘坐轿车时一定要分清_____的尊卑,以找到符合自己身份的座位。
8. 双排座轿车,主人或熟识的朋友亲自驾驶汽车的情况下,_____为上座位。
9. 专业司机驾车,一般商务或公务接待场合,_____一般为陪同人员座位。
10. 下车时,待车门打开后,转身面对车门,同时将_____慢慢移出在车外。
11. 如果是雨雪天气,上车之前,要把_____收好并用袋子装好。
12. 不要往车外丢东西、_____,也不要在车上脱鞋、脱袜、换衣服。
13. 当自己上下车、开关门时,要先看_____,有没有过往行人或车辆。
14. 如果是主人驾驶轿车时,如有可能,主人应_____,以便照顾客人上下车。
15. 出入平面式电梯的顺序是_____。
16. 双边谈判,指的是由_____的人士所举行的谈判。
17. 横桌式座次排列,是指谈判桌在谈判室内横放,_____面门而坐,_____背门而坐。
18. 竖桌式座次排列,具体排位时以进门时的方向为准,_____由客方人士就座,_____则由主方人士就座。
19. 多边谈判的座次排列,主要也可分为两种形式_____、_____。
20. 举行签字仪式时,座次排列的具体方式共有_____、_____、_____3种基本形式。
21. 并列式排座,双方签字人员居中_____,客方居右,主方居左。
22. _____排座,举行仪式时,所有各方人员,包括签字人在内,皆应背对正门、面向签字席就座。
23. 签字仪式上,签字时应用_____或_____。
24. 依照礼仪规范,每一位签字人在己方所保留的文本上签字时,应当_____。
25. 举行双边签字仪式时,签字桌一般_____在签字厅内。
26. 总体上讲,会客时,应当恭请来宾就座于_____。
27. 会见时的座次安排,大致有_____、_____、_____、_____种主要方式。
28. 并列式基本做法具体也分为两类情况_____、_____。
29. 居中式排位,即应以_____为上座,请客人就座。
30. 自由式的座次排列,即会见时有关各方均不分主次、不讲位次,而是一律_____。
31. 商务交往时的会议按规模划分,有_____、_____之分。
32. 大型会议,主持人之位,可在_____,也可居于_____。
33. 发言席一般可设于主席台_____,或者_____。
34. 小型会议通常只考虑主席之位,同时也强调_____。
35. 公务员在会议召开前,应注意以下几点_____、_____、_____。
36. 携带寻呼机和手机进入会场,在会议开始时应予以_____或_____。
37. 在会议进行中,出席者要发言时,应_____,这是发言的礼貌。
38. 对会议邀请的来宾来说,应遵守_____的习俗。

二、判断题

1. 上下楼梯时，宜单行行进，以前方为上。把选择前进方向的权利让给对方。
（　　）

2. 一个人在公共场所不应边走边吃或叼根香烟，但可以嚼口香糖。（　　）

3. 上下楼梯时，陪同人员应该把内侧（靠墙一侧）让给客人，把方便留给客人。
（　　）

4. 出入房门时，一般客人或位高者后出入，表示对宾客的尊重。（　　）

5. 商务面包车的上座位为车辆中前部远离车门的位置。（　　）

6. 车门打开后，先将脚和头伸进车内，然后再将身体移入车内。（　　）

7. 乘坐由专职司机驾驶的轿车时，坐于前排者，大都应后上车，先下车，以便照顾坐于后排者。（　　）

8. 为了上下车方便，坐在折叠座位上的人，应当最先上车，最后下车。（　　）

9. 乘坐多排座轿车时，下车时，距车门最远者先下，其他人随后由远而近依序上车。
（　　）

10. 无人操作升降电梯，陪同人员先进后出，以便控制电梯。（　　）

11. 乘电梯时，里面的人出来之后，外面的人方可进去。（　　）

12. 进入电梯后，应尽量站在外边。（　　）

13. 在一般性的谈判中，多边谈判最为多见。（　　）

14. 横桌式座次排列，是指谈判桌在谈判室内横放，主方人员面门而坐，客方人员背门而坐。（　　）

15. 竖桌式座次排列，具体排位时以背门时的方向为准，右侧由客方人士就座，左侧则由主方人士就座。（　　）

16. 签字仪式，通常是指订立合同、协议的各方在合同、协议正式签署时所正式举行的仪式。（　　）

17. 并列式排座，双方签字人员居中面门而坐，主方居右，客方居左。（　　）

18. 签字仪式上，签字时应用黑色的钢笔或签字笔，亦可用圆珠笔或其他色彩的笔。
（　　）

19. 主席式排座，举行仪式时，所有各方人员，包括签字人在内，皆应背对正门、面向签字席就座。（　　）

20. 举行双边签字仪式时，双方签字者面对房间正门而坐。（　　）

21. 相对式座次排列背对正门之座，宜由客人就座。（　　）

22. 会客时排座次，要遵循的原则就是宾主对面而坐，以面门为上。（　　）

23. 主席式座次主要适用于非正式场合，由主人一方同时会见两方或两方以上的客人。
（　　）

24. 大型会议，主持人之位，可在前排正中，也可居于前排最左侧。（　　）

25. 发言席一般可设于主席台正前方，或者其右方。（　　）

26. 如果要在会议中使用录音机录音，可以随时录音。（　　）

27. 会场若供应饮料，宜用杯子喝，不可拿着罐子猛喝，而有不雅的仪态。（　　）

项目5 汽车营销服务位次礼仪

三、单项选择题

1. 引领客人时,应走在客人左前方的( )处,要与客人的步伐保持一致。
   A. 1、2 步　　B. 2、3 步　　C. 1、3 步　　D. 3、4 步

2. 陪同人员应该把( )让给客人,把方便留给客人。
   A. 外侧　　　　　　　　　　B. 内侧
   C. 内侧(靠墙一侧)　　　　　D. 中间

3. 上下楼时宜单行行进,以( )为上。把选择前进方向的权利让给对方。
   A. 左前方　　B. 前方　　C. 后方　　D. 右前方

4. 出入房门时,一般( )先出入,表示对宾客的尊重。
   A. 主人或位高者　B. 主人或位低者　C. 客人或位高者　D. 客人或位低者

5. 越野吉普车,( )位置为上座位。
   A. 司机后面　　B. 前排副驾　　C. 后排中间　　D. 司机斜对角

6. 乘坐由( )驾驶的轿车时,坐于前排者,大都应后上车,先下车,以便照顾坐于后排者。
   A. 主人　　　B. 专职司机　　C. 职业司机　　D. 朋友

7. 职业司机驾车,接送高级官员、将领、明星知名公众的人物时,( )为汽车的上座位,通常也被称作 VIP 位置。
   A. 司机右旁位置　　　　　　B. 司机后方位置
   C. 司机斜对角位置　　　　　D. 司机后方中间位置

8. ( )座次排列,是指在谈判室内面向正门设置一个主席之位,由各方代表发言时使用。
   A. 横桌式　　B. 竖桌式　　C. 自由式　　D. 主席式

9. ( )座次排列,除双方主谈者居中就座外,各方的其他人士则应依其具体身份的高低,各自先右后左、自高而低地分别在己方一侧就座。
   A. 横桌式　　B. 竖桌式　　C. 自由式　　D. 主席式

10. ( )排座将双边参加签字仪式的随员席移至签字人的对面。
    A. 并列式　　B. 相对式　　C. 主席式　　D. 多边式

11. 签字仪式的基本礼仪规范有签字桌的摆放为( )。
    A. 横放　　　B. 中间放置　　C. 竖放　　　D. 靠墙放置

12. ( )具体做法是宾主双方面对面而坐。
    A. 并列式　　B. 主席式　　C. 相对式　　D. 自由式

13. 居中式排位,即应以居于中央的位置为上座,请客人就座;以其( )的位置为下座,由主方人员就座。
    A. 左侧　　　B. 右侧　　　C. 两侧　　　D. 前方

14. 国际惯例是以右为尊,( )遵守的是国际惯例,一般以右为上,坐在右侧的人为地位高者。
    A. 传统礼仪　　B. 商务礼仪　　C. 政务礼仪　　D. 学生礼仪

15. 大型会议中主持人之位,可在前排正中,也可居于前排( )。

A. 最左侧　　　　B. 最中间　　　　C. 最右侧　　　　D. 两边均可

四、情境设计

1. 某品牌汽车 4S 店销售助理，在展厅接待前来买车的客户，进行产品介绍。请模拟行进中的礼仪。

2. 一天，晨会结束后，在等候迎接客人的小张闲来无事，不停地嚼口香糖。当第一位客人来到展厅，小张急忙将嘴里的口香糖随地吐出，说道："欢迎光临。"不想，顾客走过时，正好一脚踩在口香糖上，顿时不悦。作为汽车服务人员，在公众场合，应注意哪些最基本的礼仪规范？

3. 作为是某品牌汽车 4S 店正式的销售顾问，邀约客户进行试乘试驾活动，应该如何注意礼仪？现在请进入情境。

4. 作为汽车服务人员，前去火车站送大客户，要乘坐车站电梯，应该注意哪些礼仪？现在请进入情境。

5. 作为汽车销售顾问，当与客户进行协商谈判时，你应该如何注意座次礼仪？现在请进入情境。

6. 作为某品牌汽车 4S 店销售顾问，随同销售经理参加一个双边签字仪式，该注意哪些礼仪规范？现在请进入情境。

7. 作为某品牌汽车 4S 店的销售经理，在会见前来进行业务洽谈的客人时，该如何安排座次？现在请进入情境。

8. 在汽车 4S 店，每月都会召开部门级领导会议，作为汽车服务人员，该如何安排座次，才能符合礼仪规范要求？现在请进入情境。

9. 某汽车企业进行年终表彰大会，作为新入职员工，在参加会议时要注意哪些礼仪？现在请进入情境。

项目 6

商务仪式礼仪

 项目导读

仪式，准确地讲，通常是指人们在人际交往中，特别是在一些比较盛大、庄严、隆重、热烈的正式场合里，为了激发起出席者的某种情感，或者为了引起其重视，而郑重其事地参照合乎规范与惯例的程序，按部就班地举行某种活动的具体形式。

在现实生活里，商务人员所接触到的仪式甚多，如签字仪式、开业仪式、剪彩仪式、交接仪式、庆典仪式等，许多商界人士往往亲历过不止一次。当举办各种展览会、交易会、文化节、艺术节、联欢节、电影周、宣传周、技术周等重大活动时，一般都要举行隆重的开幕仪式；重大的工程开工、竣工或交接，公司建立、商店开张、分店开业、写字楼落成等活动，也要举行隆重的开工、竣工典礼或交接仪式。

 项目分析

在很多情况下，商务仪式的举行往往又称为典礼。仪式礼仪，一般指的就是典礼的正规做法与标准要求。仪式礼仪规定，典礼举行之时，必须认真恪守三项礼仪原则：首先，典礼要适度；其次，典礼要隆重。典礼最重要的作用，在于它可以既唤起本单位全体员工的自信心和自豪感，又吸引起外界对于本单位的重视；最后，典礼要节省。商界举行有关仪式时，不仅要尽可能地使之热烈而隆重，而且还要精打细算。

汽车服务人员应该了解并掌握各种仪式礼仪，才能更好地服务于客户，树立企业的良好形象。商务活动中仪式礼仪主要有：

🚌 开业仪式；

🚌 剪彩仪式；

🚌 交接仪式；

🚌 庆典仪式；

🚌 签约仪式。

任务 6.1　开业仪式礼仪

任务目标

目标一：掌握开业仪式的礼仪规范。
目标二：了解开业仪式的准备工作，掌握开业仪式的程序要求。

任务下达

2014年1月8日上午9点58分，位于洛阳开元大道西端洛阳开利星空进口车4S店开业庆典隆重举行。中共洛阳市市委统战部副部长、洛阳市工商联党组委书记马先生，洛阳市侨联组书记夏先生，洛阳市侨联主席田女士，中共瀍河区委统战部部长海先生，瀍河区人民政府副区长买允建先生，开利星空全国运营中心北区总经理陶吉先生，开利星空全国运营中心服务总监王刚先生，中国人民保险洛阳分公司副总经理刘女士，金鑫集团总裁朱女士莅临现场与洛阳主流媒体和关心开利星空发展的400余朋友们一起见证开利星空进口车4S店开业典礼。

足尖艺术——芭蕾舞表演，女子击鼓等表演之后，洛阳开利星空4S店开业仪式正式启动，洛阳开利星空进口车销售服务有限公司总经理徐明如是说："衷心感谢一直以来关心支持开利星空的社会各界人士，衷心感谢辛勤努力工作、勇于奉献的全体员工！"，如图6.1所示。

洛阳开利星空4S店开业庆典活动圆满结束，标志着洛阳开利星空在洛阳的豪车市场一颗闪耀的新星冉冉升起，也意味着开利星空多元化战略发展体系的再一次凝聚腾飞。

图6.1　洛阳开利星空进口车4S店开业

请思考：
公司在开业典礼上，应该怎样做才合乎开业仪式礼仪规范要求？

开业仪式，是指在单位创建、开业，项目完工、落成，某一建筑物正式启用，或是某项工程正式开始之际，为了表示庆贺或纪念，而按照一定的程序所隆重举行的专门的仪式。有时，开业仪式亦称作开业典礼。

开业仪式在商界一直颇受人们的青睐。究其原因，并不仅仅是商家为自己讨上一个吉利，而是因为通过它可以因势利导，对于商家自身事业的发展研益良多。一般认为，举行开业仪式，至少可有下述5个方面的作用。

第一，它有助于塑造本单位的良好形象，提高知名度与美誉度。

第二，它有助于扩大本单位的社会影响，吸引社会各界的重视与关心。

第三，它有助于将本单位的建立或成就"广而告之"，借以招揽顾客。

第四，它有助于让支持过自己的社会各界与自己一同分享成功的喜悦，进而为日后的进一步合作奠定良好的基础。

第五，它有助于增强本单位全体员工的自豪感与责任心，从而创造一个良好的开端，或是开创一个新的起点。

任务分析

开业的礼仪，一般指的是在开业仪式筹备与运作的具体过程中所应当遵从的礼仪惯例。通常，它包括两项基本内容：其一，是开业仪式的筹备；其二，是开业仪式的运作。作为汽车服务人员，掌握相关的开业仪式礼仪规范，有利于工作的顺利开展。

相关知识

一、开业仪式的准备

开业仪式的基本要求是热烈、隆重；开业仪式的目的是扩大企业知名度、树立企业形象。所以，开业仪式尽管进行的时间极其短暂，但要营造出现场的热烈气氛，取得彻底的成功，却是一桩非常重要的事情。由于它牵涉面甚广，影响面巨大，不能不对其进行认真的准备。准备开业仪式，首先在指导思想上要遵循"热烈""节俭""缜密"三原则。力戒过于沉闷、乏味；过于铺张浪费、盲目比阔。力求周密、细致，严防百密一疏、临场出错。应做好以下几个方面的工作。

1. 要做好舆论宣传工作

第一，选择有效的大众传播媒介，进行集中性的广告宣传。

第二，邀请有关的大众传播界人士在开业仪式举行之时到场进行采访、报告，以便对本单位进行进一步的正面宣传。

2. 准备请束

精心拟出邀请宾客的名单，并将请束在距仪式正式开始12小时前送达出席人。这些宾客应包括政府有关部门负责人、社区负责人、社团代表、新闻记者、员工代表以及公众代表等。

3. 要做好场地布置工作

举行仪式的现场，一般设在企业门口。按惯例，举行开业仪式时宾主一律站立，故一般不布置主席台或座椅。现场布置要突出喜庆感，渲染热烈气氛。一般要悬挂"×××开业庆典"的会标，准备好音响、照明设备并一一认真检查、调试，在来宾站立之处铺设红地毯，并在场地四周悬挂横幅、标语、气球、彩带、宫灯等。此外，还应当在醒目之处摆放来宾赠送的花篮、牌匾、纪念物品。选择场地要注意地势开阔，以便容纳观众。

4. 拟定典礼程序和接待事项

负责签到、留言、题词、接待、剪彩、鸣炮、奏乐以及摄影、录像等有关服务的工作人员，应及时到达指定岗位，按照典礼程序有条不紊地进行工作。

5. 确定剪彩人员

参加剪彩的人员除主办方负责人外，还应邀请地位较高、有一定声望的知名人士同时进行剪彩。

6. 安排庆祝节目

安排一些必要的庆祝节目，以创造热烈欢快的现场气氛。最好由本企业员工担任庆祝节目的演出，这样可以培养员工当家做主的精神和职工自豪感。

二、开业仪式的程序

开业仪式一般分开场、过程和结束3个阶段。

1. 开场

由主持人宣布来宾就位，双方出席开幕式的人员入场后，宾主面向外分左右两边排开。典礼开始时，可奏乐或燃放鞭炮庆贺，接着奏厂歌店歌或举行升旗仪式。

2. 过程

主持人宣布大会开始，首先请企业负责人致辞，向来宾及祝贺单位表示感谢，接着可安排上级领导和来宾代表致贺词，并祝其生意兴隆。致辞后即可开始进行代表团身份最高的官员剪彩仪式，若是双方合作，则可各推举一位负责人同时剪彩。

3. 结束

剪彩结束后，主人可陪同来宾进厂或进店参观，这期间可以向来宾介绍本企业拟将生产或销售的主要产品、承揽的主要项目以及经营决策，这是宣传商品和服务的好机会，也可以举行短时间的座谈，广泛征求来宾的意见和建议，还可与来宾一起合影留念。此外，可以准备一些小礼品，印上本企业的名称及"开业典礼"字样，向来宾赠送，扩大公众宣传效果。

任务实施

在经典案例中洛阳开利星空进口车4S店开业，体现了开业仪式的规范要求。在正常

项目6 商务仪式礼仪

的开业仪式礼仪程序中,公司邀请了包括来自政府机关、行业协会、主流媒体等在内的400多位嘉宾,安排一些必要的庆祝节目,如观看足尖艺术——芭蕾舞表演,女子击鼓等表演,以创造热烈欢快的现场气氛。同时,每位到场客户签到,精美礼品相赠,以扩大公众宣传效果。

实训任务

根据学生人数进行相应分组,要求每组学生设计一份某一汽车企业开业仪式礼仪的程序,重点包括筹备、布置、程序安排等内容,分别进行开业仪式礼仪的模拟,老师进行现场指导。

任务6.2 剪彩仪式礼仪

任务目标

目标一:掌握剪彩仪式的礼仪规范。
目标二:了解剪彩仪式的准备工作,掌握剪彩仪式的程序要求和具体做法。

任务下达

剪彩仪式是指有关组织为了庆贺公司的设立,工程的奠基、竣工,大型建筑物的启用,道路桥梁的开通,博览会的开幕等举行的一种隆重的庆祝活动和宣传活动。因其主要活动内容是邀请专人使用剪刀剪断被称为"彩"的红色缎带,故被人们称为剪彩。

任务分析

7月18日,在位于东风路295号湖南瑞特莲花汽车4S店内,隆重地举行了主题为"传承经典莲花绽放"的开业仪式。湖南瑞特汽车销售服务有限公司正式成为莲花汽车湖南唯一经销商。在本次开业典礼上,莲花汽车总经理王顺胜先生、湖南瑞特公司董事长桂青先生、总经理龚智勇先生等出席了发布会,并进行了剪彩。

请思考:
该案例中如何安排剪彩人员上台剪彩才符合礼仪规范要求。

剪彩仪式源于20世纪初的美国一个小镇上,有一家商店即将开业,店主为了阻挡拥挤的人群涌入店内,同时也为了吸引更多的顾客,在门前拉了一条布带子。正在顾客迫不及待地要拥入店内采购货物的时候,店主的小女儿牵着一条小狗突然从店里跑了出来,那条"不谙世事"的可爱的小狗若无其事地把店门上拴着的布带子碰落了下来,等候在店外的顾客误以为是店主搞的"新花样",便一拥而入,争相抢购。从此,小店顾客盈门,财源茂盛。店主从这次偶发的事故中得到启迪,在后来开的几家"连锁店"开张时如法炮制。于是，人们纷纷模仿，并赋予它一个美妙的名称"剪彩"。现在，剪彩已风靡全球，从最初人们用来促销的一种手段发展成为商务活动中的一种重要仪式，并形成了一整套礼仪规范和要求。

 相关知识

在一般情况下，在各式各样的开业仪式中，剪彩都是一项极其重要的、不可或缺的程序。尽管它也可以被单独地分离出来，独立成项，但是在更多的时候，它是附属于开业仪式的。这是开业仪式的重要特征之一。

从操作的角度来进行探讨，目前所通行的剪彩的仪式主要包括剪彩的准备、剪彩的人员、剪彩的程序、剪彩的做法4个方面的内容。以下就分别择其要点进行介绍。

一、剪彩的准备

与举行其他仪式相同，剪彩仪式也有大量的准备工作需要做好。其中主要涉及场地的布置、环境的卫生、灯光与音响的准备、媒体的邀请、人员的培训等。在准备这些方面时，必须认真细致、精益求精，这自不待言。

除此之外，尤其对剪彩仪式上所需使用的某些特殊用具，诸如红色缎带、新剪刀、白色薄纱手套、托盘以及红色地毯，要仔细地进行选择与准备。

（1）红色缎带，亦即剪彩仪式之中的"彩"。

（2）新剪刀，是专供剪彩者在剪彩仪式上正式剪彩时所使用的。

（3）白色薄纱手套，是专为剪彩者所准备的。

（4）托盘，在剪彩仪式上是托在礼仪小姐手中，用作盛放红色缎带、剪刀、白色薄纱手套的。

（5）红色地毯，主要用于铺设在剪彩者正式剪彩时的站立之处。

二、剪彩人员的选定

在剪彩仪式上，最为活跃的，当然是人而不是物。因此，对剪彩人员必须认真进行选择，并于事先进行必要的培训。除主持人之外，剪彩的人员主要是由剪彩者与助剪者等两个主要部分的人员所构成的。

剪彩者，即在剪彩仪式上持剪刀剪彩之人。根据惯例，剪彩者可以是一个人，也可以是几个人，但是一般不应多于5人。通常，剪彩者多由上级领导、合作伙伴、社会名流、员工代表或客户代表所担任。

助剪者，指的是在剪彩者剪彩的一系列过程中从旁为其提供帮助的人员。一般而言，助剪者多由东道主一方的女职员担任。现在，人们对她们的常规称呼是礼仪小姐。

具体而言，在剪彩仪式上的礼仪小姐，又可以分为迎宾者、引导者、服务者、拉彩者、捧花者、托盘者。迎宾者的任务，是在活动现场负责迎来送往；引导者的任务，是为来宾尤其是剪彩者提供饮料，安排休息之处；拉彩者的任务，是在剪彩时展开、拉直红色缎带；捧花者的任务，是在剪彩时手托花团；托盘者的任务，则是为剪彩者提供剪刀、手套等剪彩用品。

三、剪彩的程序

在正常情况下，剪彩仪式应在行将启用的建筑、工程或者展销会、博览会的现场举行。门外的广场、正门内的大厅，都是可优先考虑的；活动现场，可略作装饰。在剪彩之处悬挂写有剪彩仪式的具体名称的大型横幅，更是必不可少，如图6.2所示。

图6.2 剪彩仪式

按照惯例，剪裁既可以是开业仪式中的一项具体程序，也可以独立出来，由其自身的一系列程序所组成。独立而行的剪彩仪式，通常包含如下6项基本的程序：请来宾就位，宣布仪式正式开始，奏国歌，进行发言，进行剪彩，进行参观。

四、剪彩的做法

进行正式剪彩时，剪彩者与助剪者的具体做法必须合乎规范，否则就会使其效果大受影响。

当主持人宣布进行剪彩之后，礼仪小姐即应率先登场。在上场时，礼仪小姐应排成一行行进。从两侧同时登台，或是从右侧登台均可。登台之后，拉彩者与捧花者应当站成一行，拉彩者处于两端拉直红色缎带，捧花者各自双手手捧一簇花团。托盘者须站立在拉彩者与捧花者身后一米左右，并且自成一行。

在剪彩者登台时引导者应在其左前方进行引导，使之各就各位。剪彩者登台时，宜从右侧出场。当剪彩者均已到达既定位置之后，托盘者应前行一步，到达前者的右后侧，以便为其递上剪刀、手套。

按照惯例，剪彩以后，红色花团应准确无误地落入托盘者手中的托盘里，而切勿使之坠地。为此，需要捧花者与托盘者的合作。剪彩者在剪彩成功后，可以右手举起剪刀，面向全体到场者致意。然后放剪刀、手套于托盘之内,举手鼓掌。接下来,可依次与主人握手道喜,并列队在引导者的引导下退场。退场时,一般宜从右侧下台。

任务实施

通常,剪彩仪式上,剪彩者多由上级领导、合作伙伴、社会名流、员工代表或客户代表所担任。在前文中剪彩仪式附属于开业仪式,莲花汽车总经理王顺胜先生、湖南瑞特公司董事长桂青先生、总经理龚智勇先生等出席了发布会,莲花汽车总经理王顺胜先生作为上级领导,发表了讲话。在剪彩仪式上,剪彩人员在礼仪小姐的引导下,到达既定位置进行了剪彩,并依次与主人握手道喜。

实训任务

根据学生人数进行相应分组,要求每组学生设计一个剪彩仪式程序,重点包括筹备、布置、程序安排等内容,分别进行剪彩仪式礼仪的模拟,老师进行现场指导。

任务6.3　交接仪式礼仪

任务目标

目标一:掌握交接仪式的礼仪规范。
目标二:了解交接仪式的准备工作,掌握交接仪式的程序要求和注意事项。

任务下达

3月15日,以"品·致魅力—欣赏"为主题的东风标致307两厢吉林地区首批用户交付仪式在中泰汽贸东风标致4S店隆重举行。在"蓝盒子"门前,十几台两厢东风标致307以全新的面貌整齐列队,颇有气势,几位喜笑颜开的年轻人从销售经理手中接过新车钥匙,迎接"爱狮",兴奋之情溢于言表。

中泰汽贸集团总经理付勇先生、中泰汽贸东风标致店总经理刘志杰先生亲手将东风标致307两厢的车钥匙交到首批订车客户手中。刘志杰总经理进行了讲话,欢迎大家加入到东风标致这个大家庭中。

请思考:
中泰汽贸东风标致店,在新车交接仪式上是如何遵守有关规范?

交接仪式,在商界一般是指交付单位依照合同将已经签约的产品,经验收合格后正式移交给接收单位之时,所专门举行的庆贺典礼。

举行交接仪式的重要意义在于它既是商务伙伴们对于所进行过的成功合作的庆贺,也是对给予过自己关怀、支持、帮助和理解的社会各界的答谢,又是接收单位与交付单位巧妙地利用时机,为双方提高知名度和美誉度而进行的一种公共宣传活动。

任务分析

在汽车企业,递交新车是一个让人心动的时刻。汽车服务人员按照销售流程标准,为顾客提供满意的服务,会使顾客感受到所有汽车服务人员都在分享他的欢乐与喜悦。同时,在递交新车过程中,汽车服务人员要让顾客充分了解新车的操作和使用,以及后续保养服务事项,通过热情、专业、规范的交车,来加深顾客印象,提高客户满意度,并以此为机会发掘更多的销售机会,拓展汽车品牌形象。

相关知识

交接的仪式,一般是指在举行交接时所须遵守的有关规范。通常包括交接仪式的准备、交接仪式的程序、交接仪式的参加3个方面的主要内容。

一、交接仪式准备

准备交接仪式,主要关注3个事件:来宾的邀约、现场的布置、物品的预备。

1. 邀请来宾

来宾的邀请,一般应由交接仪式的东道主——交付单位负责。在具体拟定来宾名单时,交付单位亦应主动征求自己的合作伙伴——接收单位的意见。

邀请上级主管部门、当地政府、行业组织的有关人员时,虽不必勉强对方,但却必须努力争取,并表现得心诚意切。因为利用举行交接仪式这一良机,使交付单位、接收单位,与上级主管部门、当地政府、行业组织进行多方接触,不仅可以宣传自己的工作成绩,而且也有助于有关各方之间进一步地实现相互理解和相互沟通。

2. 现场的布置

举行交接仪式的现场,亦称交接仪式的会场。在对其进行选择时,通常应视交接仪式的重要程度、全体出席者的具体人数、交接仪式的具体程序与内容,以及是否要求对其进行保密等几个方面的因素而定。

根据常规,一般可将交接仪式的举行地点安排在设备所在地的现场。有时,亦可将其酌情安排在东道主单位本部的会议厅,或者交付单位与接收单位双方共同认可的其他场所。

3. 物品的预备

在交接仪式上,有不少需要使用的物品,应由东道主一方提前进行准备。首先,必不可少的,是作为交接象征之物的有关物品。它们主要有验收文件、一览表、钥匙等。验收文件,此处是指已经公证的由交接双方正式签署的接收证明文件。一览表,是指交付给接收单位的全部物资、设备或其他物品的名称、数量明细表。钥匙,则是指用来开启被交接的建筑物或机械设备的钥匙。

除此之外,主办交接仪式的单位,还需为交接仪式的现场准备一些用以烘托喜庆气氛的物品，并应为来宾准备一份薄礼。

在交接仪式的现场，可临时搭建一处主席台。必要时，应在其上铺设一块红地毯。至少，也要预备足量的桌椅。在主席台上方，应悬挂一条红色巨型横幅，上书交接仪式的具体名称。

二、交接仪式的程序

交接仪式的程序，具体指的是交接仪式进行时的各个步骤。不同的交接仪式，其具体程序往往各有不同。主办单位在拟定交接仪式的具体程序时，必须注意两个方面的重要问题。

其一，必须在大的方面参照惯例执行，尽量不要标新立异，另搞一套。

其二，必须实事求是、量力而行，在具体的细节方面不必事事贪大求全。从总体上来讲，几乎所有的交接仪式都少不了下述5项基本程序。

（1）主持人宣布交接仪式正式开始。
（2）奏国歌，并演奏东道主单位的标志性歌曲。
（3）由交付单位与接收单位正式进行有关工程项目或大型设备的交接。
（4）按惯例，在交接仪式上，须由有关各方的代表进行发言。
（5）宣告交接仪式正式结束，随后安排全体来宾进行参观或观看文娱表演。

三、参加交接仪式的注意事项

在参加交接仪式时，不论是东道主一方还是来宾一方，都存在一个表现是否得体的问题。假如有人在仪式上表现失当，往往就会使仪式黯然失色。有时，甚至还会因此而影响到有关方面的相互联系。

1. 需要注意的问题

东道主一方需要注意的主要问题有仪表整洁；保持风度；待人友好。

2. 交接仪式问题

来宾一方在应邀出席交接仪式时，主要应当重视4个方面的问题：应当致以祝贺；应当筹备贺礼；应当预备贺词；应当准时到场。

 任务实施

一般交车程序的礼仪是汽车营销人员提前在展厅等候，面带笑容迎接顾客，顾客到来时要主动将售后服务部门的人员介绍给顾客（递交名片方便日后的联络），由售后服务人员向顾客讲解后续服务事宜。之后，一起检查车辆状态，确保车辆及附加装备无缺陷，讲解随车文件，介绍保养周期、质量担保细则，介绍使用指导（驾驶细节、敏感功能、常规检查）。最后，签署相关的文件。

在手续办完之后，4S店适当赠送小礼品或赠送鲜花，给顾客以惊喜，拍纪念照也是展厅礼仪规范的一部分。当顾客准备离开时，营销人员还需要主动询问顾客是否需要送车服务，如需要的话提供送车服务。顾客离店时营销人员要致谢并送到门口，挥手致意，目送顾客远去再回到展厅。

项目6 商务仪式礼仪

前文中,在参加东风标致307交付仪式时,不论是东道主一方还是来宾一方,都表现得体。他们用最好的礼仪方式和最优质的服务让顾客满意,体现了交接礼仪的规范要求。

实训任务

根据学生人数进行相应分组,要求每组学生设计一份某汽车4S店销售新车的交车仪式礼仪的程序,重点包括筹备、布置、程序安排等内容,分别进行交车仪式礼仪的模拟,老师进行现场指导。

任务6.4 庆典仪式礼仪

任务目标

目标一:掌握庆典仪式的礼仪规范。
目标二:了解庆典仪式的准备工作,掌握庆典仪式的程序要求。

任务下达

2010年5月19日上午,四川一汽丰田汽车有限公司在成都经济技术开发区举行了新工厂庆典暨新普拉多(PRADO)下线仪式,如图6.3所示。成都市葛红林市长,日本驻重庆领事馆濑野清水总领事,日本丰田汽车公司新美笃志副社长,中国第一汽车集团公司金毅副总经理以及相关厂家代表400余人参加了庆典和下线仪式。

图6.3 SETM新工厂庆典暨新普拉多下线仪式

在庆典仪式上,丰田公司新美副社长、一汽集团金毅副总经理、成都市市委常委刘超分别发表了讲话和致辞。据了解,该项目在优惠政策、政府审批、配套设施建设等方面得到了四川省、成都市政府以及成都经济技术开发区管委会的大力支持。新工厂庆典和新普拉多(PRADO)的成功下线标志着四川一汽丰田迈上了一个新的发展起点。

请思考:

公司在成都经济技术开发区举行了新工厂庆典暨新普拉多(PRADO)下线仪式,是如何遵守有关规范的?

庆典,是各种庆祝仪式的统称。庆典活动一般是举行典礼或仪式。庆典活动是围绕重大事件或重大节日而举行的庆祝活动仪式。庆典活动的目的,是为了激发某种感情,鼓舞斗志,宣传教育,扩大知名度和影响,树立良好的公众形象。

任务分析

庆典既然是庆祝活动的一种形式,那么它就应当以庆祝为中心,把每一项具体活动都尽可能组织得热烈、欢快和隆重。不论是举行庆典的具体场合、庆典进行过程中的某个具体场面,还是全体出席者的情绪、表现,都要体现出红火、热闹、欢愉、喜悦的气氛。唯有如此,庆典的宗旨——塑造本单位的形象、显示本单位的实力、扩大本单位的影响,才能够真正地得以贯彻落实。

在商务活动中,商务人员参加庆祝仪式的机会是很多的,既有可能奉命为本单位组织一次庆祝仪式,也有可能应邀去出席外单位的庆祝仪式。庆典活动必须符合礼仪规范,才能收到预期效果。

相关知识

庆典仪式,就内容而论,在商界所举行的庆祝仪式大致可以分为4类。

(1) 本单位成立周年庆典。通常,它都是逢五、逢十举行的。即在本单位成立五周年、十周年以及它们的倍数时举行。

(2) 本单位荣获某项荣誉的庆典。当单位本身荣获了某项荣誉称号、单位的"拳头产品"在国内外重大展评中获奖之后,这类庆典基本上均会举行。

(3) 本单位取得重大业绩的庆典。例如千日无生产事故、生产某种产品的数量突破10万台、经销某种商品的销售额达到1亿元等,这些来之不易的成绩,往往都是要庆祝的。

(4) 本单位取得显著发展的庆典。当本单位建立集团、确定新的合作伙伴、兼并其他单位、分公司或连锁店不断发展时,都值得庆祝一番。

一、庆典仪式的准备工作

准备工作是庆典礼仪组织中的重要环节,准备和礼仪策划环节做得充分、周到,整个庆典仪式就等于成功了一半。礼仪庆典的前期准备工作主要有以下几个方面。

1. 明确庆典仪式规模

庆典的准备工作首先要确定规模大小。东道主主要根据庆典的需要精心拟定出典礼人员的名单。邀请宾客应考虑周到，为使庆典仪式显得隆重，一般要特别邀请几位身份比较高的贵宾参加。邀请宾客的多少，应根据需要与可能，即经济力量、场地条件和接待能力等来确定。

2. 庆典礼仪策划组织分工

庆典礼仪活动所用的时间虽然不长，但事关重大，所以对庆典活动各项烦琐的准备工作，事无巨细，均不可疏漏。要请专业的礼仪人员进行统筹和策划，作出明确分工，有的负责邀请和接待客人，有的负责庆典的程序和进行，有的负责后勤保障，有的负责全面领导和协调。全部工作人员各负其责，协调配合，保证庆典的圆满成功。

3. 拟定庆典程序

庆典程序是庆典活动的中心环节，整个庆典仪式的效果如何，主要由程序决定。拟定程序，首先要选好主持人。主持人应当精明强干，口才较好，有应变能力，并且熟悉各方面情况。因为主持人担负着掌握进程，驾驭全局，调节气氛，处理随时出现的问题的重任。

4. 庆典的场地布置

要根据典礼的规模、时间、形式的要求来安排场地，并进行布置。不同的店里布置的格调各有不同，要根据当地的风俗习惯安排。场地的音响设备要保持情况良好，有时还要安排锣鼓、鞭炮和乐队，以渲染气氛。

5. 后勤工作

庆典的后勤工作相当繁重，稍有不慎就会出现漏洞。所以，事先要有充分的准备。对经济账务、所需物品、来宾的接待、食宿交通等，都要安排专人负责。

6. 发出通知

在确定了宾客名单之后，即可发出通知。通知的形式可以用书面形式——请柬，也可以用口头或电函的形式。对重要的贵宾应当由东道主亲自出面邀请，并呈请柬。有时还可以用在报纸上刊登启事的形式发出邀请。

二、庆典的基本程序

一次庆典举行的成功与否，与其具体的程序不无关系。仪式礼仪规定，拟定庆典的程序时，有两条原则必须坚持：第一，时间宜短不宜长。大体上讲，它应以一个小时为极限。这既是为了确保其效果良好，也是为了尊重全体出席者，尤其是为了尊重来宾；第二，程序宜少不宜多。程序过多，不仅会加长时间，而且还会分散出席者的注意力，并给人以庆典内容过于凌乱之感；总之，不要使庆典成为内容乱七八糟的"马拉松"。

依照常规，一次庆典大致上应包括下述几项程序。

预备：请来宾就座，出席者安静，介绍嘉宾。

第一项，宣布庆典正式开始，全体起立，奏国歌，唱本单位之歌。

第二项，本单位主要负责人致辞。其内容是，对来宾表示感谢，介绍此次庆典的缘由等。其重点应是报捷以及庆典的可"庆"之处。

第三项，邀请嘉宾讲话。大体上讲，出席此次的上级主要领导、协作单位及社区关系单位，均应有代表讲话或致贺词。不过应当提前约定好，不要当场当众推来推去。对外来的贺电、贺信等，可不必一一宣读，但其署名单位或个人应当公布。在进行公布时，可依照其"先来后到"为序，或是按照其具体名称的汉字笔画的多少进行排列。

第四项，安排文艺演出。这项程序可有可无，如果准备安排，应当慎选内容，注意不要有悖于庆典的宗旨。

第五项，邀请来宾进行参观。如有可能，可安排来宾参观本单位的有关展览或车间等。当然，此项程序有时亦可省略。

在以上几项程序中，前三项必不可少，后两项则可以酌情省去。

任务实施

四川一汽丰田汽车有限公司在举行新工厂庆典暨新普拉多（PRADO）下线仪式中，做好了礼仪庆典的前期准备工作。成都市葛红林市长，日本驻重庆领事馆濑野清水总领事，日本丰田汽车公司新美笃志副社长，中国第一汽车集团公司金毅副总经理以及相关厂家代表400余人参加了庆典和下线仪式。

依照常规，一次庆典的程序是要有单位领导和来邀嘉宾发表讲话或致辞的。在庆典仪式上，丰田公司新美笃志副社长、一汽集团金毅副总经理、成都市市委常委刘超分别发表了讲话和致辞，体现了庆典礼仪的规范要求。

拓展阅读

长安铃木广州伟建4S旗舰店开业庆典活动策划方案

【活动介绍】

本次活动除了隆重其事，长安铃木旗舰店广州伟建4S店开业庆典，还借此开业庆典之契机，全面宣传本店在广州地区的知名度。且2009年9月份奥拓上市，昔日的小型车霸主——"王者归来"，可谓双喜临门。通过后续性的促销与推广活动，凸显长安铃木品牌的个性，拉近经销商与客户之间的距离，提升广州伟建旗舰店的品牌形象。

一、活动时间

2009年9月13日，开业庆典上午10:00—12:00，当日全天进行促销活动，当天购车可免费参加一个星期后自驾游活动。

二、活动地点

长安铃木旗舰店广州伟建（白云大道北1363号）

三、活动主题

宏开"伟"业，"王者"归来，共同"建"证

四、活动内容

1. 长安铃木广州伟建开业庆典活动。

项目6　商务仪式礼仪

2. 全系列车型购车有礼活动，奥拓上市现场订车。
3. 长安铃木车主自驾游活动。

五、人员邀请

上鼎集团领导、长安铃木公司领导、白云区当地领导、特邀嘉宾、合作伙伴、车商、存在客户与准客户、媒体等，共80～90人。

【活动筹备工作】

一、前期准备工作

1. 活动策划方案最终确定、费用预算审定。（活动前3个星期完成）
2. 现场布置效果图确定。（与活动方案一起出）
3. 主要参加庆典活动的人员名单确定，并发出邀请函，外地嘉宾要安排住宿。（活动前两个星期完成）
4. 前期活动媒体宣传，店头物料布置。（开业前一个月开始计划执行）
5. 庆典活动纪念礼品准备。（活动前3个星期要确定）
6. 到店嘉宾的接待，现场区域人员安排。
7. 午宴地点、人数、菜单。（活动前一个星期确定菜单，活动当天确定人数）

二、活动前工作准备与当天准备

1. 舞台搭建（背景板、背景画、桁架、音响设备、花炮、电器设备等）、展厅室内布置（气球、纱布、桌椅、功能区的设定）、户外布置（刀旗、气拱门、升气球条幅、红地毯、花圈等）。
2. 当天早上7点前开始完善庆典活动现场的布置。舞台，音响要再次调试；确认工作人员、活动人员的服装和人数；醒狮队伍要简单排练，准备就绪。确认负责管理展厅各区域人员是否在位。早点，水果，热冷饮品提前准备。

三、媒体计划

媒体邀约：

1. 活动现场媒体邀约：广东电视台《车坛百分百》《时尚频道》广州电视台《汽车杂志》；广州日报；南方都市报；汽车杂志；太平洋汽车网；大洋网汽车频道；广州汽车团购网；羊城交通电台105.2，广州交通电台106.1。
2. 后期媒体宣传与活动：

为加快宣传旗舰店推广工作，尽快吸引到店客户看车、试驾、购车、用户到店维修服务等，借开业庆典契机，分别在广州日报、南方都市报，广州交通电台106.1，短信平台进行宣传。且庆典当天请长安铃木领导以及本公司领导进行专访，邀请主流媒体以新闻方式为宣传。

3. 后期活动：为了整个庆典与新车上市活动可具有延续性，在庆典活动当中增加当天购车与订车车主均可免费参加自驾游活动。（自驾游详细计划另做，估计每人费用控制在250元内）

【庆典场地安排】

一、户外

1. 进门放置一个红色充气拱门。
2. 两个大型氢气球飘空，拉起竖祝福布条。
3. 过道两边停放8台车辆45度斜对大门口，程众车迎宾形态。
4. 花篮放展厅门口两旁，八字形排开。
5. 红地毯从展厅门外延伸到里面，拼接到主舞台。

二、展厅内

首先将展厅划分为7大功能区域板块，每个区域安排1～2人负责管理。

1. 主舞台区——位于展厅右侧，以简洁，突出主题为目的，加入数字化效果。

2. 迎宾接待区——展厅门口左侧，由两位同事负责，一方面接待嘉宾，一方面引进贵宾到社长室，一方面登记午宴参加的人数。

3. 自助餐饮区——分别有各种果汁、奶茶、COFFE、水果、西式蛋糕等。

4. 品牌宣传体现区——播放关于长安铃木车型宣传短片，以及长安铃木厂家的介绍。

5. 茶艺品尝区——由茶艺小姐为各位来宾冲泡茗茶。

6. 车型鉴赏区——设置在展车旁，可让客人近距离边聊天喝茶，边欣赏我们的车型。

7. 礼品领取区——礼品划分为3个等级，客户礼品，嘉宾礼品，贵宾礼品。

【庆典当天活动流程】

06:00—09:00	布置现场，确立人员岗位。
09:30—10:00	来宾签到，现场配合轻音乐（签到后可以自由享用点心自助餐）。
10:00—10:08	开场表演及主持人宣布开业庆典正式开始。
10:10—10:15	厂家领导发言。
10:15—10:20	厂家领导进行授牌。
10:20—10:30	广州伟建长安铃木4S店领导发言（穿插现场交车与订车仪式，与社长拍照留念）。
10:30—10:40	现场邀请厂家领导与广州伟建4S店领导一起举行一起航形式，同时响礼炮。
10:40—11:15	舞狮队欢庆起舞，领导点睛仪式。
11:15—11:30	各来宾在社长与售后经理，销售经理带领下，参观我公司的规模，设备。
11:30—12:00	活动结束。（由公司员工带领来宾到餐厅就餐）

实训任务

根据学生人数进行相应分组，要求每组学生设计一份某汽车企业庆典仪式礼仪的程序，重点包括筹备、布置、程序安排等内容，分别进行庆典仪式礼仪的模拟，老师进行现场指导。

任务6.5 签约仪式礼仪

任务目标

目标一：掌握签约仪式的礼仪规范。

目标二：了解签约仪式的准备工作，掌握签约仪式的签字要求。

任务下达

继不久前一辆搭载LeUI的阿斯顿·马丁出现在乐视的发布会上之后，乐视与阿斯顿·马丁的合作在2015年12月3日进一步升级。乐视和阿斯顿·马丁正式签署全面战略合作谅解备忘录，宣布将共同打造互联网电动汽车。阿斯顿·马丁将成为第一代乐视超级汽车的代工生产方，利用其在高端车型生产制造领域的经验帮助乐视打造电动化、智能化、互联网化、社会化的超级汽车车型。

在合作谅解备忘录的签约仪式上，双方宣布将开启研发制造方面的合作伙伴关系，

项目6　商务仪式礼仪

阿斯顿·马丁 CEO 安迪·帕尔默博士介绍，合作会覆盖智能车联网、生产制造咨询以及工程研发。双方合作关于生产制造方面的表述值得关注，这意味着阿斯顿·马丁将成为第一代乐视超级汽车的代工生产方，利用其在高端车型生产制造领域的经验为乐视超级汽车的产品品质背书。乐视表示这将全面打消外界对乐视造车生产制造经验不足的质疑。同时，乐视的电动动力总成及车联网系统也将向阿斯顿·马丁全面开放，帮助其打造自己的电动汽车车型。

请思考：
乐视与阿斯顿·马丁的合作签约仪式，需要遵守哪些礼仪规范要求？

签约，即合同的签署。它在商务交往中，被视为一项标志着有关各方面的关系取得了更大的进展，以及为消除彼此之间的误会或抵触而达成了一致性见解的重大成果。因此，它极受商界人士的重视。

任务分析

根据仪式礼仪的规定，对签署合同这一类称得上有关各方的关系发展史上"里程碑"式的重大事件，应当严格地依照规范，讲究礼仪、应用礼仪。为郑重起见，在具体签署合同之际，往往会依例举行一系列的程式化的活动，此即所谓签约的仪式。

相关知识

在具体操作时，它又分为草拟阶段、准备阶段与签字阶段3大部分。

一、草拟阶段

在现实生活中，商界人士所接触到的商务合同种类繁多，常见的就有购销合同、借贷合同、租赁合同、协作合同、加工合同、基建合同、仓保合同、保险合同、货运合同、责任合同等。以下先来介绍一下合同草拟的正规做法。

从格式上讲，合同的写作有一定之规。它的首要要求，是目的要明确、内容要具体、用词要标准、数据要精确、项目要完整、书面要整洁。

从具体的写法上来说，合同大体上有条款式与表格式两类。所谓条款式合同，指的是以条款形式出现的合同；所谓表格式合同，则是指以表格形式出现的合同。

在草拟合同时，除了在格式上要标准、规范之外，同时还必须注意遵守法律、符合常识、顾及对手4个方面的关键问题。

二、准备阶段

在商务交往中，人们在签署合同之前，通常会竭力做好以下几个步骤的准备工作。

1. 要布置好签字厅

签字厅有常设专用的，也有临时以会议厅、会客室来代替的。布置它的总原则，是庄重、整洁、清静。

2. 要安排好签字时的座次

在正式签署合同时，各方代表对于礼遇均非常在意，因而商务人员对于在签字仪式上最能体现礼遇高低的座次问题，应当认真对待。

签字时各方代表的座次，是由主方代为先期排定的。合乎礼仪的做法是：在签署双边性合同时，应请客方签字人在签字桌右侧就座，主方签字人则应同时就座于签字桌左侧。双方各自的助签人，应分别站立于各自一方签字人的外侧，以便随时对签字人提供帮助。

双方其他的随员，可以按照一定的顺序在己方签字人的正对面就座，也可以依照职位的高低，依次自左至右（客方）或是自右至左（主方）列成一行，站立于己方签字人的身后。

在签署多边性合同时，一般仅设一个签字椅。各方签字人签字时，须依照有关各方事先同意的先后顺序，依次上前签字。

3. 要预备好待签的合同文本

依照商界的习惯，在正式签署合同之前，应由举办签字仪式的主方负责准备待签合同的正式文本。

负责为签字仪式提供待签合同文本的主方，应会同有关各方指定专人，共同负责合同的定稿、校对、印刷与装订。按常规，应为在合同上正式签字的有关各方，各提供一份待签的合同文本。必要时，还可再向各方提供一份副本。

4. 要规范好签字人员的服饰

按照规定，签字人、助签人以及随员，在出席签字仪式时，应当穿着具有礼服性质的深色西装套装、中山装套装或西装套裙，并且配以白色衬衫与深色皮鞋。男士还必须系上单色领带，以示正规。

三、签字阶段

签字仪式是签署合同的高潮，它的时间不长，但程序规范、庄重而热烈。签字仪式的正式程序一共分为4项，分别是：签字仪式正式开始，签字人正式签署合同文本，签字人正式交换已由各方正式签署的合同文本，共饮香槟酒互相道贺。如图6.4所示，乐视与阿斯顿·马丁的战略合作签约仪式现场情况。

一般情况下，商务合同在正式签署后，应提交有关方面进行公证，此后才正式生效。

任务实施

在案例中，乐视与阿斯顿·马丁的战略合作签约仪式，要做好现场准备工作。签字厅的布置要庄重、整洁、清静，签字时各方代表的座次，是由主方代为先期排定的。在签署双边性合同时，应请客方签字人在签字桌右侧就座，主方签字人则应同时就座于签字桌左侧。双方各自的助签人，应分别站立于各自一方签字人的外侧，以便随时对签字人提供帮助。签字阶段，要遵守签字仪式的正式程序，各方正式签署合同文本，互相道贺。

项目6 商务仪式礼仪

图6.4 签约仪式现场

实训任务

根据学生人数进行相应分组，要求每组学生分别设计一份签字仪式程序，重点包括筹备、布置、程序安排等内容，并分组进行签字仪式礼仪的模拟，老师进行现场指导。

项目小结

汽车营销活动中，商务活动中仪式礼仪主要包括开业仪式、剪彩仪式、交接仪式、庆典仪式、签约仪式等内容。仪式礼仪规定，典礼举行之时，必须认真恪守典礼要适度、典礼要隆重、典礼要节省三项礼仪原则。

开业仪式在商界一直颇受人们的青睐。开业仪式的准备，要做好舆论宣传工作、准备请柬、要做好场地布置工作、拟定典礼程序和接待事项、确定剪彩人员、安排庆祝节目等几方面的工作；开业仪式程序一般分开场、过程和结束3个阶段。剪彩的仪式主要包括剪彩的准备、剪彩的人员、剪彩的程序、剪彩的做法4个方面的内容。交接的仪式通常包括交接仪式的准备、交接仪式的程序、交接仪式的参加3个方面的主要内容。庆典仪式大致可以分为4类：本单位成立周年庆典、本单位荣获某项荣誉的庆典、本单位取得重大业绩的庆典、本单位取得显著发展的庆典。礼仪庆典的前期准备工作有：明确庆典仪式规模、庆典礼仪策划组织分工、拟定庆典程序、庆典的布置场地、后勤工作、发出通知等内容。拟定庆典的程序时，有两条原则必须坚持：第一，时间宜短不宜长；第二，程序宜少不宜多。

汽车服务人员只有了解并掌握各种仪式礼仪，才能更好地服务于客户，树立企业的良好形象。

练习与技能训练

一、填空题

1. 开业仪式的基本要求是_____、_____。
2. 准备开业仪式，首先在指导思想上要遵循_____、_____、_____、_____三原则。
3. 开业仪式安排一些必要的庆祝节目，最好由_____担任庆祝节目的演出。
4. 开业仪式一般分_____、_____、_____3 个阶段。
5. 剪彩的仪式主要包括_____、_____、_____、_____4 个方面的内容。
6. 剪彩的准备主要涉及_____、_____、灯光与音响的准备、媒体的邀请、人员的培训等。
7. 除主持人之外，剪彩的人员主要是由_____、_____两个主要部分的人员所构成的。
8. 一般而言，_____多由东道主一方的女职员担任。
9. 在剪彩仪式上，_____的任务，是为来宾尤其是剪彩者提供饮料，安排休息之处。
10. 独立而行的剪彩仪式，通常包含如下 6 项基本的程序：_____、_____、_____、_____、_____、_____。
11. 交接的仪式通常包括_____、_____、_____3 个方面的主要内容。
12. 准备交接仪式，主要关注 3 件事：_____、_____、_____。
13. 来宾的邀请，一般应由交接仪式的_____负责。
14. 根据常规，一般可将交接仪式的_____安排在_____的现场。
15. 交接仪式上物品的预备主要有：_____、_____、_____等。
16. 参加交接仪式东道主一方需要注意的主要问题有：一是_____；二是_____；三是_____。
17. 来宾一方在应邀出席交接仪式时，主要应当重视如下 4 个方面的问题：其一，_____；其二，_____；其三，_____；其四，_____。
18. 庆典的准备工作首先要确定_____。
19. 庆典仪式中邀请宾客的多少，应根据需要与可能，即_____，_____和_____等来确定。
20. 要根据典礼的_____，_____和_____的要求来安排场地，并进行布置。
21. 对重要的贵宾应当有_____亲自出面邀请，并呈请柬。
22. 拟定庆典的程序时，有两条原则必须坚持：第一，_____；第二，

166

_____。

23. 签约仪式在具体操作时，它又分为_____、_____、_____三大部分。

24. 从具体的写法上来说，合同大体上有_____、_____两类。

25. 在草拟合同时，除了在格式上要_____、_____之外，同时还必须注意遵守法律、_____、符合常识、顾及对手4个方面的关键问题。

26. 布置签字厅，总原则是要_____、_____、_____。

27. 签字仪式的正式程序一共分为4项，分别是：_____、_____、_____、_____。

二、判断题

1. 举行开业仪式，有助于将本单位的建立或成就"广而告之"，借以为自己招揽顾客。（　　）

2. 按惯例，举行开业仪式时宾主一律站立，故一般不布置主席台或座椅。（　　）

3. 开业仪式的开场，由企业负责人宣布来宾就位，双方出席开幕式的人员入场后，宾主面向外分左右两边排开。（　　）

4. 开业仪式的目的是扩大企业知名度、树立企业形象。（　　）

5. 剪彩仪式主要活动内容是邀请专人使用剪刀剪断被称为"彩"的红色缎带。（　　）

6. 红色地毯，主要用于铺设在剪彩者正式剪彩时的站立之处。（　　）

7. 在上场时，礼仪小姐应排成一行行进。从两侧同时登台，或是从左侧登台均可。（　　）

8. 剪彩者登台时，宜从左侧出场。（　　）

9. 不同的交接仪式，其具体程序往往各有不同。（　　）

10. 在参加交接仪式时，不论是东道主一方还是来宾一方，都存在一个表现是否得体的问题。（　　）

11. 按惯例，在交接仪式上，须由东道主一方的代表进行发言。（　　）

12. 邀请上级主管部门、当地政府、行业组织的有关人员时，必须要求他们参加，并表现得心诚意切。（　　）

13. 庆典活动是围绕重大事件或重大节日而举行的庆祝活动仪式。（　　）

14. 本单位荣获某项荣誉的庆典也属于在商界所举行的庆祝仪式。（　　）

15. 大体上讲，出席此次庆典的上级主要领导、协作单位及社区关系单位，可由上级主要领导代表讲话或致贺词。（　　）

16. 庆典发出通知的形式只可以用书面形式。（　　）

17. 在具体签署合同之际，往往会依例举行一系列的程式化的活动，此即所谓签约的仪式。（　　）

18. 在草拟合同时，在格式上没有要求，但必须注意遵守法律。（　　）

19. 双方各自的助签人，应分别站立于各自一方签字人的内侧，以便随时对签字人提供帮助。（　　）

20. 双方其他的随员，可以按照一定的顺序在己方签字人的正对面就座。（　　）

三、单项选择题

1. 开业仪式的准备要精心拟出邀请宾客的名单，并将请柬在距仪式正式开始（　　）小时前送达出席人手中。
   A. 6　　　　　B. 12　　　　　C. 18　　　　　D. 24

2. 主持人宣布大会开始，首先请（　　）致辞。
   A. 企业负责人　　B. 上级领导　　C. 来宾代表　　D. 最高的官员

3. （　　）的任务，则是为剪彩者提供剪刀、手套等剪彩用品。
   A. 拉彩者　　　B. 迎宾者　　　C. 引导者　　　D. 托盘者

4. 在剪彩者登台时引导者应在其（　　）进行引导，使之各就各位。
   A. 左前方　　　B. 正前方　　　C. 右前方　　　D. 前方

5. 在交接仪式上，有不少需要使用的物品，应由（　　）一方提前进行准备。
   A. 东道主　　　B. 接收单位　　C. 交付单位　　D. 公正部门

6. （　　），是指交付给接收单位的全部物资、设备或其他物品的名称、数量明细表。
   A. 验收文件　　B. 设备台账　　C. 一览表　　　D. 钥匙

7. 准备工作是庆典礼仪活动组织中的（　　）。
   A. 首要环节　　B. 重要环节　　C. 必要环节　　D. 一般环节

8. 整个庆典仪式的效果如何，主要由（　　）决定。
   A. 准备工作　　B. 场地布置　　C. 程序　　　　D. 后勤工作

9. 在签署双边性合同时，应请客方签字人在签字桌（　　）就座，主方签字人则应同时就座于签字桌另一侧。
   A. 左侧　　　　B. 中间　　　　C. 右侧　　　　D. 两侧均可

10. 依照商界的习惯，在正式签署合同之前，应由举行签字仪式的（　　）负责准备待签合同的正式文本。
    A. 主方　　　　B. 客方　　　　C. 协办方　　　D. 公正部门

四、情境设计

1. 你是一个刚毕业的汽车营销与服务专业学生，应聘到一个即将开业的某品牌汽车4S店做销售助理。企业进行开业典礼，需要进行策划，你将如何进行策划呢？你将如何规范剪彩仪式呢？现在请进入情境。

2. 模拟汽车4S店的汽车销售流程，对已经谈判成交的车辆，举行一个新车交付仪式。作为汽车服务人员，你该如何设计策划一个新车交付仪式？现在请进入情境。

3. 每年年底，广汽成邦4S店都要召开一个销售业绩庆典大会，邀请与企业相关的部门和人员参加，你作为4S店中的一员，如何做一个庆典策划方案？现在请进入情境。

4. 作为汽车服务人员，在与客户进行新车协商之后，达成成交，要举行签约仪式，你该如何按照签约仪式的规范要求进行签约呢？现在请进入情境。

项目 7

通信礼仪

通信是指人们利用一定的电信设备来进行信息的传递。被传递的信息，既可以是文字、符号，也可以是表格、图像。在日常生活里，商界人士接触最多的通信手段，主要有电话、电报、电传、寻呼、传真、电子邮件等。通信礼仪，通常即指在利用上述各种通信手段时，所应遵守的礼仪规范。

汽车服务人员只有认真地学习并掌握通信礼仪的基本规范，才能将其较好的应用到实际工作中，提升通信礼仪的基本运用能力。从事汽车营销与服务的服务人员要掌握的通信礼仪主要有：

- 电话礼仪；
- 传真和邮件使用礼仪；
- 商务信函礼仪。

任务7.1　电话礼仪

任务目标

目标一：掌握电话礼仪的基本要求和基本原则。

目标二：能够在汽车营销与服务活动中掌握具体电话礼仪规范、养成文明通话的习惯，提升自身服务形象。

任务下达

广汽华丰4S店的销售顾问王丹打电话给时光公司的高琦先生洽谈购车事务。高琦同仁接听电话。

同仁："时光公司，您好！请问您找谁？"

王丹："请问高琦在吗？"

同仁："请问您是哪里？"

王丹："我是广汽华丰4S店的销售顾问王丹。"

同仁："麻烦您稍等，我帮您转接，看他在不在。"

王丹："谢谢您！"

同仁："王小姐，很抱歉！高琦出去还没回来呢！请问您有什么事需要我转告他吗？"

王丹："麻烦您帮我转告高琦，他需要的车型资料我已经Mail到他的邮箱中，请他回来看看有没有需要补充的地方。"

同仁："好的，我会转告高琦您已经把车型资料Send过来了。"

王丹："谢谢您！"

同仁："不用客气！"

王丹："再见！"

汽车营销与服务相关的企业对新入职的汽车服务人员要进行相关电话服务礼仪培训，为以后与客户沟通、服务客户奠定基础。要求汽车服务人员不仅要认真学习汽车行业相关的电话礼仪，并且能够将电话礼仪融入实际的服务工作中。

任务分析

电话礼仪的具体内容，主要包括电话基本礼仪、打电话礼仪、接电话礼仪、移动电话使用技巧等方面的规范和要求。它们都是服务人员在实际工作中经常会碰到的问题，了解其礼仪规范和注意事项以及相关原则，才能确保在实际工作中为顾客提供满意的服务，并提高自身素质以及企业整体形象。

项目 7 通信礼仪

相关知识

打电话礼仪是商务礼仪的基本功之一,一定要引起汽车企业足够的重视。打电话的礼仪主要包括通话时间、通话长度、通话内容、通话过程 4 个方面的内容。此外,打电话时还应该注意各方面的细节,如说话声音、表达方式、接听技巧等。只有掌握了打电话的基本礼节,才有利于提高公司的良好企业形象,为公司带来更大的效益。

一、电话基本礼仪

1. 面带微笑,声音清晰柔和

笑是可以通过声音来传达的,拿起电话,应该面带微笑。要像对方就在自己面前一样,带着微笑通电话。

通话时,声音应当清晰悦耳、温和有礼、吐字准确、语速适中、语气亲切自然。讲话声音不宜太大,让对方听清楚即可。

2. 姿态端正

通话过程中,应该保持端正的姿势,或站或坐,都要保持身体挺直,不要东倒西歪,弯腰驼背。打电话过程中不能吸烟、喝茶、吃零食,也不要对着电话打哈欠。话筒与嘴的距离保持在 5~10 cm。

通话结束后,应轻放话筒,不要用力摔。

3. 正确介绍自我

接通电话后,通话者首先向对方正确介绍自己,即"自报家门"。电话中自我介绍方式是在私人电话中,报本人的姓名。在公务电话中,报本人所在的单位、部门、姓名和职务。

4. 尊者先挂电话

在结束电话交谈时,一般应当由打电话的一方提出,然后彼此客气地道别,说一声"再见",再挂电话,不可只管自己讲完就挂电话。交际礼仪的规则是地位高者先挂。

(1)上班,无论上司的性别、年龄,上级先挂。

(2)单位与单位,无论官大官小,上级单位先挂。

(3)在商务交往中,客户是上帝,无论是投诉,还是咨询,客户先挂。

(4)一般求人的事,等被求的人先挂。

(5)如果自己有重要的事情,不宜继续通话,应该说明原因,并告诉对方"有空时,我马上打电话给您。"

5. 尊重别人隐私

当别人打电话或接电话时,要做到不偷听、不旁听。当帮别人接听电话时,要做到不随意传播,也不可当着众人的面,大声转述电话的内容。

二、打电话的礼仪

打电话的基本礼仪有:事前准备、时间适度、体谅对方、内容简练和表现文明 5 个方面。具体如下所述。

1. 做好打电话前的准备

为了使通话简洁顺畅，打电话前，应首先做好通话内容的准备。如把要找的人名、职务、要谈的主要内容进行简单归纳，写在纸上。这样就可以做到通话时层次分明、条理清楚，不至于通话时丢三落四、语无伦次，让对方不得要领。通话内容要简明扼要、干净利落，不能吞吞吐吐、东拉西扯、不着边际，既浪费了对方的时间，又会给对方留下"办事不干练"的不良印象。此外，与不熟悉的单位或个人联络，对对方的名字与电话号码应当弄得一清二楚，以便"胸有成竹"，免得因为搞错而浪费时间。

2. 时间适度

通话时间包括打电话的适宜时间和通话的时间长度。

（1）通话适宜时间。打电话时，应该以客为尊，让客户产生宾至如归的亲切感觉，那么就应该注意在恰当的时段内打电话。通常，早上10:00—11:30、下午2:00—4:00是所有公司的"黄金"时段，打电话的时段应该尽量选择在这些最有绩效的时段。

除有要事必须立即通知外，不要在他人的休息时间打电话。例如，上午7点之前、晚上10点之后以及一日三餐的吃饭时间、节假日等。因紧急事宜打电话到别人家里时，通话之初先要为此说声"对不起"，并说明理由。另外，因公事打电话，尽量不要打到对方家里，尤其是晚上。打电话到海外，还应考虑到两地的时差问题。如果需要打电话到对方工作单位，要想使通话效果好一些，使之不至于受到对方繁忙或疲劳的影响，则通话时间应选择在周一上午10点至周五下午3点左右，而不应是在对方刚上班、快下班、午休或吃午饭时，不识时务地把电话打过去。一般来讲，周一上班第一个小时没有重要事情不要打电话，因为此时大多数单位要开例会安排一周的工作日程或处理一些重要事务。周五下午下班前不要打电话，因为临近下班时间人们的心理状态处于疲劳期。此外，不要因私事打电话到对方单位。通话时机选择要点，如图7.1所示。不适合通话的时段，如图7.2所示。

图7.1　通话时机选择要点

（2）通话长度。基本要求：以短为佳，宁短勿长。在电话礼仪里，有一条"三分钟原则"，即发话人要自觉地、有意识地将每次通话的长度，限定在3分钟之内。

3. 体谅对方

在开始通话前，先问一下对方，现在通话是否方便。倘若对方不方便，可约另外的

图 7.2 不适合通话的时段

时间。若通话时间较长,也要先征求一下对方意见,并在结束时略表歉意。在对方节假日、用餐、睡觉时,万不得已打电话影响了别人,不仅要讲清楚原因,还要说一声"对不起"。在上班时间内,一般情况下不要为了私事而长时间通话。

4. 内容简练

事先准备。不要现说现想、缺少条理、丢三落四。

简明扼要。问候完毕,即应开宗明义,直言主题,少讲空话,不说废话,不没话找话,不吞吞吐吐,不东拉西扯。

适可而止。话说完了,要及时终止通话。由发话人终止通话,是电话礼仪的惯例之一,也是发话人的一项义务。发话人不放下电话,受话人一般是不能挂电话的。

5. 表现文明

表现文明主要体现在语言文明、态度文明和举止文明 3 个方面。

(1) 语言文明。打电话坚持用"您好"开头,请字在中,"谢谢"收尾,态度温文尔雅。接通电话后,应该向受话方首先问声"您好",用简单的语言自报家门和证实对方的身份,然后立即向对方说明打电话的目的,并迅速转入所谈事情的正题。通话结束时要使用"再见",要是少了这句礼貌用语,就会使终止通话显得有些突如其来,并让自己的待人之礼有始无终。

(2) 态度文明。对于受话人,不要态度粗暴无理,也不要阿谀奉承。电话若需要总机接转,勿忘对总机的话务员问上一声好,并且还要加上一声"谢谢"。碰上要找的人不在,需要接听电话之人代找,或代为转告、留言时,态度都要文明有礼。通话时,电话忽然中断,依礼需由发话人立即再拨,并说明原因,不要不了了之,或只等受话人一方打来电话。若拨错了电话,应对接听者表示歉意,不要一言不发,挂断了事。

(3) 举止文明。当众拨打电话时,不要在通话时把话筒夹在脖子上,或是趴着、仰着、坐在桌子上,或是高架双腿与人通话。拨号时,不要以笔代手,边打边吃。挂电话时要轻放,不要用力一摔,令对方"大惊失色"。通话不要"半途而废",或拨号时对方一再占线,要有耐心,不要拿电话机撒气。

三、接电话的礼仪

在通电话的过程中,接听电话的一方显然是被动的。尽管如此,人们在接听电话时,也需要专心致志、彬彬有礼。

1. 本人受话

在本人受话时,应注意接听及时、应对谦和、主次分明和认真记录。

(1) 接听及时。在电话礼仪中,有"铃响不过三"的原则。接听电话是否及时,反映着一个人待人接物的真实态度。电话铃声一旦响起,应尽快予以接听。不要铃响许久,甚至响过几遍之后,才姗姗来迟。不过,铃声才响过一次,就拿起听筒也显得操之过急。在正常情况下,不允许不接听他人打来的电话,尤其是"如约而来"的电话。因特殊原因,致使铃响过久才接电话,须向发话人表示歉意,要先说"对不起"。根据欧美行为学家的统计,人的耐性是 7 秒钟,7 秒钟之后就很容易产生浮躁。因此,最多只能让来电者稍候 7 秒钟,否则对方很容易产生收线、以后再打的想法。接听提醒如图 7.3 所示。

图 7.3　接听提醒

(2) 应对谦和。拿起话筒后,即应主动介绍自己:"您好,我是华之诚汽车服务有限公司×××,请……"不要一声不吭,故弄玄虚。在通话时,不论是何缘故,要聚精会神地接听电话。不要心不在焉,或是把话筒置于一旁,任其"自言自语"。在通话过程中,要谦恭友好,不卑不亢,不要拿腔拿调。当通话因故暂时中断后,要等候对方再拨进来,不要扬长而去,也不要为此而责怪对方。若接听到误拨进来的电话,要耐心向对方说明,如有可能,还要向对方提供帮助,或者为其代转电话,不要为此勃然大怒,甚至出口伤人。

(3) 主次分明。在会晤重要客人或举行会议期间有人打来电话,可向其说明原因,表示歉意,并再约一个具体时间,到时主动打电话过去。在接听电话之时,适逢另一个电话打了进来,不要置之不理,可先对通话对象说明原因,请其勿挂电话,稍候片刻,然后立即接另一个电话,待接通之后,先请对方稍候,或过一会再打进来,然后再继续刚才正打的电话。无论多么忙,都不要拔下电话线,对外界进行自我隔绝。

(4) 认真记录。对电话通知,要详细记录,及时汇报。

2. 代接电话

代接电话时，要注意热情相助、尊重隐私、记忆准确和传达及时。

（1）热情相助。接电话时，假如对方所找非己，不要口出不快，拒绝对方代找旁人的请求，尤其是不要对对方所找之人口有微词，如果对方要找的人不在，应主动询问"需要留一个口讯给他（她）吗？"

（2）尊重隐私。代接电话时，当发话人有求于己，要求转达某事给某人，一定要严守口风，切勿随意扩散，广而告之，辜负了他人的信任。即使发话人要找的人就在附近，也不要大喊大叫，闹得人尽皆知。当别人通话时，不要"旁听"，也不要插嘴。

（3）记忆准确。若发话人要找的人不在，可向其说明后，问对方是否需要代为转达。当对方有此请求时，即应相助于人。对发话人要求转达的具体内容要认真做好笔录，在对方讲完之后，还要重复一遍。记录电话的内容一般为5W1H要素：Who（洽谈对象），What（来电内容），Why（来电原因、理由），Where（来电中提到的场所），When（来电的时间和电话中提到的时间），How（方法）。5W1H通话要点如图7.4所示。

图7.4　5W1H通话要点

（4）传达及时。接听寻找他人的电话时，先要弄明白"对方是谁""现在找谁"两个问题。若对方不愿讲第一个问题，可不必勉强。若对方要找的人不在，可先以实相告，再询问对方"有什么事情？"若发话人所找的人就在附近，要立即去找，不要拖延。若答应发话人代为传话，要尽快落实，不要置之脑后，除非万不得已时，不要把自己代人转达的内容，再托他人转告。

四、移动电话使用技巧

现代社会，移动电话已经得到广泛应用。公务场合，要注意移动电话的使用技巧。

1. 注意安全

开车时不接、打电话，乘飞机时要关机，加油站、病房中不应使用手机。一般情况下，不要借别人的手机，尤其是陌生人。

2. 文明使用

使用手机时，一定要讲究社会公德，避免自己的行为骚扰到其他人。在公共场所活动时，尽量不要使用手机。当其处于待机状态时，应使之静音或转为振动。需要与他人通话时，就寻找无人之处，而避免当众自说自话。公共场所乃是公众共享之处，在这里最得体的做法就是人人都要自觉地保持肃静。显而易见，在公共场所里手机狂叫不止，或是与他人进行当众的通话，都是侵犯他人权利、不讲社会公德的表现。在参加宴会、舞会、音乐会，前往法院、图书馆，或是参观各类展览时，尤须切记此点。

在工作岗位上，也应注意不让自己的手机使用有碍于工作、有碍于别人。在写字间里办公时，尽量不要让手机"大呼小叫"。尤其是在开会、会客、上课、谈判、签约以及出席重要的仪式、活动时，必须要自觉地提前采取措施，令自己的手机噤声不响。在必要时，可暂时关机，或者委托他人代为保管。这样做，表明自己一心不可二用，因而也是对有关交往对象的一种尊重和对有关活动的一种重视。

3. 正确使用个性化铃声

随着手机使用的普及，个性化的手机铃声也迅速走俏。这些个性化的铃声为生活增添了色彩，人们选择它无可非议。但是应该注意正确使用个性化的铃声，在办公室和一些严肃的场合，如果不合适的铃声不断响起，将对周围的人产生干扰。还有就是铃声要和身份相匹配。相对来说，过于个性化的铃声与年轻人的身份比较匹配，一些长者或者有一定身份的人如果选择与自己身份不太匹配的铃声，会损害自己的形象。

4. 注意携带

手机的使用者，应当将其放置在适当之处。大凡正式的场合，切不可有意识地将其展示于人。如把它们握在手中，别在衣服外面，放在自己身边，或是有意当众对其进行摆弄。按照惯例，外出之际随身携带手机的最佳位置有二：一是公文包里；二是上衣口袋之内。穿套装、套裙之时，切勿将其挂在衣内的腰带上。否则撩衣取用或观看时，即使不使自己与身旁之人"赤诚相见"，也会因此举而惊吓到对方。

5. 不要频繁改换手机号码

如果改换，就应及时通知重要的亲朋好友和重要的合作伙伴、交往对象。

 任务实施

广汽华丰4S店的销售顾问王丹打电话给时光公司的高琦先生洽谈购车事务。通话内容简明扼要、干净利落。王丹首先向对方正确介绍自己，报本人所在的单位、姓名和职务。打电话坚持用"您好"开头，请字在中，"谢谢"收尾，态度温文尔雅。高琦先生的同仁在接听电话时，因高琦不在公司，所以主动询问"请问您有什么事需要我转告他吗？"。双方彬彬有礼，文明通话，体现了良好的职业素养和文明风范。

实训任务

1. 对学生进行分组编排情景剧练习。

请您依据情境回答表7-1中的问题。

项目 7　通信礼仪

表 7-1　情景剧问题

假设为了给公司联系业务，您准备给美国的 Brown 先生打个电话	
1. 准备在工作日的什么时间打这个电话	
2. 预计通话时长是多少	
3. 通话内容是否需要用文字准备一下	
4. 如果不慎打错了电话，而对方恰好也是和公司业务对口的公司，您是直接挂电话，还是说声"sorry"再挂电话，或者有更好的想法	
5. 通话中，电话突然中断，您将如何应对	
6. 最好该由谁终止谈话	

2．请您回答下列问题。

（1）假设您正在电话里和一个客户谈生意时，另一部电话突然响起。您将怎样应付这种局面？

（2）如果有个电话是您接听的，所找之人为您的同事，而您的同事恰巧不在。请您简要设计一下电话记录。

任务 7.2　传真和邮件使用礼仪

任务目标

目标一：学习和掌握传真和邮件使用礼仪的规范和原则。

目标二：以汽车营销市场服务为前提，提高自身在服务过程中的传真和邮件的使用礼仪，提升自身服务形象，确保顾客满意。

任务下达

1．一天上午，某公司在一家五星级酒店的多功能会议厅召开会议。其间，该公司职员李小姐来到商务中心发传真，发完后李小姐要求借打一个电话给总公司，询问传真稿件是否清晰。

"这里没有外线电话。"商务中心的服务员说。

"没有外线电话稿件怎么传真出去的呢？"李小姐不悦地反问。

服务员："我们的外线电话不免费服务。"

"我已预付20元传真费了。"李小姐生气地说。

服务员:"我收了你的传真费,并没有收你的电话费啊?更何况你的传真费也不够。"

李小姐说:"啊,还不够?到底你要收多少呢?开个收据我看一看。"

"我们传真收费的标准是:市内港币10元/页;服务费港币5元;3分钟通话费港币2元。您传真了两页应收港币27元,再以1:1.08的比价折合成人民币,我们要实收人民币29.16元。"服务员立即开了传真和电话的收据。

李小姐问:"传真收费还是电话收费是根据什么规定的?"

"这是我们酒店的规定。"服务员出口便说。李小姐:"请您出示书面规定。"

"这不就是价目表嘛。"服务员不耐烦地回答说。李小姐:"你的态度怎么这样?"

"您的态度也不见得比我好呀。"服务员反唇相讥。

李小姐气得付完钱就走了。心想:五星级服务,难道就是这样的吗?

请思考:

服务员应该如何使用传真的规范性要求,才能确保在与客户的沟通中达到客户满意?

2. "张先生,您好。我是××公司的李老师,冒昧打扰,敬请谅解。我公司首席讲师有着丰富的实践经验,如果有需求,请联系。"

这是公司业务员小李给客户写的一封电子邮件,看了之后让人哭笑不得。没有主题,没有落款,没有联系电话,没有……

请思考:

小李给客户写的电子邮件,应该遵循什么样的礼仪规范呢?

与汽车营销与服务相关的企业对新入职的汽车服务人员进行相关传真和邮件使用规范培训,为以后销售汽车产品、服务客户奠定基础。要求汽车服务人员不仅要认真学习传真和邮件使用礼仪的规范和要点,而且要较好的应用到实际工作中。

任务分析

传真和邮件使用礼仪的具体内容中,传真使用礼仪的主要内容包括传真的完整性、传真内容、传真的清晰度、使用时间以及回复问题;邮件的使用礼仪主要内容包括邮件的格式、内容、撰写与发送、接收与回复等方面的规范性要求。它们都是保持与客户良好沟通的必要方式。只有掌握了其中的规范性要求,才能确保在与客户的沟通中让客户满意,而不至于因为一时疏忽大意而前功尽弃或者在商业交往中造成不必要的麻烦和误解。

相关知识

一、传真

目前,在商务交往中,经常需要将某些重要的文件、资料、图表即刻送达身在异地的交往对象手中。传统的邮寄书信的联络方式,已难于满足这一方面的要求。在此背景之下,传真便应运而生,并且迅速走红于商界。传真,又称传真电报。它是利用光电效

项目7 通信礼仪

应,通过安装在普通电话网络上的传真机,对外发送或是接收外来的文件、书信、资料、图表、照片真迹的一种现代化的通信联络的方式。现在,在国内的商界单位中,传真机早已普及成为不可或缺的办公设备之一。随着科技的发展,目前还有一种尚未完全推广的网络传真,但无论哪种传真方式,都需要遵循以下几个方面的要求。

1. 传真的完整性

在发送传真时,应检查是否注明了本公司的名称、发送人的姓名、发送时间以及自己的联络电话。同样地,应为对方写明收传真人的姓名、所在公司、部门等信息。所有的注释均应写在传真内容的上方,要注意传真的规范格式。传真的规范格式见表7-2。

表7-2 公司传真格式

收件人:	发件人:
传真:	日期:
电话:	页数:
主题:	抄送:
□紧急　□请审阅　□请批注　□请答复　□请传阅	

在发送传真时,必须按照规定操作,即便已经给予了口头说明,也应该在传真上注明以上内容。这是良好的工作习惯。对双方的文件管理都非常有利。

2. 传真的清晰度

发送传真时,应尽量使用清晰的原件,避免发送后出现内容看不清楚的情况。

3. 传真内容的限制

传真一般不适用于页数较多的文件,成本较高,且占用传真机时间过长也会影响其他工作人员的使用。

4. 传真的使用时间

如果没有得到对方的允许,不要将发送时间设定在下班后或占用别人的线路。这是非常不礼貌的行为。

5. 关于回复问题

如果传真机设定在自动接受的状态,发送方应尽快通过其他方式与收件人取得联系,确认其是否收到传真。收到传真的一方也应给予及时回复,避免因任何的疏漏造成传真丢失。在重要的商务沟通中,任何信息丢失都可能造成时间的延误甚至影响到合作业务的成败,这样的细节不可轻视。

 知识链接

目前,随着科技的进步,尤其是办公软件的不断开发与应用,一种新型的网络在线传真已经诞生,简单介绍一下。

在线网络传真机，属于在线办公软件，主要功能在于：用户可以通过网络进行收发传真，而不用安装任何软件和硬件，只要您能上网就能轻松收发传真，轻松办公，节省成本。支持多种电子文件格式，您可以不用打印即可直接发送到对方传真机上。网络传真的优点如下。

（1）收发传真、随时随地。只要在能上网的地方，就能收发传真。打开网页、输入号码、导入文件、发送成功，方便高效；您不用守在传真机旁，传真会自动发送到您的收件箱和您的邮箱里，可随时查看、保存或打印。

（2）传真群发、方便快捷。具备强大的通讯录管理功能，让您只要通过简单的操作即可导入大量的传真名单，可以同时发送上千个传真地址，实现一键群发。

（3）无纸办公、绿色环保。网络传真倡导低碳节能，真正实现了无纸化办公的目标，节省人力的同时，还减少了办公耗材，功能上完全替代了普通传真机。

二、电子邮件

电子邮件，又称电子函件或电子信函，它是利用电子计算机所组成的互联网络，不仅安全保密、节省时间，又不受篇幅的限制，清晰度极高，而且还可以大大地降低通信费用。其优点为不用信纸和笔，用计算机就可以了；免费使用，免贴邮票，免投邮筒，直接成本只是使用计算机的电费和网费；安全性高，不用担心信件遗失；没有收信人人数的限制；速度快，一般情况下是即发即收。缺点为需要有计算机，有使用场合的限制，最基本的条件是有一台计算机并且能上网，收信人也要具备收信的能力；只能传递信息，无法传递有形的物体，无法取代传统的包裹或货物邮递。

1. 电子邮件的格式与内容

（1）纯文字格式：任何版本皆可收发，档案小，但无法加入图片、声音等。

（2）HTML格式：可加入图片、声音等多媒体，还可变换字形、大小、位置、插入图片，甚至超链接，要求IE的版本在3.0版以上，且档案较大。

（3）你可以把文件附加在电子邮件中。最好不要使用很大的附件，除非你知道收信人确实需要。

2. 收发电子邮件

收发电子邮件是人们利用网络办公最常见的手段，也是最重要的方式。在收发电子邮件的不同阶段，大家务必要遵循一定规则。

1）撰写与发送

电子邮件的撰写与发送皆有一定规定和要求。

（1）为节约费用，在撰写电子邮件时，尤其是在撰写多个邮件时，应在脱机状态下撰写，并将其保存于发件箱中。然后在准备发送时再连接网络，一次性发送。

（2）利用网络办公时所撰写的必须是公务邮件，不可损公肥私，将单位邮箱用作私人联系途径之用，不得将本单位邮箱地址告诉亲朋好友。

（3）在地址板上撰写时，应准确无误地输入对方邮箱地址，并应简短地写上邮件主题，以使对方对所收到的信息先有所了解。

（4）在消息板上撰写时，应遵照普通信件或公文所用的格式和规则。邮件篇幅不可过长，以便收件人阅读。

（5）邮件用语要礼貌规范，以示对对方的尊重。撰写英文邮件时不可全部采用大写字母，否则就像是发件人对收件人盛气凌人的高声叫喊。

（6）不可随便发送无聊、无用的垃圾邮件，无端增加网络的拥挤程度。

（7）要保守国家机密，不可发送涉及机密内容的邮件，不得将本单位邮箱的密码转告他人。

2）接收与回复

接收与回复电子邮件时，通常应注意以下几点。

（1）应当定期打开收件箱，最好是每天都查看一下有无新邮件，以免遗漏或耽误重要邮件的阅读和回复。

（2）应当及时回复公务邮件。凡公务邮件，一般应在收件当天予以回复，以确保信息的及时交流和工作的顺利开展。若涉及较难处理的问题，则可先电告发件人已经收到邮件，再择时另发邮件予以具体回复。

（3）若由于因公出差或其他原因而未能及时打开收件箱查阅和回复时，应迅速补办具体事宜，尽快回复，并向对方致歉。

（4）不要未经他人同意向对方发送广告邮件。

（5）发送较大邮件需要先对其进行必要的压缩，以免占用他人信箱过多的空间。

（6）尊重隐私权，不要擅自转发别人的私人邮件。

任务实施

前文中的商务中心服务员不具备一名合格商务人员的基本素质。接待服务工作是一门综合艺术，是非常讲究接待服务的方法和技巧。要提高服务质量，就要求服务人员必须接受专业的训练，因为只有这样才能使他们无愧于五星级的标志。

通过对传真知识的学习，汽车服务人员不能把传真的事情当成小事，以为用传真机发过去就可以了。要树立与客户沟通无小事的客户服务理念，对顾客负责的同时对单位负责。

业务员小李的这份电子邮件发出去后，因为其没有主题，没有落款，没有联系电话，收到的客户也无法与之联系，结果只能说这是一封失败的邮件。而客户看到公司客户人员发送的邮件如此马虎，对公司的忠诚度也会下降。由此可以看出，发送邮件虽然是与客户沟通过程中的一个小小的环节，然而却可能因为工作不到位、业务不熟练而丢掉客户。

实训任务

（1）每名学生分别以汽车营销活动过程中的某一环节为内容向相关客户发去一份传真。要求，学生务必会自己拟写传真，然后与客户沟通，将传真发送过去。互相比较，在整个发送传真过程中谁有疏漏，谁又做得最完美。

（2）要求每名学生以自己是××汽车4S店的一位客户服务人员为前提，以本周六

(×月×日)9点在我公司(地点)召开新品汽车(车型)促销发布会,届时请有意向的客户前来参会,为主要内容,撰写一份邮件发给客户。以此锻炼学生能够熟练应用电子邮件的礼仪规范。

任务7.3　商务信函礼仪

任务目标

目标一:掌握商务信函的种类以及应用的礼仪规范。

目标二:以汽车市场服务的工作内容为背景,能够灵活应用撰写和发送各类商务信函。

任务下达

1. 河南锐之旗信息技术有限公司
郑州经济技术开发区航海东路1405号(450016)
手机:13525516960
电话:0371—69398006
锐之旗您身边的网络营销专家
www.hnrich.cn

2. 张先生:

您好,我是北京雅致人生管理顾问有限公司的王艳。很高兴能够认识您,并有幸将我们公司介绍给您。我们公司培训主要以素质技能技巧为主,曾经成功地为IBM/HP/SUMSUNG/微软、中海油、大唐移动、北京移动、信息产业部电信研究院服务过。欢迎您访问我们公司的网址:www.yazh-life.com.cf,可以对我们公司有更多的了解。

附件是我们公司擅长的培训课程及讲师简历,请您查收。

如有任何问题或者建议请您随时与我联系!

希望我们能达成共识,在未来有合作的机会!

感谢您对我工作的支持!

祝您工作开心快乐!

雅致人生管理顾问有限公司

项目经理　　王艳　　星期三

请思考:

(1) 第一封信函有哪些不足,是什么原因所致?客户接收到会有什么感受?

(2) 第二封信信函又给客户什么样的感觉?

以汽车4S店的客户服务岗位对相关服务人员的素质要求为前提,对在汽车销售、售后服务过程中所涉及的与客户沟通技巧为学习任务,以完善汽车服务人员的服务技能为目标，认真学习汽车行业中相关商务信函的撰写与发送等知识。

任务分析

商务信函是指在日常的商务往来中用以传递信息、处理商务事宜以及与客户联络和保持沟通关系的信函、电信文书。常用的商务信函主要有商洽函、询问函、答复函、请求函、告知函和联系函等。

相关知识

一、商务信函的写作标准

商务信函的写作需要注意以下几点标准。

（1）准确。商务信函的内容多与双方的利益有着直接的利害关系，因而要完整、精确的表达意思，乃至标点符号都要做到准确无误，以免造成不必要的麻烦。

（2）简洁。在做到准确、周到的前提下，应用最少的文字表达真实的意思，不能拖沓冗长。

（3）具体。信函所要交代的事项必须具体明确，尤其要注意需要对方答复或会对双方关系产生影响的内容，绝不能语言不详。

（4）礼貌。要掌握礼貌、得体的文字表达方式，有利于双方保持良好的关系。

（5）体谅。要学会换位思考，能够站在对方的立场上思考问题。这样容易获得对方的认同，有利于双方达成有效的沟通。

二、商务信函的格式

商务信函一般由开头、正文、结尾、署名、日期5个部分组成。

（1）开头。开头写收信人或收信单位的称呼。称呼单独占行、顶格书写，称呼后用冒号。

（2）正文。信函的正文是书信的主要部分，叙述业务往来联系的实质问题，通常包括如下内容。

① 向收信人问候。

② 写信的事由，例如何时收到对方的来信，表示谢意，对于来信中提到的问题答复等。

③ 该信要进行的业务联系，如询问有关事宜，回答对方提出的问题，阐明自己的想法或看法，向对方提出要求等。如果既要向对方询问，又要回答对方的询问，则先答后问，以示尊重。

④ 提出进一步联系的希望、方式和要求。

（3）结尾。结尾往往用简单的一两句话，写明希望对方答复的要求，如"特此函达，即希函复"。同时写表示祝愿或致敬的话，如"此致敬礼""敬祝健康"等。祝语一般分为两行书写，"此致""敬祝"可紧随正文，也可和正文空开。"敬礼""健康"则转行顶格书写。

（4）署名。署名即写信人签名，通常写在结尾后另起一行（或空一二行）的偏右下方位置。以单位名义发出的商业信函，署名时可写单位名称或单位内具体部门名称，也可同时署写信人的姓名。重要的商业信函，为郑重起见，也可加盖公章。

（5）日期。写信日期一般写在署名的下一行或同一行偏右下方位置。商务信函的日期很重要，不要遗漏。

任务实施

通过对相关信函礼仪规范的学习，要让所有从事客户服务工作的人员认识到：一封好的电子邮件可以展示自己公司良好的形象，一封差的电子邮件可以把自己公司建立许久的美好形象完全抹掉。在案例1里，整篇信中，主题不明确，没有称谓，看了会让人产生厌倦的情绪。这样做销售，连最起码对客户的尊重都没有，如何做成业务？而第2封信是一封合作信函，非常规范，整洁，读起来赏心悦目，从信中你可以感受到该公司优秀的企业文化和员工整体的高素质。

案例1和案例2出自不同的服务人员的手中，取得的效果就会完全不同。由此可以看出在客户服务过程中，信函这类的礼仪规范是不可以忽视的，要让客户有被尊重的感觉。汽车服务人员要精通各个环节的礼仪规范，避免因一时疏忽而导致结果差之千里。

实训任务

结合汽车企业接触客户、跟进客户过程的环节中的重大活动（促销、庆典、新品发布）等情境，要求学生向客户发去商务信函。比较学生所撰写的信函的格式、称呼、内容等是否规范及取得良好效果，对有失误的信函进行点评，以使学生能够扎实应用商务信函的礼仪规范，在客户服务中提高客户满意度。

项目小结

本项目通过对电话礼仪、邮件、传真礼仪以及商务信函礼仪的基本规范的学习，相关案例的分析，以及情景模拟的练习，使得服务人员进一步掌握通信礼仪在商务活动中的基本规则、注意事项，以及其对商务活动的影响力，从而提高员工在商务活动中的整体工作能力和职业素养，进一步加强客户关系，提高商务活动的成功率。

电话礼仪包括电话基本礼仪、打电话的礼仪、接电话的礼仪、移动电话使用技巧。打电话的礼仪主要包括通话时间、通话长度、通话内容、通话过程4个方面的内容。传真和邮件使用礼仪要按相应的规范和原则进行。商务信函的写作标准要注意正确、简洁、具体、礼貌、体谅；商务信函一般由开头、正文、结尾、署名、日期5个部分组成。

练习与技能训练

一、填空题

1. 打电话的礼仪主要包括_____、通话长度、通话内容、通话过程4个方面的内容。

2. 打电话时，电话话筒与嘴的距离保持在_____左右。

3. 打电话时，交际礼仪的规则是_____先挂。

4. 在电话礼仪里，有一条_____，即发话人要自觉地、有意识地将每次通话的长度，限定在_____之内。

5. 接听电话要及时，在电话礼仪中，有_____的原则。

6. 发送传真时，应检查是否注明了本公司的_____、_____、_____以及自己的联络电话。

7. 发送传真时，所有的注释均应写在传真内容的_____要注意传真的规范格式。

8. 发送传真时，应尽量使用清晰的_____，避免发送后出现内容看不清楚的情况。

9. 传真一般不适用于页数_____的文件，成本较高。

10. 如果没有得到对方的允许，不要将发送时间设定在_____后或占用别人的路线。

11. 商务信函的内容多与双方的利益有着直接的利害关系，因而要_____、_____的表达意思，乃至标点符号都要做到准确无误，以免造成不必要的麻烦。

12. 商务信函在做到准确、周到的前提下，要注意_____。

13. 商务信函的结尾，往往用一两句话，写明希望对方_____。

14. 商务信函的署名通常写在结尾后另起一行的_____。

15. 写信日期一般写在署名的下一行或同一行_____位置。商务信函的日期很重要，不要遗漏。

二、判断题

1. 外出之际随身携带手机的最佳位置有二：一是公文包里；二是上衣口袋之内。（　　）

2. 电话中自我介绍方式是在私人电话中，也要报出本人所在单位、部门、姓名和职务。（　　）

3. 上班期间内，如果接到电话的人是下级单位的，你可以先挂电话。（　　）

4. 打电话时要表现文明，包括语言文明、态度文明和举止文明3个方面。（　　）

5. 接听寻找他人的电话时，先要弄明白"对方是谁""有什么事情"。（　　）

6. 记录电话的内容一般为5W1H要素。（　　）

7. 接电话时，话筒要贴近嘴边，以免对方听不清楚。（　　）

8. 打电话的基本礼仪有：事前准备、时间适度、体谅对方、内容简洁、和表现文明5个方面。（　　）

9. 接电话时，拿起话筒，应先问对方是谁，然后马上报出自己是谁。（　　）

10. 发送传真时，所有的注释均应写在传真内容的左下方要注意传真的规范格式。（　　）

11. 发送传真时，应检查是否注明了本公司的名称、发送人姓名、发送时间以及自己的联络电话。（　　）

12. 发送传真要注意传真的完整性、清晰度、内容量、使用时间和回复的问题。（　　）

13. 电子邮件只能收发纯文字格式，无法加入图片、声音等。（　　）

14. 为节约费用，在撰写电子邮件时，尤其是在撰写多个邮件时，应在脱机状态下撰写。然后一次性发送。（　　）

15. 邮件用语要礼貌规范，以示对对方的尊重。撰写英文邮件时不可全部采用大写字母。（　　）
16. 要保守国家机密，不可发送涉及机密内容的邮件，不得将本单位的邮箱的密码转告他人。（　　）
17. 较大的邮件不要发送，以免占用别人较大的空间。（　　）
18. 发送电子邮件时，撰写、发送、接收和回复一定要遵循原则。（　　）
19. 电子邮件免费使用，安全性高，不用担心信件遗失；也没有收信人人数的限制；速度快，一般情况下是即发即收。（　　）
20. 代接电话时，要注意热情相助、尊重隐私、记忆准确和传达及时。（　　）
21. 写信日期一般写在署名的下一行或同一行偏左下方位置。商务信函的日期很重要，不要遗漏。（　　）
22. 商务信函的结尾，往往用一两句话，写明希望对方答复的要求。（　　）
23. 商务信函在做到准确、周到的前提下，要注意简洁。（　　）
24. 商务信函的署名通常写在结尾后另起一行的偏左下方。（　　）
25. 商务信函的格式主要包括开头、正文、结尾、署名、日期。（　　）
26. 商务信函开头写收信人或收信单位的称呼。称呼单独占行、空两格书写，称呼后用冒号。（　　）
27. 在写商务信函时，如果既要向对方询问，又要回答对方的询问时，则先答后问，以示尊重。（　　）
28. 商务信函的内容多与双方的利益有着直接的利害关系，因而要完整、精确的表达意思，乃至标点符号都要做到准确无误，以免造成不必要的麻烦。（　　）
29. 向收信人问候不属于商务信函的正文。（　　）
30. 商务信函要注意准确、简洁、具体和礼貌的标准。（　　）

三、单项选择题

1. 接听电话要及时，在电话礼仪中，有（　　）的原则。
　　A. 铃响不过三　　B. 三分钟原则　　C. 客户为上　　D. 尊者为先
2. 在电话礼仪里，通话时间有一条（　　）原则。
　　A. 三分钟原则　　B. 客户为上　　C. 铃响不过三　　D. 尊者为先
3. 与客户通话，要以客为尊，让客户产生宾至如归的亲切感觉，通常早上（　　）是所有公司的"黄金时段"，打电话的时段应尽量选择在这个时段。
　　A. 10：00—11：30　　　　　　　　B. 8：30—10：30
　　C. 8：00—11：00　　　　　　　　D. 9：30—10：30
4. 接听寻找他人的电话时，先要弄明白（　　）两个问题。
　　A. 对方是谁、有什么事情　　B. 现在找谁、有什么事情
　　C. 要找的人不在、稍后再打　　D. 对方是谁、现在找谁
5. 代接电话要做到（　　）。
　　A. 尊重隐私　　B. 准确记录　　C. 传达及时　　D 以上都对
6. 发送传真时可不显示（　　）。
　　A. 公司名称　　B. 公司地址　　C. 发送人姓名　　D. 发送时间
7. 在发送传真时，应为对方写明收传真人的姓名、所在公司、部门信息等。所有的

注释均应写在传真内容的（　　）。

A. 左下　　　　B. 右下方　　　　C. 上方　　　　D. 以上都不对

8. 发送传真时，要在脱机状态下撰写，（　　）发送。

A. 一次性发送　　　　　　　　B. 分批发送

C. 按需要时间缓急发送　　　　D. 可根据情况自定

9. 在地址板上撰写时，应准确无误地输入对方邮箱地址，并应简短地写（　　）。以使对方对所收到的信息先有所了解。

A. 客气话　　　B. 公司的问候　　　C. 邮件主题　　　D. 回复要求

10. 邮件发送过程中，以下不用特殊注意的是（　　）。

A. 邮件篇幅　　　B. 保守秘密　　　C. 回复要求　　　D. 礼貌

11. 商务信函要注意准确、简洁、具体、礼貌和（　　）的标准。

A. 及时　　　　B. 体谅　　　　C. 和谐　　　　D. 规范

12. 商务信函一般由开头、正文、结尾、（　　）和日期5个部分组成。

A. 署名　　　　B. 回复要求　　　C. 附加条款　　　D. 附件

13. 商务信函的署名通常写在结尾后另起一行的（　　）。

A. 偏右下方　　　B. 顶格　　　C. 空两格　　　D. 左下方

14. 写信日期一般写在署名的下一行或同一行（　　）位置。商务信函的日期很重要，不要遗漏。

A. 顶格　　　　B. 空两格　　　C. 左下方　　　D. 右下方

15. 商务信函的结尾一般要写上一两句祝语或希望对方答复的要求。祝语一般（　　）书写。

A. 转行顶格　　　B. 分为两行　　　C. 紧随正文　　　D. 转行空两格

项目 8

会 务 礼 仪

项目导读

汽车服务人员在其日常工作中必不可少的一件事情,就是要组织会议、领导会议或者参加会议。因此,会议自然而然地成为汽车服务活动的有机组成部分之一。在一般情况下,会议是指有领导、有组织地使人们聚集在一起,对某些议题进行商议或讨论的集会,它是人们从事各类有组织的活动的一种重要方式。在许多情况下,汽车服务人员往往需要亲自办会,即负责从会议的筹备直至其结束的一系列具体事项。会务礼仪,主要就是有关办会的具体的礼仪规范。

项目分析

会议是仪式性很强的公众活动,作为汽车服务企业,无论是筹办还是参加各种商务会议,都应该注重会务礼仪。遵守会务礼仪,不仅有助于会议的成功,而且还将有助于本单位的对内交流与对外沟通。结合汽车有关企业在工作中所涉及的会务,本项目着重介绍以下几种会务礼仪:

🚌洽谈会礼仪;

🚌新闻发布会礼仪;

🚌展览会礼仪;

🚌茶话会礼仪。

项目8 会务礼仪

任务8.1 洽谈会礼仪

任务目标

目标一：掌握洽谈会有关礼仪规范。
目标二：在汽车营销与服务活动中，能正确运用洽谈会礼仪。

任务下达

西安某汽车营销公司是上海某合资汽车生产商的地区总代理，多年来双方一直合作良好。日前，国家提出汽车振兴产业计划，对国内汽车的销售产生重要影响。西安公司借此机会想修改一下双方的合作条件，但生产商不太情愿，双方的合作陷入了僵局。为了消除分歧，共同谋利，营销公司提议在西安举行一场洽谈会，上海方面同意派人员参会。

既然谈判是在西安进行，那么西安公司就理所当然地成为这次谈判的东道主。为了在谈判中达到预期的目的，西安公司做了大量的准备工作，并专门指派小张负责这次的洽谈事宜。

小张深知这次谈判事关重大，所以他一点也不敢马虎。他先是准备好了谈判时所需要的各种资料，然后又去寻找合适会场。随后，他了解到上海将派一位德国人到西安谈判，于是，他及时地把这一情况反映给了公司的高层领导，使公司掌握了对方的礼仪特点及风俗。

谈判那天，德方人员步入西安公司精心布置的会场，双方开始就合作中所遇到的问题进行友好协商。小张谈到西安地区近年来强劲的汽车消费需求，并拿出确凿的数据，表明公司在下一段时间内存销量上将获得重大的突破等。德方人员心悦诚服，表示认识到了营销公司将为生产商带来更大的市场份额。会议期间，小张还安排德方人员到大雁塔、芙蓉园等西安有特色的景点参观，使对中国传统文化十分感兴趣的德方人员非常感动。

西安公司以礼为先，一言一行都不失礼仪，上海方面也十分清楚地了解了西安公司的诉求，双方在愉快和谐的氛围之中，顺利地解决了合作中所存在的问题，签订了下一阶段的合作方案。这次的谈判可谓是非常的成功。

谈判结束后，西安公司的老总特意表扬了小张，说："这次谈判能成功还要归功于小张所做的各种努力，尤其是礼仪方面。"也正因为此次谈判的成功，引起了公司员工对商务礼仪的重视，有一位员工还由衷地感慨道："我第一次发现原来以礼待人比盲目的争论能带来更大的利润。"

请思考：
小张在洽谈会前和洽谈会过程中所做的礼仪方面的事情有哪些？

汽车服务人员在商务交往中，多多少少都有过一些参加商务洽谈的经历。按照常规，商务洽谈一向被视为一种利益之争，有关各方为了争取或维护自己的切身利益而寸步不让、寸土必争地进行的讨价还价。因此，在洽谈中，如欲"克敌制胜"，就要求我们的汽车服务人员掌握相关的洽谈会礼仪。

任务分析

汽车服务人员所进行的洽谈又称汽车商务谈判，它是最重要的商务活动之一。所谓洽谈，是指在商务交往中存在着某种关系的有关各方，为了保持接触、建立联系、进行合作、达成交易、拟定协议、签署合同、要求索赔，或是为了处理争端、消除分歧而坐在一起进行面对面的讨论与协商，以求达成某种程度上的妥协。

下面所介绍的洽谈会礼仪，主要涉及洽谈前准备和洽谈中礼仪这两个方面的问题。

相关知识

在现实生活中，洽谈的具体形式可谓多种多样。不论面对的是何种形式的洽谈，都有必要为此而充分做好准备，以求有备无患。

一、洽谈前准备

汽车服务人员在为进行洽谈而着手准备时，重点要在技术性准备和礼仪性准备两方面下一番功夫。

1. 技术性准备

为汽车商务洽谈而进行的技术性准备，是要求洽谈者们事先充分地掌握有关各方的状况，了解洽谈的"谋篇布局"，并就此而构思、酝酿正确的洽谈手法与洽谈策略。否则，汽车服务人员在洽谈中就完全可能会是"两眼一抹黑"、目标不明、方法不当、顾此失彼、功败垂成。

2. 礼仪性准备

洽谈的礼仪性准备，是要求洽谈者在安排或准备洽谈会时，应当注重自己的仪表，预备好洽谈的场所、布置好洽谈的座次，并且以此来显示我方对于洽谈的重视以及对洽谈对象的尊重。

在准备洽谈时，礼仪性准备的收效虽然一时难以预料，但是却绝对必不可少。与技术性准备相比，它是同等重要的。

正式出席洽谈会的人员，在仪表上有严格的要求和统一的规定。男士一律应当理发、剃须、吹头发，不准蓬头乱发，不应蓄胡子或留大鬓角。女士则应选择端庄、素雅的发型，并且化淡妆，但是不宜做过于摩登或超前的发型，不许染发，不许化艳妆或使用香气过于浓烈的化妆品。

在仪表方面，最值得出席洽谈会的汽车服务人员重视的是服装。由于洽谈会关系大局，所以汽车服务人员在这种场合应穿着传统、简约、高雅、规范的最正式的礼仪服装。可能的话，男士应穿深色三件套西装和白衬衫、打素色或条纹式领带、配深色袜子和黑

项目8 会务礼仪

色系带皮鞋。女士则须穿深色西装套裙和白衬衫,配肉色长筒或连裤式丝袜和黑色高跟或半高跟皮鞋。

有时,在洽谈会上常常会见到这样一些人:男的穿夹克衫、牛仔裤、短袖衬衫、T恤衫,配旅游鞋或凉鞋;女的则穿紧身装、透视装、低胸装、露背装、超短装、牛仔装、运动装或休闲装,光脚穿着拖鞋式的露趾、露跟凉鞋,并戴满各式首饰,从耳垂一直"武装"到脚脖子。这身打扮的人,留给他人的印象,是不尊重自己、不尊重别人、不重视洽谈、自以为了不起,没有一点教养。

根据商务洽谈举行的地点不同,可以将它分为客座洽谈、主座洽谈、客主座轮流洽谈及第三地点洽谈。客座洽谈即在洽谈对手所在地进行的洽谈。主座洽谈即在我方所在地进行的洽谈。客主座轮流洽谈即在洽谈双方所在地轮流进行的洽谈。第三地点洽谈即在不属于洽谈双方任何一方的地点所进行的洽谈。

以上4种洽谈会地点的确定,应通过各方协商而定。担任东道主出面安排洽谈的一方,一定要在各方面打好礼仪这张"王牌"。人们常说"礼多人不怪",其实在洽谈会中又何尝不是如此呢?在洽谈会的台前幕后,恰如其分地运用礼仪,迎送、款待、照顾对手,可以赢得信赖,获得理解与尊重。在这个意义上,完全可以说在洽谈会上主随客便,主应客求,与以"礼"服务实际上是一回事。

在洽谈会上,如果我方身为东道主,那么不仅应当布置好洽谈室的环境,预备好相关的用品,而且应当特别重视礼仪性很强的座次问题(见前面项目中内容)。

二、洽谈时礼仪

在洽谈过程上,不管发生了什么情况,都应始终坚持礼敬对手,无疑能给对方留下良好的印象,而且在今后进一步的商务交往中,还能发挥潜移默化的功效,即所谓"你敬我一尺,我敬你一丈"。

在洽谈会中能够面带微笑、态度友好、注重文明礼貌、举止彬彬有礼的人,有助于消除对手的反感、漠视和抵触心理。在洽谈桌上,保持"绅士风度"或"淑女风范",有助于赢得对手的尊重与好感。因此,在某种程度上可以说:有礼即有理,讲礼易成功。

与此相反,假如在洽谈的过程中举止粗鲁、态度刁蛮、表情冷漠、语言失礼,不知道尊重和体谅对手,则会大大加强对方的防卫性或攻击性,无形之中伤害或得罪对方,为自己不自觉地增添了阻力和障碍。

任务实施

前文中,小张之所以会促成洽谈的成功是因为小张在洽谈会前和洽谈会过程中都做了充分的准备。在洽谈会前,小张首先深入了解谈判对方的资料:个人兴趣、对方的礼仪特点及风俗,并把这些资料及时的向上级领导反映;其次寻找合适的会场,并精心布置会场;同时还详细地准备了洽谈所需要的有关资料。在洽谈的过程中,精心布置的会场使德方人员感受到尊重和重视,同时小张准备的详细资料使德方在洽谈的交流过程中心悦诚服,最后又安排德方参观当地的名胜古迹使得德方很是感动。小张在工作中成功地运用了洽谈会礼仪,使公司在这次洽谈中大获全胜。通过小张的案例,我们可以领会到洽谈会礼仪的重要性，它是洽谈成功的助推器。在今后工作中，汽车服务人员应像小张一样灵活运用洽谈会礼仪，促成洽谈成功圆满。

实训任务

吉利集团和瑞典沃尔沃轿车公司就收购问题举行洽谈会，请将学生等分成两组，分别扮演两个公司负责洽谈的商务人员进行商务洽谈，其中吉利集团作为东道主安排洽谈会的会场。

任务 8.2　新闻发布会礼仪

任务目标

目标一：掌握新闻发布会礼仪规范。
目标二：了解新闻发布会相关程序，并学会运用相关礼仪。

任务下达

2010年12月，郑州地区上海大众的新车发布会在河南省第八号演播厅举行。这次新车发布会与众不同的地方在于这是一次由新闻界人士为主要参加者的新产品说明会，并且新车发布会是以"相亲会"的形式展开的，只不过相亲对象分别是新POLO和新途安。在新车发布会上，除了向与会者推介自己的新产品之外，还邀请到了河南省一些汽车行业的知名人士，请其发表各自的高见。

此后，不少与会的新闻界人士不仅争先恐后地在自己所属的媒体上发布了这条消息，而且还纷纷自愿地为其大说好话。结果，河南地区的广大消费者在最短的时间了解了新POLO和新途安的性能，销量也随之大增，使得这两款车在竞争激烈的汽车市场上脱颖而出。

请思考：
请问河南地区上海大众汽车销售有限公司利用什么样的方式使他们的新车在列强林立的汽车市场上脱颖而出？

对汽车有关企业而言，举办新闻发布会，是企业联络、协调与新闻媒介之间的相互关系的一种最重要的手段。在汽车企业工作的有关汽车服务人员，必须掌握新闻发布会相关礼仪和程序，善于利用新闻发布会与外界进行沟通，避免在办会时出现差错或失礼于人。

任务分析

新闻发布会，简称发布会，有时也称记者招待会。它是一种主动传播各类有关信息，谋求新闻界对某一社会组织或某一活动、事件进行客观而公正的报道的有效的沟通方式。

项目8 会务礼仪

按照惯例,当主办单位在新闻发布会上进行完主题发言之后,允许与会的新闻界人士在既定的时间里围绕发布会的主题进行提问,主办单位必须安排专人回答这类提问。简言之,新闻发布会就是以发布新闻为主要内容的会议。

发布会礼仪,一般指的就是有关举行新闻发布会的礼仪规范。对汽车企业而言,新闻发布会礼仪至少应当包括会议的筹备、媒体的邀请、现场的应酬、善后的事宜4方面的内容。

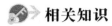 **相关知识**

一、会议的筹备

筹备新闻发布会,所要做的准备工作甚多。其中最重要的,是要做好主题的确定、时空的选择、人员的安排、材料的准备等各项具体工作。

1. 主题的确定

决定召开一次新闻发布会之后,首先应确定其主题。新闻发布会的主题,指的是新闻发布会的中心议题。主题确定是否得当,往往直接关系到本单位的预期目标能否实现。一般而言,新闻发布会的主题大致上共有3种:发布某一消息,说明某一活动,解释某一事件。

 知识链接

公司总裁丰田章男2010年3月1日在中国北京召开新闻发布会,就丰田召回事件进行说明,希望由总裁亲自举行发布会来挽回信誉。据报道除了丰田章男,丰田中国总代表服部悦雄、丰田中国总经理加藤雅大也出席了此次发布会。

丰田汽车公司社长丰田章男在北京召开说明会,就丰田汽车包括中国在全球范围实施的大规模召回,给中国消费者带来的担心和影响,3次表示道歉。

日本丰田公司今年1月起宣布,由于部分车型的油门踏板、脚垫、刹车系统缺陷等原因,将在全球不同地区分别召回卡罗拉、汉兰达、雷克萨斯、RAV4等车型,召回数量将超过800万辆,这一数据超过了丰田集团2009年度781.3万辆的全球销量。对此丰田章男在记者会上就脚垫、油门踏板和制动系统三方面问题进行了说明,并提出了3条具体的质量管理改进措施,包括成立由社长本人直接管属的"全球质量特别委员会";加强实地技术调查体制,以及加强人才培养;在全球范围内成立"顾客第一培训中心"的培训机构。丰田章男表示,上述3条措施都将在中国市场实施。

在谈及丰田此次大规模安全问题的原因时,丰台章男承认丰田近几年发展速度过快,已经超过了人才培养、人才成长的速度,导致了如此大规模质量问题。丰田章男还表示,丰田公司在中国市场销售80万辆汽车的目标没有因此次事件而改变。公司会为这一目标继续努力。

2. 时空的选择

新闻发布会的时空选择,通常是指其时间与地点的选择。对这两个不加重视,即便主题再好,新闻发布会也往往难以奏效。

一般来说,一次新闻发布会所使用的全部时间应当限制在两个小时以内。通常认为,举行新闻发布会的最佳时间,是周一至周四的上午9点至11点,或是下午的3点至5点。

新闻发布会的举行地点，除可以考虑本单位本部所在地、活动或事件所在地之外，还可优先考虑首都或其他影响巨大的中心性城市。举行新闻发布会的现场，应交通方便、条件舒适、环境幽雅、面积适中。本单位的会议厅、宾馆的多功能厅、当地最有影响的建筑物等，均可酌情予以选择。

3. 人员的安排

在准备新闻发布会时，主办方必须精心做好有关人员的安排。与其他会议所不同的是，新闻发布会的主持人、发言人选择是否得当，往往直接关系到会议成败。因此，安排新闻发布会的人员，首先就要选好主持人与发言人。

为了宾主两便，主办单位所有正式出席新闻发布会的人员，均须在会上佩戴事先统一制作的姓名胸卡。其内容包括姓名、单位、部门与职务。

4. 材料的准备

在准备新闻发布会时，主办单位通常需要事先委托专人准备好发言提纲、问答提纲、宣传提纲和辅助材料4个方面的主要材料。

二、媒体的邀请

在新闻发布会上，主办单位的交往对象自然以新闻界人士为主。在邀请新闻界人士时，必须有所选择、有所侧重。不然的话，就难以确保新闻发布会真正取得成功。

三、现场的应酬

在新闻发布会正式举行的过程之中，往往会出现这样或那样的确定和不确定的问题。有时，甚至还会有难以预料的情况或变故出现。要应付这些难题，确保新闻发布会的顺利进行，除了要求主办单位的全体人员齐心协力、密切合作之外，最重要的，是要求代表主办单位出面应付来宾的主持人、发言人要善于沉着应变、把握全局。为此，特别要求主持人、发言人在新闻发布会举行之际牢记下述几个要点。

1. 外表的修饰

毫无疑问，在新闻发布会上，代表主办单位出场的主持人、发言人，被新闻界人士视为主办单位的化身和代言人。而在新闻发布会召开之后，他们则更有可能在不少新闻媒体上纷纷出镜亮相。在广大社会公众眼里，他们通常被与本单位的整体形象画上了等号，甚至决定了社会公众对主办单位的态度与评价如何。鉴于此，主持人、发言人对于自己的外表，尤其是仪容、服饰、举止，一定要事先进行认真的修饰。

按惯例，主持人、发言人需要进行必要的化妆，并且以化淡妆为主。发型应当庄重而大方。男士宜穿深色西装套装、白色衬衫、黑袜黑鞋，并且打领带；女士则宜穿单色套裙、肉色丝袜、黑色高跟皮鞋。服装必须干净、挺括，一般不宜佩戴首饰。

在面对新闻界人士时，主持人、发言人都要注意做到举止自然大方。要面含微笑，目光炯炯，表情松弛，坐姿端正。一定要克服某些有损个人形象的不良举止，例如，抓搔头皮、紧咬嘴唇、眼皮上翻、东张西望、不看听众、以手捧头、双脚乱抖、反复起立、交头接耳、表情呆滞、不苟言笑等。

2. 相互的配合

不论主持人还是发言人，在新闻发布会上都是一家人，因此二者之间的配合必不可少。要真正做到相互配合，一是要分工明确，二是要彼此支持。

在新闻发布会上，主持人与发言人分工有所不同，因此必须各尽其职，才有配合可言。不允许越俎代庖、替人代劳。主持人所要做的，主要是主持会议、引导提问。发言人所要做的，则主要是主旨发言、答复提问。有时，在重要的新闻发布会上，为慎重起见，主办单位往往会安排数名发言人同时出场。若发言人不止一人，事先必须进行好内部分工，各管一段。否则人多了，话反而没有人说，或是大家抢着说。一般来讲，发言人的现场发言应分为两个部分，首先进行主旨发言，接下来回答疑问。当数名发言人到场时，只需一人进行主旨发言即可。

主持人、发言人的彼此支持，在新闻发布会上通常是极其重要的。在新闻发布会进行期间，主持人与发言人必须保持一致的口径，不允许公开顶牛、相互拆台。当新闻界人士提出的某些问题过于尖锐或难于回答时，主持人要想方设法转移话题，不使发言人难堪。而当主持人邀请某位新闻记者提问之后，发言人一般要给予对方适当的回答。不然，不论对那位新闻记者还是对主持人来讲，都是非常失敬的。

3. 讲话的分寸

在新闻发布会上，主持人、发言人的一言一行，都代表着主办单位。因此，必须对自己讲话的分寸予以重视。简明扼要、提供新闻、生动灵活和温文尔雅尤为重要。

四、善后的事宜

新闻发布会举行完毕之后，主办单位需在一定的时间之内对其进行一次认真的评估和善后工作。了解新闻界的反应，整理保存会议资料，并酌情采取补救措施。对于在新闻发布会之后所出现的不利报道，要注意具体问题，具体分析。

任务实施

前文中，河南上海大众汽车销售有限公司为推出新POLO和新途安成功地运用了新闻发布会这种形式使他们在列强林立的汽车市场上脱颖而出。在汽车企业当中，一款新车上市，为了引起广大消费者的兴趣，取得消费者的关注往往采用新闻发布会这种形式。我们的汽车服务人员在举办新闻发布会的前期筹备、媒体的邀请、现场的控制以及善后的事宜等方面都要拿出汽车商务专业的水准来，保证企业新闻发布会成功举行。

实训任务

韩国锦湖轮胎天津分公司在生产轮胎过程中掺假事件，经过2011年3·15晚会曝光后，全国人民对此都十分关注。事发后，大量媒体记者要求韩国锦湖株式会社有关负责人出面接受采访。请根据这种场景分配学生担任新闻发布会的主持人、发言人、会场服务人员、媒体记者的角色，演练一下韩国锦湖株式会社有关负责人召开新闻发布会的场景。

任务安排如下：

（1）安排第一组的学生在媒体上收集韩国锦湖轮胎掺假事件的有关报道，为出演主持人、发言人、媒体记者的学生编写台词。

（2）安排第二组学生担任新闻发布会主持人、发言人、媒体记者，掌握有关问题。

（3）安排第三组学生担任会场服务人员，负责发布会会场的有关准备工作。

任务8.3　展览会礼仪

任务目标

目标一：掌握展览会相关的商务礼仪。
目标二：学会展览会内容宣传的方式技巧。

任务下达

上海的一个展览馆正在举行规模宏大的全球汽车展览。这次展览吸引了全国各地的人们，他们蜂拥而来，希望能选购到物美价廉的汽车。

一位年长的来自深圳的富商，便衣简从，也来到展览会上，他已经做了一些前期的了解，这次来，准备通过实地的体验，在大型车展厂商价格优惠的情况下从这里选购一辆豪华汽车。他停在一辆豪华轿车前，认真仔细地研究起来。这家豪华车厂商的服务人员是一位年轻貌美、气质高雅的小姐。她超凡脱俗，站在一旁，面带职业性的微笑，看着一群群对着豪华车啧啧有声的参观者。当然，她不可能对一个普通的老人给予过多的关注。所以当这位年长的富商向她走过来询问一些有关车的详细的问题时，她以一种很优雅的动作为老富翁拿了一份印刷精美的介绍图册。富商一边接过这份印刷品一边皱起了眉头，然后走开了。

富商继续参观，到了另一个展台陈列的豪华车前，这个展台前参观的人较少。这次他受到了一个年轻的专业服务人员的热情接待。这位服务人员脸上挂满了欢迎的微笑，那微笑就像阳光一样灿烂。富商顿时觉得温暖，而且当他又一次询问一些专业的问题时，他得到了相当周到的专业回答。从各种豪华车品牌，到性能和价钱，尤其是自己所推介的品牌，这位服务人员讲解得十分清楚。而且当其他参观者凑过来听时，他也尽量与其他参观者交流。尽管花费了他不少的时间，但他脸上一点也没有不耐烦的表情，反而始终洋溢着真诚的微笑。富商被他的微笑所感染，更被他所介绍的品牌的豪华车的品质和价格所吸引，毫不犹豫地签了一张100万元的支票作为定金，买下一辆该品牌的豪华车。

请思考：

在案例中，前一个厂商的展览会礼仪存在哪些缺失？第二个展台的服务人员有哪些可取之处？

项目 8　会务礼仪

汽车展览会简称车展,是汽车企业经常要参加的活动,它是汽车界的一种盛会。每年在中国都举办车展,如北京车展、上海车展等。作为一名汽车服务人员,必须掌握汽车展览会的相关商务礼仪,并能够在汽车展览会上游刃有余,表现的恰到好处。

任务分析

展览会礼仪,通常是指汽车企业单位在组织、参加展览会时应当遵循的规范与惯例。展览会在汽车商务交往中往往发挥着重大的作用。它不仅具有很强的说服力、感染力,可以打动观众,为主办单位广交朋友,而且还可以借助于个体传播、群体传播、大众传播等各种传播形式,使有关主办单位的信息广为传播,提高其名气与声誉。正因为如此,几乎所有的商界单位都对展览会十分重视,踊跃参加。在一般情况下,展览会主要涉及展览会的宣传、参加两个方面的重大问题。

相关知识

一、展览会的宣传

为了引起社会各界对展览会的重视,并且尽量地扩大其影响,主办单位有必要对其进行大力宣传。宣传的重点应当是展览的内容,即展览会上的展示陈列之物。因为只有它们才能真正吸引各界人士的注意和兴趣。

对展览会,尤其是对展览内容所进行的宣传,主要可以采用下述几种方式:①举办新闻发布会;②邀请新闻界人士到场进行参观采访;③发表有关展览会的新闻稿;④公开刊发广告;⑤张贴有关展览会的宣传画;⑥在展览会现场散发宣传性材料和纪念品;⑦在举办地悬挂彩旗、彩带或横幅;⑧利用升空的彩色气球和飞艇进行宣传。

以上 8 种方式,可以只择其一,也可多种同时并用。在具体进行选择时,一定要量力行事,并且要严守法纪,注意安全。

 知识链接

连续 9 天展示汽车魅力与汽车产业动力,以"科技、艺术、新境界"为主题的第十三届上海国际汽车工业展览会于 2010 年 4 月 28 日圆满落下帷幕。本届车展吸引了 25 个国家和地区 1500 余家参展商,17 万平方米展出规模;超过 60 万人次的观众和 7200 多名中外媒体记者;4 月 25 日创下单日接待观众逾 13.6 万人次的纪录;共有 918 辆展车,包括 316 辆进口车和 602 辆国产车亮相本届车展;全球首发车共 13 款。以上数据均创历届上海车展之最。

在两天媒体日里,各汽车厂家共举行了 60 场新闻发布会。来自海内外 38 个国家和地区的 1800 多家新闻媒体 7287 名记者竞相报道车展盛况,其中海外媒体 763 名。路透社、美联社、法新社、CNN、德国国家电视台、意大利电视台、商业周刊、华尔街日报、金融时报、经济新闻社、读卖新闻、彭博新闻社、时事通讯社、国际文传电讯社等国际主流媒体云集上海车展,均给予本届车展高度评价。新华社、中新社、中央电视台、SMG 上海文广集团、北京广播电台交通台、新浪、搜狐、中国汽车报等都以各种形式全方位报道了本届车展。由 120 多家主流媒体参与的合作媒体参展区以及 750m^2 WIFI 无线网络覆盖的新闻中心成为本届车展上一道亮丽的风景。

197

二、展览会的参加

参展单位在正式参加展览会时，必须要求自己派出的全部人员齐心协力、同心同德，为大获全胜而努力奋斗。在整体形象、待人礼貌、解说技巧3个主要方面，参展单位尤其要予以特别的重视。

1. 努力维护整体形象

参与展览时，参展单位的整体形象直接映入观众的眼里，因而对自己参展的成败影响极大。参展单位的整体形象，主要由汽车展品的形象与工作人员的形象两部分所构成。对于二者要给予同等的重视，不可偏废其一。

1) 展示之物的形象

它主要由汽车展品的外观、汽车展品的质量、汽车展品的陈列、展位的布置、发放的资料等构成。用以进行展览的汽车展品，外观上要力求完美无缺，质量上要优中选优，陈列上要既整齐美观又讲究主次，布置上要兼顾主题的突出与观众的注意力。用以在展览会上向观众直接散发的汽车资料，则要印刷精美、图文并茂、资讯丰富，并且注有参展单位的主要联络方式，如销售部门的电话、传真以及电子邮箱的号码等。

2) 工作人员的形象

是指在展览会上直接代表参展单位露面的人员的穿着打扮问题。在一般情况下，要求在展位上工作的人员应当统一着装。最佳的选择，是身穿本单位的制服、特意为本次展览会统一制作的会务装，或者是穿深色的西装、套裙。在大型的展览会上，参展单位若安排专人迎送宾客时，则最好请其身穿色彩鲜艳的单色旗袍，并胸披写有参展单位或其主打展品名称的大红色绶带。

为了说明各自的身份，全体工作人员皆应在左胸佩戴标明本人单位、职务、姓名的胸卡，唯有礼仪小姐可以例外。按照惯例，工作人员不应戴首饰，男士应当剃须，女士则最好化淡妆。

2. 时刻注意待人礼貌

在展览会上，参展单位的工作人员必须真正地意识到观众是自己的上帝，为其热情而竭诚地服务则是自己的天职。为此，全体工作人员都要将礼貌待人放在心坎上，并且将其落实在行动上。

展览会一旦正式开始，全体参展单位的工作人员即应各就各位，站立迎宾。不允许迟到早退、无故脱岗、东游西逛，更不允许在观众到来之时坐、卧不起，怠慢对方。

当观众走近自己的展位时，不论对方是否向自己打了招呼，工作人员都要面含微笑，主动地向对方说："您好！欢迎光临！"必要时，还应面向对方，稍许欠身，伸出右手，掌心向上，指尖直指展台，并告知对方："请您参观。"

当观众在本单位的展位上进行参观时，工作人员可随行于其后，以备对方向自己进行咨询；也可以请其自便，不加干扰。假如观众较多，尤其是在接待组团而来的观众时，工作人员也可在左前方引导对方进行参观。对于观众所提出的问题，工作人员要认真做出回答。不允许置之不理，或以不礼貌的言行对待对方。

项目8 会务礼仪

当观众离去时,工作人员应当真诚地向对方欠身施礼,并道以"谢谢光临",或是"再见"。

在任何情况下,工作人员均不得对观众恶语相加或讥讽嘲弄。对于极个别不守展览会规则而乱摸乱动的观众,仍须以礼相劝,必要时可请保安人员协助,但不能对对方擅自动粗。

3. 善于运用解说技巧

解说技巧,此处主要是指参展单位的工作人员在向观众介绍或说明汽车展品时应当掌握的基本方法和技能。具体而论,在汽车宣传性展览会与汽车销售性展览会上,其解说技巧既有共性可循,又有各自的不同之处。

在汽车宣传性展览会与汽车销售性展览会上,解说技巧的共性在于:要善于因人而异,使解说具有针对性。与此同时,要突出自己展品的特色。在实事求是的前提下,要注意对其扬长避短,强调"人无我有""人有我优""人优我新""人新我靓"之处。在必要时,还可邀请观众亲自动手操作,或由工作人员为其进行现场示范。此外,还可安排观众观看与展品相关的影视片,并向其提供说明材料与单位名片。通常,说明材料与单位名片应常备于展台之上,由观众自取。

在汽车销售性展览会上,解说的重点则必须放在主要展品的介绍与推销之上。按照国外的常规说法,解说时一定要注意"FABE"并重。在此,它是4个英文词组的缩写。其中,"F"(Feature)指展品特征,"A"(Advantage)指展品优势,"B"(Benefit)指客户利益,"E"(Evidence)则指可资证明的证据。要求工作人员在汽车销售性展览会上向观众进行解说时,"FABE"并重,就是要求其解说应当以客户利益为重,要在提供有利证据的前提之下,着重强调自己所介绍、推销的汽车展品的主要特征与主要优点,以争取使客户觉得言之有理,乐于接受。

任务实施

前文中,年长的富商来到的第一个汽车展台,虽然服务人员年轻貌美,气质高雅,但是面对富商的有关车辆的提问却以一张宣传单来进行回答,她的表现有悖汽车销售人员专业素质。当富商来到第二个展台时,有关汽车服务人员的专业表现赢得了富商的信赖,最终促成交易。通过案例反映出,现在很多的汽车展会展台人员只注意接待人员的外表,甚至很多公司直接使用礼仪小姐,如车模等。当然,这些礼仪小姐的到来可以吸引一定的人气,但是,作为布展方,其主要目的是展览自己所要推出的各种商品,而非一场热闹之后曲终人散的结果。所以,汽车展台前一定要有相关专业人员来接待参观者。

实训任务

根据汽车展览会商务礼仪的要求,组织学生模拟一场汽车展览会,要求学生注重汽车展览会的宣传以及参加展览会的有关商务礼仪知识的运用。

任务8.4　茶话会礼仪

任务目标

目标一：了解茶话会的筹办礼仪。
目标二：掌握茶话会的礼仪规范。

任务下达

铃木某汽车4S店举行的茶话会活动实录

　　春天是一个充满生机与活力的季节，铃木汽车作为汽车市场最具亲和力的汽车品牌之一，一直与消费者保持着非常亲密的关系，为把这种服务态度体现得更为突出，铃木在每个季节举行固定的客户茶话会，随时与新老客户保持最亲密的联系。第一期"铃木茶话会"于2011年3月26日下午给力开场，如图8.1～图8.7所示。

图8.1　充满着春天气息的活动现场

图8.2　铃木为大家精心准备的食品

图 8.3 签到台

图 8.4 热舞表演

图 8.5 员工激情献唱

图 8.6 与顾客游戏互动

图 8.7 杂技表演

虽说茶话会气氛比较轻松，在礼仪方面对主办方和与会嘉宾的要求都不算高，但也不能因此就有所怠慢。汽车服务人员如果在服务的过程中失了礼数，不仅仅是会影响会议效果，更严重的是会使企业的形象大打折扣。所以，汽车服务人员不仅要在思想上重视茶话会，而且重点要掌握茶话会的相关礼仪规范。

项目 8　会务礼仪

任务分析

茶话会主要是以茶待客、以茶会友，重点不在"茶"，而在"话"，即意在借此机会与新老顾客沟通交流、听取批评、加强联络，拉近企业与客户的关系，增进彼此之间的感情，有利于企业的长足发展。从这个意义上来讲，茶话会在所有的汽车商务性会议中并不是无足轻重的。

茶话会礼仪，在汽车商务礼仪之中特指有关汽车企业单位召开茶话会时所应遵守的礼仪规范。其具体内容主要涉及会议的主题、时空的选择、座次的安排、茶点的准备、会议的议程、现场的发言等几个方面。

相关知识

所谓茶话会，在商界主要是指意在联络老朋友、结交新朋友的，具有对外联络和进行招待性质的社交性集会。因其以参加者不拘形式地自由发言为主，且备有茶点，故此称为茶话会。

一、会议的主题

茶话会的主题，特指茶话会的中心议题。在一般情况下，汽车有关企业所召开的茶话会，其主题大致可分为以下类型。

1. 以联谊为主题

以联谊为主题的茶话会，是平日所见最多的茶话会。它的主题，是为了联络汽车企业同应邀与会的新老顾客的友谊。在这类茶话会上，宾主通过叙旧与答谢，往往可以增进相互之间的进一步了解，密切彼此之间的关系。除此之外，它还为与会的社会各界人士提供了一个扩大社交圈的良好契机。

2. 以娱乐为主题

以娱乐为主题的茶话会，主要是指在茶话会上安排了一些文娱节目或文娱活动，并且以此作为茶话会的主要内容。这一主题的茶话会，主要是为了活跃现场的局面，增加热烈而喜庆的气氛，调动与会者参与的积极性。与联欢会有所不同的是，以娱乐为主题的茶话会所安排的文娱节目或文娱活动，往往不需要事前进行专门的安排与排练，而是以现场的自由参加与即兴表演为主。它不必刻意追求表演的一鸣惊人，而是强调重在参与、尽兴而已。如一些汽车 4S 店在元旦或者春节等节日到来之前举办相应的茶话会邀请公司的新老顾客前来参加等。

 知识链接

2009 年七月初七，广州东湖长安 4S 店举行了七夕茶话会，让今年的鹊桥别具含义。它不仅让相思的牛郎织女共聚天伦，也让广州东湖长安 4S 店与 40 多位新老客户架起友谊的桥梁。茶香环绕，笑语不断，在七夕这个美好的节日，广州东湖长安 4S 店将"长安·亲情，四海一家"的精神，暖暖地、轻轻地送到每一位客户的心中，如图 8.8 所示。

图 8.8　广州东湖长安 4S 店"亲情长安·共聚七夕"茶话会

二、时空的选择

一次茶话会要取得成功，其时间、空间的具体选择，都是主办单位必须认真对待的事情。

1. 举行茶话会的时间

举行茶话会的时间可以分成 3 个具体的内容，即举办的时机、召开的时间、时间的长度。

1）茶话会举办的时机

在举办茶话会的时间问题上，举办的时机问题是头等重要的。唯有时机选择得当，茶话会才会产生应有的效果。通常认为，辞旧迎新之时、周年庆典之际等，都是汽车有关企业酌情召开茶话会的良机。

2）茶话会召开的时间

召开的时间，在此是指茶话会具体应于何时开始举行。根据国际惯例，召开茶话会的最佳时间是下午 4 点左右。有些时候，也可将其安排在上午 10 点左右。需要说明的是，在具体进行操作时，不必墨守成规，应以与会者尤其是主要与会者的方便与否以及当地人的生活习惯为准。

3）茶话会时间的长度

对于一次茶话会到底举行多久的问题，可由主持人在会上随机应变，灵活掌握。也就是说，茶话会往往是可长可短的，关键是要看现场有多少人发言，发言是否踊跃。不过在一般情况下，一次成功的茶话会，大都讲究适可而止。若是将其限定在一个小时至两个小时之内，效果往往会更好一些。

2．举行茶话会的空间

指茶话会举办地点、场所的选择。按照惯例，适宜举行茶话会的场地大致主要有如下几类。

（1）主办单位的会议厅。

（2）宾馆的多功能厅。

（3）包场高档的营业性茶楼或茶室。

（4）度假村、休闲会所等一些室外场所。

餐厅、歌厅、舞厅、酒吧等处，通常均不宜用来举办茶话会。

在选择举行茶话会的具体场地时，还需同时兼顾与会人数、支出费用、周边环境、交通安全、服务质量、档次名声等问题。

三、座次的安排

同其他正式的工作会、报告会、纪念会、庆祝会、表彰会、代表会相比，茶话会的座次安排具有自身的鲜明特点。从总体上来讲，在安排茶话会与会者的具体座次时，必须使之与茶话会的主题相适应，而绝对不应当令二者相互抵触。

具体而言，根据约定俗成的惯例，目前在安排茶话会与会者的具体座次时，主要采取以下4种办法。

1）环绕式

所谓环绕式排位，指的是不设立主席台，而将座椅、沙发、茶几摆放在会场的四周，不明确座次的具体尊卑，而听任与会者在入场之后自由就座。这一安排座次的方式，与茶话会的主题最相符，因而在当前流行面最广。

2）散座式

所谓散座式排位，多见于举行于室外的茶话会。它的座椅、沙发、茶几的摆放，貌似散乱无序，四处自由地组合，甚至可由与会者根据个人要求而自行调节，随意安置。其目的就是要特意创造出一种宽松、舒适、惬意的社交环境。

3）圆桌式

圆桌式排位，指的是在会场上摆放圆桌，而请与会者在其周围自由就座的一种安排座次的方式。在茶话会上，圆桌式排位通常又分为下列两种具体的方式：其一，仅在会场中央安放一张大型的椭圆形会议桌，而请全体与会者在其周围就座。其二，在会场上安放数张圆桌，而请与会者自由组合，各自在其周围就座。当与会者人数较少时，可采用前者；而当与会者人数较多时，则应采用后者。

4）主席式

在茶话会上，主席式排位并不意味着要在会场上摆放出一目了然的主席台，而是指在会场上，主持人、公司有关人员与顾客应被有意识地安排在一起就座，并且按照常规，居于上座之处。例如，中央、前排、会标之下或是面对正门之处。

就总体而论，为了使与会者畅所欲言，并且便于大家进行交际，茶话会上的座次安排尊卑不宜过于明显。不排座次、允许自由活动、不摆与会者的名签，乃是其常规做法。

四、茶点的准备

茶话会，顾名思义，自然有别于正式的宴会。因此，它不上主食、热茶，不安排品酒，而是只向与会者提供一些茶点。不论是主办单位还是与会者，大家都应当明白，茶话会是重"说"不重"吃"的，所以没有必要在吃的方面去过多地下功夫。设想一下，若是在茶话会上上了无数美酒佳肴，大家一味地沉浸于口腹之乐，哪里还有闲情逸致去发表高见呢？

商务礼仪规定：在茶话会上为与会者所提供的茶点，应当被定位为配角。虽说如此，在具体进行准备时，需要注意如下几点。

对于用以待客的茶叶与茶具要精心进行准备。选择茶叶时，在力所能及的情况之下，应尽力挑选上等品，切勿滥竽充数。与此同时，要注意照顾与会者的不同口味。例如，对中国人来说，绿茶老少皆宜。而对欧美人而言，红茶则更受欢迎。

在选择茶具时，最好选用陶瓷器皿，并且讲究茶杯、茶碗、茶壶成套，千万不要采用玻璃杯、塑料杯、搪瓷杯、不锈钢杯，也不要用热水瓶来代替茶壶。所有的茶具一定要清洗干净，并且完整无损，没有污垢。

除主要供应茶水之外，在茶话会上还可以为与会者略备一些点心、水果或是地方风味小吃。需要注意的是，在茶话会上向与会者所供应的点心、水果或地方风味小吃，品种要对路、数量要充足，并且要便于取食。为此，最好同时将擦手巾一并上桌。

按惯例，在茶话会举行之后，主办单位通常不再为与会者备餐。

五、会议的议程

相对而言，茶话会的会议议程，在各类正式的商务性会议之中，可以称得上是最简单的。

在正常情况下，所举办的茶话会的主要会议议程大体只有如下 4 项。

1）主持人宣布茶话会正式开始

在宣布会议正式开始之前，主持人应当提醒与会者各就各位，并且保持安静。而在会议正式宣布开始之后，主持人还可对主要的与会者略加介绍。

2）主办单位的主要负责人讲话

主要负责人的讲话应以阐明此次茶话会的主题为中心内容。除此之外，还可以代表主办单位，对全体与会者的到来表示欢迎与感谢，并且恳请大家今后一如既往地给予本单位以更多的理解与支持。

3）与会者发言

根据惯例，与会者的发言在任何情况下都是茶话会的重心之所在。为了确保与会者在发言时直言不讳、畅所欲言，通常，主办单位事先均不对发言者进行指定与排序，也不限制发言的具体时间，而是提倡与会者自由地进行即兴发言。有时，与会者在同一次茶话会上，还可以数次进行发言，以不断补充、完善自己的见解、主张。

4）主持人做总结

随后，主持人即可宣布茶话会至此结束、散会。

六、现场的发言

与会者的现场发言，在茶话会上举足轻重。假如在一次茶话会上没有人踊跃发言，或者是与会者的发言严重脱题，都会导致茶话会的最终失败。

根据会务礼仪的规范，茶话会的现场发言要想真正取得成功，重点在于主持人的引导得法和与会者的发言得体。

在茶话会上，主持人所起的作用往往不止于掌握、主持会议，更重要的，是要求他能够在现场审时度势地引导与会者的发言，并且有力地控制会议的全局。在众人争相发言时，应由主持人决定孰先孰后。当无人发言时，应由主持人引出新的话题，引导与会者参与；或者由其恳请某位人士发言。当与会者之间发生争执时，应由主持人出面劝阻。在每位与会者发言之前，可由主持人对其略做介绍。在其发言的前后，应由主持人带头鼓掌致意。万一有人发言严重跑题或言辞不当，则还应由主持人出头转换话题。

与会者在茶话会上发言时，表现必须得体。在要求发言时，可举手示意，但同时也要注意与其他人相互谦让，不要与人进行争抢。不论自己有何高见，打断他人的发言都是失当的行为。在进行发言的过程中，不论所谈何事，都要使自己语速适中、口齿清晰、神态自然、用语文明。肯定别人的成绩时，一定要实事求是，力戒阿谀奉承；提出批评时，态度要友善，切勿夸大事实，讽刺挖苦。与其他发言者意见不合时，一定要注意"兼听则明"，并且要保持风度。切勿当场对其表示出不满，或是在私下里对对方进行人身攻击。

任务实施

通过案例中铃木某汽车4S店举行的茶话会实录，我们可以看到：茶话会准备充分，表演形式新颖，内容丰富多彩，可以看得出这是一次成功的茶话会。同时通过这个案例我们也体会到，现在许多汽车企业通常采用茶话会的形式来与客户联络感情。茶话会虽说不是正式的商务会议，但是恰恰就是因为茶话会能够为客户带来轻松、自由的氛围，所以更容易拉近企业与客户之间的关系，被汽车企业单位广泛采用。所以很多汽车服务人员非常重视茶话会有关的礼仪，并且在茶话会的有关事宜方面表现的贴心得体、恰到好处。

实训任务

根据学生人数进行相应分组，每组学生人数在15人左右，要求每组学生自拟主题来组织一次茶话会，但是茶话会的主办方都是汽车相关企业（汽车4S店、汽车销售有限公司、汽车维修站等）。要求学生在举办茶话会时，要体现出本任务中所讲到的有关事项及商务礼仪。

项目小结

本项目主要介绍了几种重要的商务会议的筹办和参加礼仪。

洽谈会是汽车企业单位开辟事业发展之路的重要会议，洽谈会的主办方要注意洽谈前的准备和洽谈时的礼仪。

新闻发布会是汽车企业单位重要的形象宣传方式。筹办会议时要注意主题的确定、时空的选择、人员的安排、材料的准备。在邀请媒体时要有所选择，有所侧重。其中对新闻发言人要慎重选择。会后，要了解新闻界的反映，对于他们所发的失误或错误的报道，都要主动采取一些必要的对策，同时，还要整理保存会议资料。

展览会是推销汽车企业单位产品的舞台。展览会的组织者需要做好许多具体工作。要对展览会进行宣传，在展会上，参展单位要注意突出自己的展位，并且要通过各种方式更好地向观众传播信息。展会的接待服务人员一定要注意自己的形象，并且熟练地做好解说工作。

茶话会意在联络老客户，结交新客户，它的筹办要注意会议主题的确定、来宾的确定、时空的选择、座次的安排、茶点的准备、会议的议程、现场的发言等几个方面。同时，会议中，主持人要积极引导，与会者要畅所欲言。

练习与技能训练

一、填空题

1. 洽谈会礼仪，主要涉及洽谈前准备和_____这两个方面的问题。
2. 在仪表方面，最值得出席洽谈会的汽车服务人员重视的是_____。
3. 根据商务洽谈举行的地点不同，可以将它分为_____、_____、_____及第三地点洽谈。
4. 对汽车有关企业而言，_____，是企业联络、协调与新闻媒介之间的相互关系的一种最重要的手段。
5. 一般而言，新闻发布会的主题大致上共有3类：一类是_____，另一类是_____，再有一类则是解释某一事件。
6. 主持人、发言人在新闻发布会举行之际牢记下述几个要点：_____、相互的配合、_____。
7. 参展单位在正式参加展览会时，在整体形象、_____、_____3个主要方面，参展单位尤其要予以特别的重视。
8. 新闻发布会的主题，指的是新闻发布会的_____。
9. 在汽车销售性展览会上，解说的重点则必须放在主要展品的介绍与_____之上。
10. _____，主要是指意在联络老朋友、结交新朋友的，具有对外联络和进行招待性质的社交性集会。

11. 茶话会的主题大致可分为以_____为主题、以娱乐为主题。
12. 安排茶话会与会者的具体座次时，主要采取以下 4 种办法：环绕式、_____、_____、_____。

二、判断题

1. 洽谈的礼仪性准备，是要求洽谈者在安排或准备洽谈会时，应当注重自己的仪表，预备好洽谈的场所、布置好洽谈的座次，并且以此来显示我方对于洽谈的重要以及对洽谈对象的尊重。（ ）
2. 在准备洽谈时，礼仪性准备的收效虽然一时难以预料，但是却绝对必不可少。（ ）
3. 在洽谈会中保持"绅士风度"或"淑女风范"，有助于消除对手的反感、漠视和抵触心理。（ ）
4. 正式出席洽谈会的人员，男士一律应当理发、剃须、吹头发，不准蓬头乱发，不应蓄胡子或留大鬓角。（ ）
5. 在洽谈桌上能够面带微笑、态度友好、语言文明礼貌、举止彬彬有礼的人，有助于赢得对手的尊重与好感。（ ）
6. 正式出席洽谈会的人员，女士则应选择端庄、素雅的发型，并且化淡妆，但是不宜做过于摩登或超前的发型，不许染彩色头发，不许化艳妆或使用香气过于浓烈的化妆品。（ ）
7. 通常认为，举行新闻发布会的最佳时间，是周一至周四的上午 11 点至 12 点，或是下午的 5 点至 6 点。（ ）
8. 在事先邀请新闻界人士时，必须有所选择、有所侧重。（ ）
9. 在新闻发布会上，主持人、发言人的一言一行，仅代表着个人行为。（ ）
10. 根据国际惯例，召开茶话会的最佳时间是下午 6 点左右。（ ）
11. 与会者在茶话会上要求发言时，可举手示意，但同时也要注意与其他人相互谦让，不要与人进行争抢。（ ）

三、单项选择题

1. 在仪表方面，最值得出席洽谈会的汽车服务人员重视的是（　　）。
   A. 发型　　　B. 服装　　　C. 妆容　　　D. 配饰
2. 在汽车销售性展览会上，解说的重点则必须放在主要展品的介绍与（　　）之上。
   A. 推销　　　B. 演示　　　C. 展示　　　D. 讲解
3. 举行茶话会的时间可以分成 3 个具体的内容，即举办的时机、（　　）、时间的长度。
   A. 召开的时间　　B. 季节的选择　　C. 顾客的时间　　D. 汽车服务人员的时间
4. （　　）主要是指意在联络老朋友、结交新朋友的，具有对外联络和进行招待性质的社交性集会。
   A. 新闻发布会　　B. 展览会　　C. 洽谈会　　D. 茶话会
5. 对汽车有关企业而言，（　　），是企业联络、协调与新闻媒介之间的相互关系的一种最重要的手段。

A. 茶话会　　　　B. 洽谈会　　　　C. 新闻发布会　　D. 展览会

四、情境设计

1. 德国大众汽车公司和布加迪轿车公司就收购问题举行洽谈会，请将学生等分成两组，分别扮演两个公司负责洽谈的商务人员进行商务洽谈，其中德国大众作为东道主安排洽谈会的会场。

2. 日本丰田汽车公司在"刹车门事件"当中受到来自全球许多国家汽车用户的指责。事发后，大量媒体记者要求日本丰田汽车公司有关负责人出面接受采访。请根据这种场景分配学生担任新闻发布会的主持人、发言人、会场服务人员、媒体记者的角色，演练一下日本丰田汽车公司有关负责人召开新闻发布会的场景。

3. 河南省郑州市一年一度的大河车展在三月中旬拉开帷幕，作为某汽车4S店的销售总监葛总要组织参加这次车展。请学生设计情景模拟如何在这次大河车展上开展相关工作，有关的汽车服务人员在车展上又应该注意哪些方面的服务礼仪？

4. 年关将近，为答谢新老顾客对公司的厚爱，某汽车销售有限公司准备在公司举行新老顾客答谢茶话会。作为公司的客服经理小宋，应该如何组织这次茶话会，相关的汽车服务人员在茶话会上又应该注意哪些相关汽车服务礼仪？请学生就以上内容设计情境进行表演。

项目 9

服务人员的语言规范

 项目导读

语言是一种极其重要的人际交流手段。巧妙、准确地使用语言能够调节人们的行为，激发良好的情绪。语言礼仪是指语言应具有的礼仪规范，给人以美的感受，从而使组织与公众相互理解、协调、适应，树立良好的组织形象。在大多数相同的公关情境中，语言礼仪不因服务人员的不同而有根本性的不同。对服务人员而言，语言运用、表达能力既体现着自己的服务水准，又直接与自己所在单位的总体精神文明状态密切相关。所以，服务人员在自己工作岗位上服务时，必须自觉地遵守有关语言规范。汽车服务人员的语言规范礼仪一方面强调在语言运用中所体现的个人礼貌和修养，另一方面强调在处理与客户沟通上达到相互理解、协调的能力。语言的规范在沟通中起着非常重要的作用，遵守语言礼仪是确保维持良好人际关系，使其顺利发展的重要前提。

 项目分析

汽车服务人员在与客户面对面沟通时只有掌握语言礼仪的基本知识，在实际中运用、发挥，提升服务的水准，才能在激烈的竞争中占得先机，赢得主动权。语言规范礼仪主要有：

🚌 文明礼貌用语；

🚌 行业用语。

任务 9.1　文明礼貌用语

任务目标

目标一：掌握文明礼貌用语的基本内容。

目标二：以礼貌用语为汽车服务的准则提高服务水平，提升自身的服务意识和服务能力。

任务下达

一个阳光明媚的午后，4S 店的展厅里客户三三两两的看着车，销售顾问李明在自己的位置上办公，这时一位打扮朴素的顾客走了进来，李明赶紧起身去迎接顾客，"先生您好，想看什么车呀？"

"嗯，我想看看 10 万元以内的车。"

"那您是走对店了，我们这有好几款这个价位的车，我给您介绍一下。"

"好的。"

"您看这款是我们今年新上市的车，这款车有倒车雷达、遥控钥匙、天窗等配置，不夸张地说这是同级别车中配置最好的了，而且价格合理，特别省油，非常适合您。"

客户怀疑地看着李明，"这车有那么好吗？"

"那当然了，我可以跟您保证，我们旁边这家 4S 主推的款，跟我们这款根本没法比，别看价格差不多，但是无论是外观还是性能都差得太远了。凡是懂车的都买我们这款。"

客户听完李明的介绍，想了想转身走出 4S 店。

请思考：

客户在听了李明的介绍后为什么转身离开了 4S 店？李明在介绍的过程中存在哪些问题？

与汽车营销与服务相关的企业对从事前台接待、销售、售后服务等的汽车服务人员要进行相关文明礼貌用语礼仪培训，为其在以后和客户接触过程中能够顺利沟通，给客户留下良好印象奠定基础。

任务分析

汽车营销服务礼貌用语的具体内容，主要包括礼貌语言的特点，礼貌语言的种类，语言中的礼仪细节、礼貌用语使用技巧 4 个方面的规范化要求。文明礼貌语言的使用，是礼仪的有声表现，只有掌握相关内容，才能提升服务人员的沟通能力。

相关知识

所谓礼貌用语，是表示谦虚恭敬的专门用语，是博得他人好感与体谅的最为适用的方法，是约定俗成的表达方式。

一、礼貌用语的特点

在服务岗位上，准确而适当地运用礼貌用语是对广大服务人员的一项基本要求，同时也是其做好本职工作的基本前提之一。首先要了解的礼貌用语的特点大致有以下3个。

1. 主动性

使用礼貌用语，应当成为服务人员主动而自觉的行动。服务人员在与服务对象进行交谈时，应主动采用礼貌用语。

2. 约定性

服务人员常用的礼貌用语在内容与形式上都已约定俗成、沿用已久、人人皆知，对其只需遵从，不宜"另辟蹊径"。

3. 亲密性

让顾客听在耳中，暖在心里，这种亲切必须是发自内心，诚心所至，不落俗套的。

二、礼貌用语的种类

说话有礼貌，是人类文明的常识。说话是否有礼貌，导致的结果截然不同。

 知识链接

客户宋先生的宝来车空调压缩机坏了，在4S店更换后没多久，空调又出现了不制冷的情况。于是宋先生又来到该4S店进行维修，他首先询问服务顾问小刘："我刚换的压缩机，怎么又不好使了？你们4S店是怎么修的？"小刘答道："我也不知道啊，你把车开到车间让技师给看一下吧。"客户一听火冒三丈，说："你不知道，那谁知道！"

而相同的情况，服务顾问小张是这样回答的："宋先生，对给您带来的不便真是抱歉，具体情况我会让技师仔细诊断，如果是我们维修中存在的问题，我们会免费负责维修及更换，请您先到休息室等待。"客户宋先生听到小张的话，点点头跟随小张到休息室等待。可见礼貌用语使用得当在很多事情上可以起到事半功倍的效果。

礼貌语言的用途非常广泛，内容十分丰富。我们要根据不同的情境，针对不同的对象灵活使用，既要彬彬有礼，又要不落俗套。服务礼仪中礼貌用语根据表达的语意主要分为7类：问候语、请托语、致谢语、礼赞语、道歉语、告别语、祝贺语。

1. 问候语

在展厅门口要向到来的客户问候"欢迎光临××4S店"，在展厅内，遇见认识或不认识的客户，都可以问候一声："您好。"礼貌问候时要有主动、热情、友善的态度，要用微笑、明朗的表情和对方交谈，努力发挥个人魅力，给对方留下良好的第一印象。若是遇见较为熟悉的客户还可以适当寒暄几句，"好久没见到您了""您的车最近用的怎么样"等。而对客户视而不见，就是不礼貌的行为。特别是和客户在展厅内面对面擦肩而过时，应放慢脚步，微微侧身面向客户方向，面带微笑问候客户，而不应面无表情、视而不见匆匆走过。当然也可以微笑和点头示意。还应注意的是，下级、年轻的、晚辈等应积极主动地问候上级、年老的、长辈等。

2. 请托语

当求托于人时，要用请托语。我国常用的是"请""有劳您""劳驾""拜托""有劳您费心了"等。英语国家一般是"对不起（Excuse Me）"。日本则是"请多关照""拜托您了"。

一般来说，向人提出请求时"请"字当先，而且应语气诚恳，不要居高临下，因为这是你在提出请求，对方并没有义务非得按你说的去做。即使是请人一起吃饭，也应说："请您和我共进晚餐，好吗？"。尤其请女性朋友或外国朋友时，不能摆出一副施恩于人的态度。同时也不要低声下气，要显示出良好的修养。例如，当需要客户跟随服务人员交款时，服务人员可以用请托语引导客户："先生，请您随我一起去款台交款好吗？"

向客户提出请求时要注意把握时机，当客户拒绝你的请求时，应予以理解，并且为对方所做出的努力表达谢意。例如，销售人员在向客户销售汽车产品过程中，客户最终由于价格高的原因不同意在4S店购买车载导航，销售人员应向客户表示理解："4S店在价格上要比其他的配件店稍高些，我能理解您的顾虑，您可以再选选看，我很乐意随时为您提供咨询。"

3. 致谢语

"谢谢""谢了""多谢""非常感谢""十分感谢"是常用的谢语。具有中国特色的致谢语还有"有劳您（你）了""难为您（你）了""劳您（你）费心了"等。

在别人为你提供服务时，有时，别人想给你帮忙而未能帮上忙，比如，你向他人问路，对方不知道，说不上来，你也要谢谢他。

在面对以下情况时，服务人员将致谢语挂在嘴边是必要的：客户在百忙中接听服务人员的电话，服务人员要说："十分感谢您在百忙中接听电话……"；客户对服务人员的难处表示理解时，服务人员要说："非常感谢您的理解……"；客户参加4S店组织的活动时，服务人员要说："感谢您的热情参与……"等。致谢时，从神态到声音都要体现真诚。

4. 礼赞语

美国总统林肯曾说过，每个人都希望得到赞美。马克·吐温说他得到一次称赞后，可以凭这份赞赏愉悦地生活两个月。20世纪30年代年薪就达一百万美元的美国企业管理家查尔斯·苏维柏说："没有任何一种挫折比上司的批评更能扼杀员工的工作热忱，我从不批评任何一个人，因为我知道，若要使他们心悦诚服的贡献自己，必须以鼓励代替责备，我看到满意的事物，就要提出真诚的赞美。"每个人都有他的优点和长处。要善于发现、欣赏别人的优点，并且真诚地礼赞它，缩短双方的心理距离。如果你发现并礼赞了连对方自己都还不太清楚的优点，他经你一赞，发现还真是如此，那么他会更欣然，把你视为知己。但要把握分寸，不要言不由衷，阿谀奉承。例如，服务人员如果发现来访的客户对车辆性能非常了解，可以赞美客户："您真厉害，汽车知识真丰富，很少见到像您这样了解汽车的顾客。"

常使用的礼赞语有"太好了""美极了""好极了""你干得相当好"等。礼赞方式根据对象的不同区别为 3 种：上行式、下行式和平行式。比如，在共同完成一件工作之后，下行式表达方式是这样的，年长者或上级拍着年轻人或下级的肩膀说："小李，这次任务完成的非常好。"而上行式表达，一般带有敬慕的语气："老先生，真想不到，您比我们年轻人还灵活。"平行式表达，身份、年龄相当的，可以说："你说到大家心里去了，想不到你口才这么好。"服务人员面对顾客使用礼赞语时，可以根据客户的年龄等特征，选择具体的礼赞方式。

同样的，当遇到客户对服务人员进行礼赞时，面对赞美，服务人员要做出积极应答，这是被赞美者主动展示自己思想品格、社交机智与才能、文化素质和礼仪的表现。一般有 3 种回答方式：致谢式、谦虚式和互酬式。

致谢式是最通用的，在下行式赞美的回答中最为得体。如"谢谢您的鼓励""感谢您对我工作的肯定"等。

谦虚式，以谦逊的态度对待别人的赞美，是受中国传统文化影响下使用较多的一种赞美反馈形式。常用语是"哪里哪里""您过奖了"之类。

互酬式，一般用于平行式赞美的回赠。

5．道歉语

在日常生活和交际中，有时我们会因为某种原因而打扰别人，影响别人，或是给别人带来某种不便，甚至给别人造成某种损失或伤害，此时我们应及时道歉。工作中出现了疏忽，给客户带来了不便或损失，服务人员要真诚地对客户说："给您带来不便，真是对不起，您看这么解决……可以吗？"面对客户提出的问题，服务人员不能解决时，服务人员也要及时向客户致歉"很抱歉，这个问题我需要请示之后才能答复您。"

通常使用表达不安、歉意、遗憾的道歉语有"对不起""请原谅""很抱歉""打扰了"等。

道歉并非耻辱，而是一个人深明事理、真挚诚恳和具有勇气的表现。特别是出现矛盾时，服务人员及时的道歉，可以有助矛盾的化解，使大事化小，小事化了，甚至化干戈为玉帛。

6．告别语

告别语主要有"再见""再会""后会有期"等。告别语主要用在交谈结束、与人作别之际，道上一句"再见"，可以表达惜别之意与恭敬之心。例如，当客户准备从 4S 店离开时，服务人员要礼貌的将客户送出展厅，并对客户说："欢迎您下次光临，再见！"对于没有成交的客户，服务人员同样要以礼相待，客户离开时要热情相送。

三、语言中的礼仪细节

在沟通中，不可否认有许多人是以谈吐取人的，对待一面之交的人尤其如此。而语言中的礼仪细节，往往决定着一个人说话是否得体。这些细节主要包括发音、声音、语气、条理、措辞等。做好这些细节，才能使语言准确、鲜明、简练，才能顺畅沟通。

1. 发音准确

只有发音准确了，别人才能听懂你在说什么，才能起到交流作用。口齿不清、含含糊糊让人听起来费劲，且有失自己的身份。而读错音、念错字，则会让人笑话。发音准确可以说是对服务人员的基本要求，带有地方口音的服务人员要多加练习普通话，可以利用看电视、电影，听广播等方式有意识地听辨，矫正自己在发音吐字方面的毛病。

2. 声音优美

一位诗人曾经这样说道：在人世之间，没有比悦耳动听的声音更中听的东西，也没有比尖锐刺耳的声音更难听的东西。这位诗人的话，充分说明了声音美在谈话中的重要意义。

有的人得天独厚，嗓音动听悦耳，有的人先天条件可能差一些，但这并不是决定因素。声音条件不理想的人照样也能成为讲话动听的人，关键是看后天如何训练。例如语速的调整就可以弥补语音的缺点：声音尖细的人，要放慢语速，这样听起来就不那么刺耳了；声音低沉的人，适当加快语速，这样听起来就不那么沉闷了。

3. 语气谦和

生活中，有的人说话不注意语气，平时说话大喊大叫的，或者经常以命令、批评的语气说话，这样并不好。有一个好的语气，顾客容易接受，这样我们就成功了一半。反过来，有时候说话的语气不好，可能会激起很大的矛盾。

想使语气变得谦和其实很简单，首先要把你说话的对象看成是和你一样的人。少一点命令的口气，多一点商量的语气；少一点管理的口气，多一点服务的口气；少一点惩罚的口气，多一点帮助的口气。拿批评来说，假如你在批评一个人的时候，把责备的话"你怎么能这样做呢？"，变成"可不可以这样做""你要是这样做就好了"等，别人就容易接受了。

4. 条理清晰

有条不紊的谈话，让人很容易领会。反之，杂乱无章、前言不搭后语的谈话叫人难以领会，很容易被人误解，达不到交流的目的。正像任何行动都会有目的一样，人只要说话就有一定的目的。目的决定了任何谈话都有一个中心意思。中心明确，才能解决说话的集中性、连续性和条理性的问题。日常说话不论简单还是繁杂，都要主旨明确，要言不烦。在交谈时，应去掉过多的口头语，以免语句割断，语句停顿要准确，思路要清晰，谈话要缓急有度，从而使交流活动畅通无阻。

语言是约定俗成的，没有约定俗成，就不能成为信息的载体、交流的工具。而在这约定俗成的复杂的语言世界中，只有措辞得当，才能避免误解。正所谓"言不在多，达意则灵"。

四、礼貌用语使用技巧

美国哈佛大学前校长伊立特曾说："在造就一个有修养的人的教育中，有一种训练必不可少，那就是优美、高雅的谈吐。"交谈是交流思想和表达感情最直接、最快捷的途

项目9 服务人员的语言规范

径。在服务过程中，因为不注意交谈的礼仪规范，或用错了一个词，或多说了一句话，或不注意词语的色彩，或选错话题等而导致销售、服务失败的事时有发生。因此，在交谈中服务人员只有遵从一定的礼仪规范，才能达到双方交流信息、沟通思想的目的。

理想的交谈应当讲究交谈智慧，避免以下几种交谈习惯与方式。

1. 不可忽视的寒暄

常言说"良好的开端是成功的一半"。寒暄开场，作为谈话的"开端"和"起点"，是决定谈话成败的关键。寒暄开场做得好，会很容易地获得对方的好感；做得不好，接下来的谈话就不会太顺利。

需要注意的是，寒暄时要以主动、热情、开朗、友善的态度、明朗的表情和对方交谈，努力发挥个人的魅力，给对方留下美好的第一印象。即使自己心情不好或身体不适，也应努力克制，不要让对方有所察觉。那种不动感情、例行公事式的寒暄达不到给对方好感的目的。

此外，寒暄的时间不宜过长。高明的沟通者往往善于从寒暄中找到契机，及时导入主题，自然而然地把话题引入预定的轨道。

知识链接

寒暄不仅可以营造友好和谐的气氛，而且也是在说话之始观察对方情绪和个性特征，获取有用信息的好方法。如日本松下电器公司创始人松下幸之助刚"出道"的时候，就曾被对手以寒暄的形式探测到了自己的底细，使自己产品的销售大受损失。

当松下幸之助第一次到东京找批发商谈判时，刚一见面，批发商就友善地对他寒暄说："我们是第一次打交道吧？以前我好像没见过您。"批发商想用寒暄托词，来探测对手究竟是生意场上的老手还是新手。松下幸之助缺乏经验，恭敬地回答："我是第一次来东京，什么都不懂，请多多关照。"

正是这番极为平常的寒暄答复使批发商获得了重要的信息——对方原来是一个新手。批发商接着问："你打算以什么价格出卖你的产品？"松下幸之助又如实地告知对方："我的产品每件成本是20元，我准备卖25元。"

批发商了解到松下幸之助在东京人地两生，又暴露出急于要为产品打开销路的愿望，因此趁机杀价："你首次来东京做生意，刚开张应该卖得更便宜些，每件20元如何？"没有经验的松下幸之助在这次交易中吃了亏。

究其原因，是那位老练的批发商通过表面上的寒暄探测到他的虚实，在谈判中赢得了主动。而松下幸之助由于在寒暄之中暴露了自身的底细，导致了被动与失利。因此，在双方寒暄之时就要避免无意之中自身关键信息的泄露。当然，可以利用相互寒暄时的那些应酬话，去掌握说话对象的背景材料：他的性格爱好、处事方式、沟通习惯等，进而找到双方的共同语言，为相互间的心理沟通做好准备。

2. 不说批评性话语

说批评性话语这是许多服务人员的通病，尤其是业务新人，有时讲话不经过大脑，脱口而出伤了别人，自己还不觉得。常见的例子有，见了客户第一句话便说，"您现在开的车太不适合您了""您原来车的品牌不如我们的品牌好""你的想法不对"等，这些脱口而出的话语里包含批评，虽然我们是无心去批评指责，只是想打一个圆场有一个开场白，而在客户听起来，感觉就不太舒服了。

因此，对一些只可意会，不可言传的事情，可能引起对方不愉快的事情，不宜直接陈述，只能用委婉、含蓄、动听的话去说。委婉表达时应注意：避免使用主观武断的词语，如"必须""只有""一定""唯一""只能"等不留余地的词语，要尽量采用与人商量的口气；先肯定后否定，学会使用"是的……但是……"这样的句式，把批评的话语放在表扬之后，就显得委婉一些；间接地提醒他人的错误或拒绝他人等。

3. 杜绝主观性议题

在商言商，与营销没有什么关系的话题，最好不要参与议论，比如政治、宗教等涉及主观意识的话题，无论说是对是错，这对于营销都没有什么实质意义，反而有可能触及客户的个人隐私，适得其反。

4. 不说夸大不实之词

夸大产品的功能，这是不实的行为，客户在日后的享用产品的过程中，终究会清楚你所说的话是真是假。例如，该款车没有行车电脑，而向顾客介绍时却说："我们这车有行车电脑，可以显示室外温度和瞬间油耗等。"不能因为要达到一时的销售业绩，夸大产品的功能和价值，这势必会埋下一颗"定时炸弹"，一旦纠纷产生，后果将不堪设想。

5. 禁用攻击性话语

我们可以经常看到这样的场面，同业里的服务人员使用带有攻击性色彩的话语，攻击竞争对手，甚至有的人把对方说得一钱不值，致使整个行业形象在人心目中不理想。例如，"那家店的车跟我们的没法比，特别是刚推出的新款，配置不高价格还贵，想不开的人才买。"多数的服务人员在说出这些攻击性话题时，缺乏理性思考，却不知，无论是对人、对事、对物的攻击词句，都会造成准客户的反感，因为你说的时候是站在一个角度看问题，不见得每一个人都是与你站在同一个角度，表现得太过于主观，反而会适得其反，对销售也只能是有害无益。

6. 避谈隐私问题

与客户打交道，主要是要把握对方的需求，而不是一张口就大谈特谈隐私问题，这也是我们服务人员常犯的一个错误。有些服务人员会说，我谈的都是自己的隐私问题，这有什么关系？就算你只谈自己的隐私问题，不去谈论别人，试问你推心置腹地把你的婚姻、个人生活、财务等情况和盘托出，能对你的销售产生实质性的进展？也许你还会说，我们与客户不谈这些，直插主题谈业务难以开展，谈谈无妨，其实，这种"八卦式"的谈论是毫无意义的，浪费时间不说，更浪费你营销商机。

7. 少问质疑性话题

业务过程中，你很担心准客户听不懂你所说的一切，而不断地以担心对方不理解你的意思质疑对方，如"你懂吗""你知道吗""你明白我的意思吗""这么简单的问题，你了解吗"，似乎一种长者或老师的口吻质疑这些让人反感的话题。众所周知，从销售心理学来讲，一直质疑客户的理解力，客户会产生不满，这种方式往往让客户感觉得不到起码的尊重，逆反心理也会随之产生，可以说是销售中的一大忌。

8. 变通枯燥性话题

在销售中有些枯燥性的话题，也许你不得不去讲解给客户听，这些话题可以说是人人都不爱听，甚至是听你讲就想打瞌睡。但是，出于业务所迫，建议你还是将这类话语，讲得简单一些，可用概括来一带而过。这样，客户听了才不会产生倦意，从而让你的销售达到有效性。如果有些相当重要的话语，非要跟你的客户讲清楚，那么，建议你不要硬塞给他们，倒不如在你讲解的过程中，换一种角度。

9. 回避不雅之言

每个人都希望与有涵养、有层次的人在一起，相反，不愿与那些"粗口成章"的人交往。同样，在我们销售中，不雅之言，对我们销售产品，必将带来负面影响。诸如，推销车险时，最好回避"死亡""没命了""完蛋了"诸如此类的辞藻，不要对客户说："当您发生交通事故时，车险的好处是……"这种表达方式只能使顾客火冒三丈，不再听你的推介。而有经验的服务员，往往在处理这些不雅之言时，都会以委婉的话来表达这些敏感的词，如"丧失生命""出门不再回来"等替代这些人们不爱听的话语。

任务实施

前文中，李明在介绍的过程中，没有注意语言使用的技巧，过分夸大了产品的功能，使顾客产生了怀疑，同时在与竞品车型比较时，使用了攻击型的语言，使顾客产生了反感，最终顾客离开，没有选择在该4S店进行购买。由此可见，服务人员在与客户的接触中，要时刻注意自己的表达方式、语言使用技巧，既要展现专业知识，又要服务好客户，让其感受到服务人员的礼仪素养。

实训任务

将学生分组，共同准备10分钟时间。模拟4S店销售顾问接待刚进展厅的顾客，并把顾客引导到洽谈区阅读车辆资料的情景。要求模拟过程中使用礼貌用语。同时销售顾问要注意语言技巧。

任务9.2 行业用语

任务目标

目标一：掌握汽车市场服务行业的行业用语内容。
目标二：以汽车市场服务的行业用语为准则，提高自己的汽车服务工作能力，提升自身服务形象。

任务下达

销售顾问王东在4S店接待了一对年轻的夫妻，经过相互的沟通，这对夫妻很看好店里的一款两厢家用车,只是进入价格协商阶段时,夫妻两人一致认为价格有些高,希望王东在价格上能给些优惠。经过了解王东知道这对夫妻刚买了一套房子,目前可用资金有些紧张。于是王东向这对夫妻建议:"这款车是今年的新款,而且在配置上属于同级别车中非常先进的,售后服务价格合理,很适合家用,性价比是非常高的,所以目前价格上确实没有下降的空间。但是对于两位的情况,我建议两位可以采用分期付款的方式,我们4S店现在正推出一项优惠活动:一年内还清贷款可享受无息优惠,同时手续费有折扣。这种方式既解决了两位目前的资金问题,又可以提前享受拥有爱车带来的方便,您二位觉得这个方法如何?"这对夫妻听完王东的介绍,很感兴趣,最后在王东的努力下这对夫妻最终购买了该款车。

请思考:
王东在面对顾客要求价格折价时是如何做的?你觉得这么做的好处有哪些?

与汽车营销与服务相关的企业对从事前台接待、销售、售后服务等的汽车服务人员要进行相关行业用语礼仪培训,为其在以后和客户接触过程中能够顺利沟通,给客户留下良好印象奠定基础。

任务分析

汽车服务行业用语的主要内容包括迎接顾客的语言技巧,了解顾客需求的语言技巧,介绍产品卖点的语言技巧,价格谈判的语言技巧4方面的内容。以上内容包含在汽车销售接待流程之中,只有掌握了这些技巧,才能深刻理解服务接待的作用。

相关知识

一、汽车服务人员营销语言的运用技巧

1. 迎接顾客的语言技巧

一般来说,顾客进入展厅时是等待服务人员前来问候的,但如果顾客不需要你提供帮助,你走近并问候时,他将明确告诉你。通常来说服务人员接近顾客的方法及对顾客说的第一句话,将决定顾客是否有兴趣继续听下去。所以当顾客来到展厅,服务人员要笑脸相迎,保持目光接触,问候客户,把自己的名字告诉对方,然后询问顾客的姓名,以便在以后的交谈中称呼对方,并在此时递上自己的名片。例如,"欢迎光临××4S店,我是销售顾问李明,这是我的名片。先生怎么称呼?",之后服务人员和顾客开始交谈,尽量获取对方更多的信息,从而更快获取对方来访的意图。

一般我们可以以问题为切入点进入谈话,而且问题越是直截了当,越能掌握谈话的主动权。例如,用"我能为您做些什么""您想得到哪方面的信息""您对哪些方面比较感兴趣""您是通过什么渠道了解到这些信息的"等开放式的问题提问。达到引导谈话方向,获得信息渠道,获得客户信任的目的。

2. 了解客户需求的语言技巧

汽车服务人员了解所有产品的装配和价格等情况,并不代表了解顾客的需求,不能

因为顾客在回答你的问题时说:"我对××车感兴趣"就把该车的所有卖点全讲给顾客听,没有对顾客需求的准确分析,很难达成一笔好的交易。在了解需求时可以采用下述提问方式,"为了能够向您提供积极的建议,我需要尽可能准确地了解您的希望和意愿,因此我可以问您几个问题吗?",如果得到的答案是肯定的,可以继续深入提问,如"您在车型、发动机和配置方面有什么要求?""您现在用的什么样的车""您当时因为什么购买的这辆车""您的职业是什么""您打算买个什么价位的车"等。汽车服务人员探求顾客购买意愿,或获得相关信息,尽量在5个问题内得出顾客的购买动机。询问时采用开放式、渗透式的提问方式,客户不能简单地回答"是"或"不是",开放式提问会使服务人员获得更多的信息。如果客户迟疑不定,服务人员可以提供些建议,使客户尽可能做出决定,如"您是喜欢深色的还是亮色的?"。

3. 介绍产品卖点的语言技巧

在介绍产品时,注意做到以下3点。

(1) 尽量集中在顾客所关心的问题上,着重强调顾客购买动机中的卖点。

(2) 把对产品的了解转化为对顾客来说非常形象的东西。如,错误的说法"经过测量确定,该车行李箱空间是500升。"正确的说法是"该车行李箱容积500升,也就是说,它装下一家三口的行李没有任何问题。"

(3) 对顾客的反对意见或批评持积极态度,并适时讲解。顾客有反对意见表明他并没有被说服,或者还存在潜在的偏见。在这种情况下,汽车服务人员不能消极或直接反驳顾客。如,"我从来没听说过""那不是真的"等。解决这种情况我们可以采取以下步骤:

第一阶段,对反对意见认真对待仔细询问。如,反对意见"我认为行李箱空间太小了"。

进一步询问"您能进一步解释吗?"或"确切地说你为什么这么认为呢?"

顾客的真正原因是"如果我们全家去旅行,这个行李箱就不够用了。"

现在我们知道顾客存在反对意见的原因了,接下来第二阶段要积极解决问题。

第二阶段,汽车服务人员的反应要让顾客感觉你已经理解他了,如"我明白您的感受""我理解您的意思"等。

针对第一阶段的情况可以这样回答"我能理解,您不喜欢空间受到限制,特别是假日。我们可以这样,放倒后排的折叠座椅,这样可以暂时解决行李箱空间问题。"

现在我们提出一个可行的解决方案。接下来进入第三阶段。

第三阶段,你的解释得到顾客认可后,可以进一步提升顾客兴趣,如"您觉得这个解决方法怎么样?"或"我可以给您演示一次吗?"

 知识链接

亚力森是美国西区机械公司的著名推销员,他花了很大的劲,才卖了两台发动机给一家大工厂的工程师。他决心要卖给他几百台发动机,因此几天后他又去找他。

没想到那位工程师说:"亚力森,你们公司的发动机太不理想了,虽然我需要几百台,但我不打算要你们的。"

亚力森大吃一惊,问:"为什么?""你们的发动机太热了,热得我们手都不能放上去。"亚力森知道,跟他争辩是不会有好处的,急忙采用另一种策略。他说:"史密斯先生,我想你说的是对的。发动机太热了,谁都不愿意再买,你要的发动机的热度,不应该超过有关标准,是吗?"

"是的。"——亚力森得到了第一个"是"。"电器制造工会规定是:设计适当的发动机可以比室内温度高出华氏72°,是吗?"

"是的。"——亚力森又得了第二个"是"。"那你们厂房有多热呢?""大约华氏73°。"

"这么说来,72°加73°,一共是147°,想必一定很烫手,是吗?",亚力森得到了第三个"是"。紧接着提议说:"那么,不把手放在发动机上行吗?""嗯,我想你说得不错。"工程师赞赏地笑起来,他马上把秘书叫来,为下一个月开了一张价值三万五千美元的订单。

"这个使对方'是''是''是'的办法,是我从许多次失败中得出来的经验教训。"亚力森后来对他的同行说:"尽量先从别人的观点开始讨论,然后再逐步把它引向我的目标。"任何事都是可以商量的,只要方法对头。争吵仅是发泄心中的不满,并不是在解决问题,如果你能避免正面的争论,而从侧面进行软进攻,有时反能取得意料不到的效果。

4. 价格谈判的语言技巧

一般来说,在确定了具体的需求配置情况、顾客需要哪些特殊装备后,才能进入价格协商。其次汽车服务人员要注意,不要首先提出任何折价,要先刺激顾客的购买欲望,避免太早进入价格谈判,顾客购买欲望不足,心理底线就低,难以促成成交。例如:"价格一定会让您满意,您先看看我们的车,如果您不喜欢,再便宜你也不买,是不是?"否则顾客会认为"价格不合理""可能还有更多的折价""销售人员不是对等的谈判者"等。再次,汽车服务人员要会利用产品的优点和服务理念反击客户提出的不现实的价格。如,"您中意的这款车就像是给您量身定做的,完全符合您各方面的要求,另外我们还将为您提供很多服务,特别是售后服务。而且,您随时都可以向我咨询。"如果的确需要服务人员做出折价,那么也需要顾客能相应做出让步。最后,服务人员应告诉顾客一些选择性的支付方法,如分期付款。因为有时协商出现中断,原因可能是顾客目前没有足够的现金支付,或者他的可用资本将用于其他购买,或者该款车对他而言确实太贵。这种情况下,付款方法的解释对于顾客可能是非常有帮助的。如"您可以采取分期付款的方法,只要先支付少部分的钱款,您就可以提前享受这款车带给您的方便了。"

二、汽车服务人员与顾客交谈的6个注意

1. 要用肯定型语言取代否定型语言

直接拒绝、攻击性语言、批评性语言会让客户积累不好的感觉,使客户产生本能的排斥,最终影响销售结果,如下例所示。

客户问:"这款车没有倒车雷达?"

错误的回答是:"对不起,这是手动挡的,不装配倒车雷达。"

顾客问:"这款车2.0AT的有倒车雷达,2.0MT的有没有?"

正确的回答是:"我们这款2.0AT是配备了倒车雷达的,2.0MT倒车雷达是选装的,如果您需要的话,我们可以给您装。"

2. 用请求型语言取代命令型语言

典型的请求型语言结构：能不能麻烦您＋命令型语句＝请求型语句。例如：命令型语句："给我打电话！"改为："能不能麻烦您给我打个电话？"

这种请求型语言使用的目的，主要是避免客户在听到命令型语句时产生排斥心理，引发不愉快，造成销售障碍。使用中注意灵活运用，例如：对客户说"那你明天来提车。"改为："您方不方便明天来提车？"

3. 使用问句表示尊重

服务人员与客户交谈时，使用陈述语句往往会使客户觉得自己是被支配的，是受派遣的，感受不到尊重。而反之，服务人员使用询问语句，顾客会感受到自己受到了邀请，感觉得到尊重。例如，错误语句："来，到这边看一下车。"正确语句："我们先看一下车好吗？""我可以先带您看看车吗？"

4. 拒绝时要将"对不起"和请求型语句并用

通过委婉的拒绝，避免顾客有不受尊重的感觉。例如，顾客问："现在能不能开出去试驾？"错误的回答："不行，这款没有试驾车。"正确的回答："对不起，我们在××时间举办试乘试驾会，到时会有这款试驾车，届时请您参加，好吗？"

5. 清楚自己的职权

遵守职业道德，不要为了销售随意向顾客承诺和答应要求，如礼品、折扣、服务、退货等。例如，客户问："质量没什么问题吧？"错误的回答："您放心用，出现问题找我，保证给您换新的。"正确的回答："该款车沿用的是十分先进的质量控制标准及体系，从而使质量品质有了良好的保证。"

6. 让顾客自己做决定

服务人员在产品介绍过程中要避免为顾客做出明确的数量答复和好坏之分，避免承担不合理的责任。例如，"这款车的油耗值非常低，每百公里油耗才6升"，对于这个6升我们要向顾客解释清楚是理论值，它会跟实际油耗有差距，否则，在使用中客户会认为这辆车出现了质量问题；避免喧宾夺主，抢顾客风头，不让顾客表态，让顾客厌烦。错误的说法："就这辆吧，我看不错，挺适合你的。"正确的说法："您仔细比较一下，选一辆最满意最喜欢的车。"错误的说法："我们这款车比那家的好多了。"正确的说法："我们的车和别的车相比各有所长。"

任务实施

销售人员王东并没有立刻答应客户要求折价的要求，而是首先利用产品的优势和服务理念强调了价格的合理性，同时在深入沟通中了解到客户无法立刻购买的原因，于是向顾客推荐选择性的支付方法，以解决客户的困难，最终实现销售。由此可见，汽车服务人员要灵活掌握情况，善于综合运用语言技巧，有效实现销售。

实训任务

提前给学生发产品资料(可以是服装、手机等日常用品),回去准备有关产品卖点以及与客户沟通的语言。将学生分成小组,共同准备10分钟。其中要设计出顾客提出反对意见的场景,要求学生根据所学相关知识模拟该场景。

项目小结

本项目主要包括文明礼貌用语和行业用语。

文明礼貌用语,主要讲述了"礼貌用语特点""礼貌用语种类""语言中的礼仪细节""礼貌用语使用技巧"4方面的内容。礼貌用语特点主要包括主动性、约定性、亲密性三个内容。礼貌用语种类主要包括7类,分别是问候语、请托语、致谢语、礼赞语、道歉语、告别语、祝贺语。语言中的礼仪细节主要包括发音、声音、语气。礼貌用语使用技巧主要讲述了几种不可忽视的交谈习惯和方式。

行业用语主要讲述了"汽车服务人员营销语言的运用技巧"和"汽车服务人员与顾客交谈的6个注意"两方面的内容。在第一个方面中主要有迎接顾客的语言技巧;了解客户需求的语言技巧;介绍产品卖点的语言技巧;价格谈判的语言技巧4项内容。这些语言技巧融会在销售接待流程中,与其他专业知识配合共同运用。第二个方面中主要有要用肯定型语言取代否定型语言;用请求型语言取代命令型语言;使用问句表示尊重;拒绝时要将"对不起"和请求型语句并用;清楚自己的职权;让顾客自己做决定6项内容。以上的注意点需要在平日与客户的接触中逐步积累,才能运用自如。

练习与技能训练

一、填空题

1. 礼貌用语的特点是_____、_____、_____。
2. 服务礼仪中的礼貌用语可分为_____、_____、_____、_____、_____、_____、_____7类。
3. 当求托于人时,要用_____。
4. 礼赞方式根据对象的不同区别为三种_____、_____、_____。
5. 礼赞语的三种回答方式_____、_____、_____。
6. 语言中的礼仪细节包括_____、_____、_____。
7. 介绍产品时禁止使用_____话语。
8. 不宜直接陈述话,要用_____、_____、_____的话去说。
9. 从销售心理学来讲,一直质疑客户的_____客户会产生不满感。
10. 声音尖细的人,要_____这样听起来就不那么刺耳了。

项目9 服务人员的语言规范

11. 一般我们可以以_____为切入点进入谈话。
12. 需求分析时，先询问_____的问题，容易切入话题。
13. 询问时采用_____、_____的提问方式，客户不能简单回答是或不是。
14. 服务人员与客户交谈时，使用_____语句往往会使客户感受不到尊重。
15. 服务人员探求顾客购买意愿或获得相关信息，尽量在_____个问题内得出顾客购买动机。
16. 把对产品的了解转化为对顾客来说非常_____的东西。
17. 避免太早进入_____谈判，顾客购买欲望不足，难以促成成交。
18. 遵守职业道德，不要为了_____随意向顾客承诺和答应要求。
19. 通过委婉的拒绝，避免顾客有_____的感觉。
20. 汽车服务人员要会利用产品的优点和_____反击顾客提出的不现实的价格。

二、判断题

1. 在使用礼貌用语时要根据不同的情境，针对不同的对象灵活使用，既要彬彬有礼，又要不落俗套。（　　）
2. 互酬式，一般用于平行式赞美的回赠。（　　）
3. 致谢式是最通用的，在上行式赞美的回答中最为得体。（　　）
4. 道歉并非耻辱，而是一个人深明事理、真挚诚恳和具有勇气的表现。（　　）
5. 与客户间的话题可以是比如政治、宗教等涉及主观意识的内容。（　　）
6. 语言是约定俗成的，没有约定俗成，就不能成为信息的载体、交流的工具。（　　）
7. 寒暄的时间不宜过短。（　　）
8. 交谈是交流思想和表达感情最直接、最快捷的途径。（　　）
9. 声音条件不理想的人没有办法成为讲话动听的人。（　　）
10. 在交谈中服务人员只有遵从一定的礼仪规范，才能达到双方交流信息、沟通思想的目的。（　　）
11. 尽量集中在顾客所关心的问题上，着重强调顾客购买动机中的卖点。（　　）
12. 把对产品的了解转化为对顾客来说非常形象化的东西。（　　）
13. 对顾客的反对意见或批评不用理睬。（　　）
14. 一般来说，在确定了具体的需求配置情况，顾客需要哪些特殊装备后，才能进入价格协商。（　　）
15. 尽早进入价格谈判，否则顾客购买欲望不足，难以促成成交。（　　）
16. 要用否定型语言取代肯定型语言。（　　）
17. 用请求型语言取代命令型语言。（　　）
18. 请求型语言使用的目的，主要是避免客户在听到命令型语句时产生排斥。（　　）
19. 需求分析时，先询问私人的问题，容易切入话题。（　　）
20. 通过委婉的拒绝，避免顾客有不受尊重的感觉。（　　）

三、单项选择题

1. 我国常用的是（　　）。
   A. 请　　　　B. 对不起　　　　C. 请多关照　　　　D. 拜托了

2. 身份、年龄相当的使用礼赞语时可采用（　　）。
   A. 上行式　　B. 下行式　　C. 平行式　　D. 任意一项
3. 带有地方口音的服务人员要多加练习普通话，主要练习（　　）。
   A. 语气　　B. 发音　　C. 声音　　D. 条理
4. 面对客户提出的问题，服务人员不能解决时，服务人员也要及时向客户（　　）。
   A. 感谢　　B. 道别　　C. 问候　　D. 致歉
5. 礼赞语的回答一般有（　　）种方式。
   A. 三　　B. 四　　C. 五　　D. 二
6. 服务人员探求顾客购买意愿或获得相关信息，尽量在（　　）个问题内得出顾客购买动机。
   A. 5　　B. 6　　C. 4　　D. 3
7. 需求分析时询问顾客，先询问（　　）的问题，容易切入话题。
   A. 较难　　B. 很难　　C. 容易　　D. 私人
8. 服务人员应对顾客的反对意见或批评持（　　）态度，并适时讲解。
   A. 不理睬　　B. 对抗　　C. 无所谓　　D. 积极
9. 服务人员在产品介绍过程中要避免为顾客做出明确的（　　）答复。
   A. 颜色　　B. 数量　　C. 型号　　D. 排量
10. 要用（　　）型语言取代否定型语言。
    A. 疑问　　B. 肯定　　C. 感叹　　D. 陈述

四、情境设计

1. 一位男性客户走进 4S 店，需要对其进行接待，应该如何运用语言？现在请进入情境。
2. 客户将其他品牌的汽车产品与你们的汽车产品对比，提出在发动机动力性、油耗、空间等方面的问题，请运用所学知识为客户解答。现在请进入情境。
3. 客户对 4S 店的车型很满意，只是在价格上还是认为过高，希望再有些优惠。请根据所学知识，与客户进行价格协商。
4. 客户对车辆的颜色和油耗存有异议，请根据所学知识，解决客户的异议。（课前布置任务，让学生找某一款车型相关资料）

项目 10

汽车营销与服务专业学生求职面试礼仪

市场竞争就是人才的竞争。高品质的人才,不仅需要具备扎实的专业基本功更应当注重自身的修养。不断进取、不断创新、不断提升自我,善良、诚实、守信等良好的品质,都会通过礼仪体现出来。因此,礼仪的培养是我们人格修养的体现。教养体现于细节,细节展示素质。

当今的企业,对于礼仪都有较高的要求。完美的企业具有完美的企业形象。这些企业都把礼仪作为企业文化的重要内容。在对员工进行面试时,会把礼仪作为重要的考察内容之一,在决定升迁时,则会把内在素养作为考核的重要标准。目前每个学校都会安排应届毕业生做相应的面试培训,以进一步提升大学生自身礼仪方面素质,为将来走上社会和人际交往添一份自信和修养。

当今高校毕业生就业日益困难,而企业却说难以找到合适人才,为何千辛万苦取得好成绩结果却换来企业的冷眼?为何拼命苦学,拼命考证书,却难以跻身于自己梦寐以求的企业?

就业难是一个综合性的问题,但"先做人,后做事"已是业界的共识,许多大学生却忽视了这一点。大学生综合素质培养是非常重要的。美国国际礼仪大学国际礼仪顾问茉莉妮送给社会职场新人的第一课是"注重形象,才能创造有利机会。"茉莉妮认为,礼仪的重要性,不仅关系到人际关系,更重要的是建立良好的自我形象。而自我形象是无形资产,是靠从小培养的,习惯成自然。

大学生内在素养的外在体现形式就是礼仪,求职面试就是一次全面的检验。汽车营销与服务专业学生求职面试礼仪主要有:

- 求职面试礼仪概述;
- 应聘面试前的礼仪准备阶段;
- 面试阶段;
- 面试结束告辞礼仪。

任务10.1 求职面试礼仪概述

🔍 任务目标

目标一：掌握汽车营销与服务专业应聘素质要求、面试流程、面试礼仪的重要性、应聘汽车营销人员的礼仪。

目标二：提升自身素质，塑造自我形象。

🔍 任务下达

汽车营销与服务专业的学生李海涛大学期间学习努力，成绩比较优秀，但性格豪放不羁，平时不修边幅，口无遮拦。毕业前迎来一次很好的应聘机会，一家心仪已久的汽车4S店招聘汽车营销人员，他自认为很有把握，信心满满地等待面试。

面试那天，他和一起去应聘的同学都坐在一个房间里，接受用人单位的面试选拔。

他环顾四周，才发现其他同学都身着西装，自己却一身休闲装。他有些不以为然，心想：有必要吗？正在琢磨，听到面试人员喊他的名字，他满不在乎地走到前面，开始他的第一次面试。

面试人员听完他的自我介绍后，向他提出在汽车销售中如何应对客户发现买来的车存在问题时要求更换新车的问题。由于面试前他没有认真准备，所以他的回答很勉强。为了面子，李海涛竟然回答说："这个问题不但我回答不清楚，在座的同学也回答不上。"他的话音刚落，面试人员就笑着对他说："你不要着急，先下来等一会，我们一起听听，下面的同学能不能给出一个满意的答案！"

结果当然是李海涛输了。事后，他回到学校不无感慨地说：我这次的面试可丢大人了！

请思考：

李海涛这次失败的面试经历给我们怎样的启示？汽车营销与服务专业的学生应如何赢得面试的成功？

礼仪的重要原则是以尊重为本。在与人相处时，无论是商务礼仪、服务礼仪、家庭礼仪都强调以尊重他人、关心对方、换位思考为根本。汽车营销与服务专业的学生要了解求职面试礼仪，在学校学习期间既要努力注重知识、技能的培养，又要注重自身的素质修养。

美国著名的成功学家卡耐基认为一个人事业的成功，只有15%是靠他的专业技术，而85%则要靠人际关系和他为人处世的能力与素养。

🔍 任务分析

人才的培养，应当是以培养德才兼备的全面型人才为目标。健康的心理、积极乐观向上的精神、良好的气质风度、优雅大方的言谈举止等，这些应该是一个人长期修养熏陶、不断磨炼的结果。大学生是国家的宝贵人才资源，是民族的希望，祖国的未来，肩负着人民的重托、历史的责任。我们既要坚持社会主义的核心价值观，找回古已有之的礼仪之邦的大国风范，又要很好地向西方学习他们所特有的礼仪文明。因此，在这样的前提之下，国家一直强调的素质教育仍是重中之重，是不变的主题。

相关知识

一、汽车营销与服务专业应聘素质要求

我们经常谈到素质教育，那么人的素质都包括什么呢？简单地说，人的素质包括政治思想道德素质、科学文化素质、心理素质、身体素质4个方面。用过去的提法就是"德、智、体"全面发展。我们在校学习的过程中，应当全方位地提高自己，在自身素质提升的基础上，再注重仪容仪表、交际礼仪等细节，就完美了。反之，离开了人的内在品质涵养而一味地讲究外表的包装，则是舍本逐末，不仅事倍功半，还会有绣花枕头表面光的嫌疑，甚至可能弄巧成拙。

汽车营销与服务专业学生，应聘营销类职务时，应聘面试本身就是营销活动的一种形式，即把自己成功推销给用人单位。因此，除了基本知识、专业技能、个人素养之外，还要充分运用所学到的营销方面的知识，以出色的营销手段获得对方的首肯。如李海涛的面试经历所揭示的问题一样，汽车营销与服务专业学生应该不断完善自身，在日常生活中注重每个细节的改变，努力打造自身的形象，以适应社会的发展和企业的需要。当然，要做到这一点，非一日之功。

首先，在校学习期间，作为汽车营销与服务专业的学生，应当注重汽车专业知识的积累。如汽车市场的过去、现在、未来，中国汽车市场的发展状况；入世之后中国汽车行业面临的危机和挑战；美国金融危机之后美国三大汽车巨头面临的困境与转变；中国汽车自主品牌的发展方向；丰田汽车大量召回的现象、原因以及对国际汽车市场的影响及反思；我国汽车制造商及4S店的布局及具体经营状况等。总之，要了解汽车市场的行情及动态，把握汽车市场的走向，努力做一名"汽车人"。

其次，应尽量多地阅读一些销售专业及公共关系等方面的书籍，学习基本的汽车销售常识，了解汽车营销的方式方法，对所应聘单位的汽车产品及其品牌，应当有深入的了解。这样，在和主考官交流时，就会充满自信，交谈中会游刃有余，而不至于出现令人尴尬的局面。值得一提的是，现在的用人单位越来越希望使用有一定工作经验的人，尤其是对于汽车营销这一职业，一些大学生往往是因为缺乏一定的实际经验而未被录用。为此，在学校学习期间，汽车营销与服务专业的学生更应注重社会实践，自己寻找合适的打工机会，抓住在校期间的实习机会锻炼自己，积累实际工作经验，准备好自己，等待机会的来临，成为一名合格的"汽车营销员"。

最后，汽车营销与服务专业的学生要认识未来就业岗位、汽车4S店对汽车营销人员的形象和礼仪知识的要求，懂得自身的礼仪形象定位，平时注重良好习惯的养成，同时，在衣着打扮上追求整洁和谐之美，使自己的举止风度更加优雅得体、更加端庄稳重。不

仅如此，还要培养优美的语言和得体的谈吐及礼貌热情的态度。只有这样，才能不断完善自己，才能够符合未来岗位的需要。

二、了解面试流程，掌握面试礼仪技巧的重要性

在汽车营销人员的应聘过程中，掌握面试礼仪技巧是成功的关键。

面试按照先后顺序分为准备阶段、进行阶段和后续阶段三部分。汽车营销与服务专业学生对这三部分的礼仪、技巧的认识和掌握决定面试的结果。

面试准备阶段的技巧包括制作简历、准备相关资料及了解用人单位情况等。面试进行阶段是真正实战的环节，考官能从这个环节看出面试者的真正水平以及他是否适合该职位，它是面试的主体部分，是对个人的整体素质、专业知识技能及仪容仪态仪表的综合考察。后续阶段主要是回顾和总结经验以及调整心态。

面试是通过当面交谈、问答来实现对应聘者进行考核的一种方式。与笔试相比，面试具有更大的灵活性和综合性，它不仅能考察一个人的业务水平，还可以面对面考察面试者的口才和应变能力等，所以许多汽车4S店对这种方式相当认可和重视。

对大多数汽车营销与服务专业的学生来说，上学期间各种笔试不断，对书本知识课堂考试能应付自如，而对面试这样的实战则缺乏储备，经验不足，常常不知所措、心里打怵。面试礼仪的培养与培训能帮助应聘者少走弯路，更好地展现自己的优势以便顺利地找到适合自己的工作。因此学会面试礼仪，掌握面试的要求是大学生从入学开始就应重视起来的新课题。

三、应聘汽车专业营销人员的礼仪

营销人员在应聘过程中，面试官很可能会考察你的营销实战能力，如当场让你推销他们4S店的汽车。那么，充分了解该品牌的汽车，设法接近顾客，取得对方好感，是关键问题。以下是一些需要注意的问题。

（1）精神面貌良好，面带微笑，诚恳、尊重、自信、热情、大方。举止要从容优雅，谈吐亲切自如。忠诚敦厚，是职场之根基。

（2）第一印象至关重要，第一次接触顾客，给对方以舒适感最为重要。衣着得体大方，符合自己的性格以及汽车推销员的身份。

（3）注意顾客的性别、年龄、身份、职业，了解对方的喜好，推荐适合其风格的款式。

卡耐基说："记住别人的名字，是你走近他们的钥匙。你记得越快，你们之间的那扇门开得越早。"

（4）学会赞美别人。从心理学角度讲，赞美也是一种交往技巧，能有效地缩短人与人之间的心理距离。渴望被人赏识是人最基本的天性。恰当的赞美，不仅可以带给人快乐，还会带来意想不到的收获。

（5）汽车产品的专业性很强，消费者往往知道得并不多。要耐心细致地介绍不同型号、不同品牌性能的车型，诚实、客观地介绍产品的特点及不足，赢得对方的信任，让对方有充分选择的余地。

（6）自始至终尊重顾客，令对方有宾至如归的感觉，对顾客的提问和异议，要耐心

项目 10　汽车营销与服务专业学生求职面试礼仪

得当地回答，不要争辩、争吵，对技术性强的问题要慎重，也可暂缓回答，或告知对方了解一下再回复。

（7）推销中不可热情过度，不要造成急于催促对方购买的印象和压力。无论是否成交，都要热情告别，欢迎下次再来。大宗商品很难一次成交，先交朋友，再做生意，买卖不成仁义在，方为大家风范。

（8）要学会聆听，在人际交往中，表达对他人的关爱的前提是学会倾听。

自始至终，都要注意询问并了解顾客的需求，不要只顾自说自话，要有的放矢地推介产品。

礼仪专家赵玉莲有 6 个字组语是用来解释聆听的（LISTEN）。

L：Look，注视对方，适用"肯尼迪总统眼神法"。

I：Interest，表示兴趣，点头、微笑、身体前倾，都是有用的身体语言。

S：Sincere，诚实关心，留心对方的说话，做真心善良的回应。

T：Target，明确目标，对方离题，马上主动带回主题。

E：Emotion，控制情绪，有耐心，对于不当言语，也不要发火。

N：Neutral，避免偏见，小心聆听对方的立场，不要急于捍卫己见。

总之，汽车营销的基础是充分了解汽车产品，重点在于与人交往，与顾客交流。要求从业人员专业敬业，灵敏机智、善解人意，有极大的耐心观察细节和行为的细微差异；有良好的直觉，能够更多地体察和传递无声的语言，方能走向更高境界。在求职面试时面试官也会于无形中考察你是否领会营销要领。

（9）幽默的力量。英国哲学家培根说过"善谈者必善幽默"。很多心理学资料表明，人们大都喜欢具有幽默感的人。具有幽默感的人往往智商高，人际关系良好，工作业绩突出，面对困难能够乐观豁达，能更好地摆脱困境。据统计，那些在工作中取得成绩的人，并非都是最勤奋工作的人，而是善于理解他人和颇有幽默感的人。

幽默就是力量。如果在人际交往中逐步掌握了幽默的技巧，就会巧妙地应付各种尴尬的局面，很好地调节工作、生活，甚至改变人生，使生活充满欢乐。

要想培养幽默感，首先要学会微笑；领会幽默的内在含义，机智敏捷地表达对优点、缺点的肯定或否定，又能够维护大家的体面，是风趣、超脱、大度的体现；还要不断扩大知识面，有广博的知识，丰富的谈资，不断充实自我，培养良好的阳光的心态。有了幽默感一定会获得事业和生活的双丰收。

美国礼仪生存传播公司创办者苏·福克斯在她的全球畅销书《身边的礼仪》中说道："恰到好处的礼仪所达到的最高境界，是让你周围的人和你相处时感到轻松愉快。"而机智幽默的语言在该书中就一次次地出现。

我们相信，良好的修养、幽默风趣的语言、细致周到的礼节，一定会令你的营销业绩更上一层楼！

任务实施

大学生求职面试，就是用人单位对大学生的学识技能、素质修养的一次全方位的检验和考核。一个合格人才的方方面面，从做人到做事，从气质内涵到外在的仪态仪表，都要经过市场的实战考验。

前文中李海涛回答问题时，自己答不上，就说其他人也答不出来，这首先就是对他人、对主考官的不尊重，违反了礼仪基本原则，也体现出他做人的不足之处。

面试官确实提出了一个难题，对于汽车这样的特殊产品，确实没有相关的由于质量问题如何退换的法律规定，这是一个比较棘手的问题。但是，对于营销人员来说，却是考验你如何灵活应对难题又不失原则地照顾用户心理的机会。因此，过于固守自信反而显得刚愎自用缺乏灵活变通，不能成为一名合格的营销人员。

不仅如此，作为汽车行业的从业人员，尤其是汽车营销人员，需要对汽车市场的动态发展有着及时而全面的了解和把握，对汽车营销方面的知识以及售后服务方面的法律法规、消费者权益保护都应有一个比较清楚的了解。

实训任务

将学生进行分组，扮演面试流程中的不同角色演练汽车营销与服务专业学生，在应聘营销类职务时相关心理素质的场景。

任务10.2　应聘面试前的礼仪准备阶段

任务目标

目标一：掌握面试应聘前的准备内容。
目标二：了解汽车市场动态、需求及相关企业对人才的要求。

任务下达

小鹰在鹰妈妈外出觅食时不慎掉出了巢，被路过的鸡妈妈捡回去喂养。

小鹰一天天长大，习惯了鸡的生活，也像鸡一样刨食，从没想过飞向天空。

一天，鹰妈妈路过，见到小鹰，惊喜极了："你怎么会在这，我带你飞向高空吧！"小鹰说："我可不会飞，我是鸡，不是鹰，怎么可能飞得上去呀？"

鹰妈妈有些生气，但还是鼓励他说："小鹰，你不是鸡，我才是你的妈妈，你也是一只搏击蓝天的雄鹰呀！不信，咱们到悬崖边，我教你高飞。"

小鹰将信将疑地随妈妈来到悬崖边，紧张得浑身发抖。鹰妈妈耐心地鼓励说："孩子，不要怕，你看我怎么飞，学我的样，用力。"小鹰在鹰妈妈的带动下，终于飞上了蓝天。

请思考：
自信是走向面试成功的第一秘诀，你如何认识你自己？

当今社会，人才选择和职业流动越来越频繁，自主择业，双向选择，已成为时代的必然。

项目10 汽车营销与服务专业学生求职面试礼仪

求职应聘是我们大学生走向工作岗位必须过的第一关。

求职准备,要注意的事项很多。求职前的准备工作,既是为成功求职奠定坚实的基础,也可以充分体现对职业的重视,对招聘人员、招聘单位的尊重。

任务分析

汽车营销与服务专业的学生在应聘面试之前要了解人才市场行情,掌握求职时机,准确估量自己的实力,掌握用人单位的基本情况。在此基础之上,要写好求职信,准备好简历、相关资料和用人单位的相关资料。同时,还要做好面试前仪容和服装准备,更重要的是做好求职心态的调节和准备。

相关知识

一、求职心理素质要求

要保证求职顺利,树立正确的求职观念,克服容易出现的错误,以良好的心态踏上求职路是很重要的。在求职心态方面,从根本上说,是要求培养良好的心理素质,这样在求职过程中,才能将自己的水平正常发挥出来。

汽车营销与服务专业的学生要具备良好的心理素质,即沉着、镇定、自信。因为,未来的营销工作,每天都要面对陌生的顾客,具备良好的心理素质是做好销售工作的必要条件。

1. 良好的心理素质

注重培养健康的心理,掌握调节心理的方法,不断提升自己的社会适应能力、灵活应变能力、抗挫折能力等。进行充分的知识技能储备、社会实践经验的积累等,准备得越充分,心态调整得越好,自信心就会越强,临场发挥也就越好。

当然,要想从根本上消除紧张心理,平时就要注意掌握适合自己并行之有效的心理调节的方法。例如,当你感到压力时:①分析压力来自何方;②如何解压;③认识自我。

汽车营销与服务专业的学生在求职过程中要自信地应对面试,就必须对自己有一个清醒的认识。分析压力,明确压力来自何方,做好心理调整,确信自己有能力,建立信心。确定与自己的个性、兴趣相符的工作环境,熟悉与应聘岗位相关的专业知识和技能。

2. 关于自我认知

人一生的学习过程,从根本上说,就是一个不断认识自我的过程。

正如老子所说:"知人者智,自知者明;胜人者有力,自胜者强。"

要清醒地认识自己的性格、特点,自己的优缺点。对于工作,要判断自己是否适合,不要盲目应聘。要不断战胜自己,走出自己的个性之路,闯出自己的一片天空。

在生活中能够看清并且能够面对自身的不足,这不是后退而是进步。能够不断地调整自己,战胜自己,最终实现自己,这样才是真正的强者。

细节决定成败,细节造就完美。

要实现自己，文明修身，塑造美好形象，就要现在做起，从点滴小事做起。"一屋不扫，何以扫天下"，细节工作看似简单、烦琐，但细节的力量不容忽视。再远大的理想也需要一步一个脚印地付出。点滴积累，滴水穿石，习惯成自然，就会造就完美。做一个合格的职场人，要注意的细节也很多，包括个人形象、仪容、工作场合的活动、相关的职业素养等。

3. 认清就业现实

在正确的自我认知的基础上，还要认清就业现实。

万丈高楼平地起。作为汽车营销与服务专业的学生，首先要树立从基层做起的观念，有从蓝领做起的就业心态与打算，不要眼高手低；树立"先就业，再择业"的观念，不要错失良机。如果将来要自己打拼创业，就更要一步一个脚印，从蓝领到金蓝领再到白领。国内外许多大企业家，都是白手起家，从基层做起的。要不断积累丰富的工作经验，人是不会一步登天一步到位的。

摆正理想与现实的关系，从基础做起，从基层做起，吃苦耐劳，不急功近利，不急于求成。同时又有远大的理想和抱负，不甘于长久留在基层，要有不断地向上走的决心和勇气。

正确的求职心态应当是这样的：多方寻找机会，不断地尝试，不害怕失败，不断地总结经验教训，保持自信心，相信"天生我材必有用"，保持较强的精神状态；"眼睛向下，从基层做起"，或者"骑驴找马"，树立"先就业，后择业"的观念，先锻炼自己，积累经验，保证基本生活，再调整自己，缩小理想和现实之间的差距。当然，要避免好高骛远、自不量力、降格以求，自己明显不喜欢的也不要太勉强。综上所述，树立适当的就业观念和正确的就业心态，是顺利就业的良好开端。

4. 职场定律

一个成功的职业生涯，有一个非常细致的伦理结构——道德的修养、人情的练达、行为的文明等等。不少身具才华的人遭遇职场失败，都是因为违背了比才华更重要的职场伦理定律。有人总结出以下职场定律，可以帮助我们更好地塑造自己，成功走向工作岗位。

① 自信——隐藏的资本；
② 宽容——融洽的通道；
③ 坚忍——时间会证明一切；
④ 称赞——自己也会得到称赞；
⑤ 敏锐——必须时刻提高警惕；
⑥ 热情——好似阳光普照；
⑦ 信任——需要宏观视野；
⑧ 真诚——许多困难不复存在；
⑨ 尊重——相互回应的法宝；
⑩ 踏实——一步一个脚印。

以上简单谈了谈求职的心理素质要求，在具体学习工作中，会涉及更多的内容，需要我们自己去发现和挖掘。

二、准备简历及相关资料

1. 抛砖引玉的求职信

熟知求职礼仪，是敲开用人单位大门的起码要求。

求职第一步，有时要先投递求职信。求职信是自我描绘的立体画像，是简历的前奏，是要引起招聘者的注意，争取面试机会。不同的是，简历是针对特定的工作岗位写的，求职信是针对特定的人写的，其是要引起人事经理的注意，留下良好的第一印象。

求职信的格式和一般信件的格式一致，一般由三个部分组成：开头、主体和结尾。

开头：称呼和引言。称呼要恰当，引人注目，突出自己最有说服力的地方，尽量保证对方有兴趣看完你的材料，并说明应聘缘由和目的。

主体部分：简明扼要并有针对性地阐述自己的简历内容，突出自己的特点，并努力使自己的描述与所求职位要求一致，切勿夸大其词或不着边际。

结尾：做到令人回味，把你想得到工作的迫切心情表达出来，语气要热情、诚恳。

求职信一般是想吸引雇主翻阅你的简历等自荐材料。一般不要写得过长，突出自己的特点，有的放矢地说明对岗位产生兴趣或想面谈的原因即可，一两段或一页纸就足够。

在写求职信和简历之前，在内容上需考虑如下。

（1）未来的雇主需要的是什么？
（2）你的职业目标是什么？
（3）你能为单位做些什么？
（4）你的优势是什么，如何把你的经历与岗位挂钩？
（5）你为什么想为此单位服务？

在写求职信时语言表达上要注意如下。

（1）态度诚恳，措辞得当，用语委婉而不隐晦，恭敬而不拍马，自信而不自大。
（2）实事求是，言之有物，自己的优点要突出，但不可夸大其词，弄虚作假。
（3）言简意赅，重点突出，条理清楚，切忌长篇大论。
（4）富有个性，不落俗套，如谈谈自己对行业前景展望、市场分析或提出些建设性意见。

2. 成功的一半——简历

简历的内容是说明你的具体情况，也是企业最关心的部分。不同于求职信，简历更注重的是内容。简历的形式各种各样，因人而异，既要符合基本规范，又要有个性特点。

简历一般包括：抬头、简介、学业学习教育背景、社会实习实践经历、其他杂项。

编写简历是一门艺术，简历既要简洁明了，突出重点，强调自己的技能和特点，传递有效信息，又要与众不同、适当运用专业术语、对自己充满勇气和信心。

作为职场新人，需要在展示你的情商、潜力、动力、能力和精力方面付出特别努力。

汽车营销与服务专业的学生可根据自己应聘单位的条件和要求及自己的特点等不同状况有的放矢，一定要站在对方的角度考虑问题，重点突出与所应聘单位及职位相关的经验与技能。例如：强调可量化因素和你在学校担任的领导角色，或参加的讲演会、辩论会甚至汽博会等大型社交活动，向招聘人员表明，你是个机智聪明、开朗活泼、乐于交往或善于言谈的人，将来会胜任营销工作。可能你具有广泛的兴趣爱好，甚至拥有不少的证书，但它们并不一定是你在应聘中所要强调的重点，所写的重点一定要与用人单位的需求相符。让应聘者可以在简短的时间内就能看到有效的资料。

3．相关资料

1）准备应聘资料遵循的原则

汽车营销与服务专业的学生准备应聘资料遵循的原则是实事求是、客观公正地反映自身的情况。在资料的撰写中要求条理清晰、内容完整，然后，打印装订成册，准备应聘中使用。

2）应聘资料的内容

应聘资料的内容包括自荐书，有时还包括自我总结，视具体情况而定；应届毕业生个人基本情况；推荐表和成绩单；证书；自我评价；在校期间任职情况；社会实践和实习情况；在校期间获奖、成果情况（获得证书情况）；个人专长；求职意向。

三、用人单位资料

1．了解单位的需求

汽车营销与服务专业的学生在应聘时，还要尽可能深入了解厂家或4S店的汽车品牌、性能、风格以及所适应的人群，只有这样才能有的放矢地推销；充分了解应聘单位的性质、地址、业务范围、经营业绩、发展前景等；了解应聘的具体岗位、职责及所需的专业知识和技能等；如果是正规的大公司，则需要了解公司宗旨、企业文化、企业精神。

尽量了解面试的有关情况及其方式、时间和地点安排，并做相应的准备。

2．获取相关资料

汽车营销与服务专业的学生在应聘前要尽量收集并索取可能提供给你的相关资料，并根据这些资料联想一些考官会问到的问题，这样有利于自己在进入面试考场时能够有方向地回答问题，也可以有针对性地展示自己的能力。

3．了解企业文化及其营销理念

关于企业方面的资料，以及企业营销方面的资讯，需要平时不断地积累。

平时多读书，多了解企业文化及营销理念，傅雷编著的《世界五百强的顶尖营销理念》一书是这样介绍的：成功的企业必有成功的独到之处，其中可能包括成功的企业文化、成功的管理理念、成功的产品等。但无论如何，当今时代的成功企业，都必须有成功的策略或营销模式。中国加入WTO之后，对整个市场冲击最大的是市场营销模式。尽可能多地了解成功企业的营销模式，对于求职面试以及今后的营销工作都是有很大好处的。书中列举的企业定位的营销理念如下。

沃尔玛（Wal-Mart Stores）——天天平价，盛情服务。

大众汽车（Volkswagen）——用户的愿望高于一切。

诺基亚（Nokia）——聚焦品牌核心价值。

菲亚特(FIAT)——安全为王。

希尔顿集团(Hilton)——一流设施,一流微笑。

福特汽车(Ford Motor)——消费者是我们的中心所在。

标致(Peugeot)——销售在后,服务在前。

皇家壳牌石油(Royal Shell Group)——环保为主。

这些精辟的语言,形象地展示和告诉我们企业的文化及营销理念,值得深入体会。

四、面试仪容服装

莎士比亚说:"一个人的穿着打扮,就是他的教养、品位和地位的真实写照。适合你的着装才是品位和时尚。"

良好的仪表犹如一束美丽的乐曲,它不仅能够给自身带来自信,还能给别人带来审美愉悦;既符合自己的心意,又能感染别人,使你信心十足。

礼貌的妆容要遵循3W原则,即When(什么时间)、Where(什么场合)、What(做什么)。

而正确的礼仪着装之道,体现为4个原则:体现身份、扬长避短、注意场合、严守规范。

汽车营销与服务专业的学生在面试前要做好仪表、仪容的礼仪准备。得体的仪容、仪表是一个人内在素养的外在表现。得体的打扮不仅体现求职者朝气蓬勃的精神面貌,也可以表现求职者的诚意以及一个人的修养。我们注意到目前4S店汽车营销岗位对汽车营销人员仪容、仪表的要求很高,在面试时仪表往往能够左右招聘者的第一印象。因此,在面试前应注意自己的着装打扮,给人以整洁、大方、朝气蓬勃的感觉。切忌衣着不整、蓬头垢面,或者过于超前的服装,这些都会给对方带来不良的印象,影响面试效果。

1. 面试前仪容的修饰

一个人可以不美丽,但不可以不干净。

整洁是一个人素质的体现,也是尊重自己尊重他人的体现。

1)男同学仪容规范要求

汽车营销与服务专业的男学生面试前要将头发洗干净,无头皮屑,且梳理整齐,不染发,不留长发,头发长短以不盖耳、不触衣领为宜。还要注意在面试前修面剃须,使面部保持清洁,眼角不可留有分泌物,如果戴眼镜,应保持镜片的清洁;保持口腔清洁,不吃有异味的食品,不饮酒或含有酒精的饮料;保持鼻孔清洁;汽车营销与服务专业的学生面试前还要注意手部清洁,要养成勤洗手勤剪指甲的良好习惯。

2)女同学仪容规范要求

汽车营销与服务专业的女学生面试前也要将头发洗干净,无头皮屑,长发要挽起并用发夹固定在脑后;短发要合拢在耳后。女同学面部除保持清洁,眼角不可留有分泌物之外,还要求化淡妆,以淡雅、清新、自然的妆容面对考官;体味清新,不使用香味过浓的香水;保持手部的清洁,指甲不得长于2 mm,可适当涂无色指甲油;保持口腔清洁,不吃有异味的食品。

2. 面试前着装规范

着装的TPO原则:TPO是英文Time,Place,Object三个词首字母的缩写。T代表时间、季节、时令、时代；P代表地点、场合、职位；O代表目的、对象。

着装的 TPO 原则是世界通行的着装打扮的最基本的原则。它要求人们的服饰应力求和谐，以和谐为美，即要求着装应与自身条件相适应，与职业、场合、目的、对象相协调。

1）男学生着装规范

西装是首选，质地和品质是身份的象征，款式和颜色要低调。

（1）西服、领带不得佩戴装饰性很强的装饰物、标记和吉祥物。

（2）手腕部除手表外最好不带其他装饰物。

（3）服装及领带要熨烫整齐，不得有污损。

（4）领带长度以刚好盖住皮带扣为宜。

（5）衬衫袖口的长度应超出西装袖口 1cm 为宜，袖口须扣上，衬衫下摆须束在裤内。

（6）西裤裤脚的长度以穿鞋后距地面 1cm 为宜。

（7）系黑色皮带、穿深黑、深蓝、深灰色袜；着黑色皮鞋，皮鞋要保持光亮。

2）男学生着装应当注意的事项

（1）西装以深色为主，避免花格或艳丽的西服，避免西裤过短（须盖过皮鞋）。

（2）忌西服的袖子长于衬衣袖，西服的衣、裤口袋内忌鼓鼓的，不扣衬衣领、袖扣。

（3）衣冠不洁不整是男性着装大忌。

3）女学生着装规范

女士着装要注意款式风格与颜色色调，佩戴饰物要小心。

（1）穿套裙或套装（穿套裙时，必须穿连裤丝袜，不要穿着挑丝、有洞或补过的袜子，颜色以肉色为宜，忌光脚穿鞋）。

（2）项链应放在衣服内，不可外露；不得佩戴装饰性很强的装饰物。

（3）佩戴耳环数量不得超过一对，式样以素色耳针为主。

（4）手腕部除手表外不得带有其他装饰物，手指不能佩戴造型奇异的戒指，佩戴数量不超过一枚。

（5）衬衫下摆须束在裙内。服装要熨烫整齐，不得有污损。

（6）着黑色中跟皮鞋，不得穿露指鞋和休闲鞋。

4）女学生着装应当注意的事项

（1）忌过分杂乱、过分暴露、过分鲜艳、过分紧身及过透。

（2）面试场合忌穿无袖、无领或领口开得太低的服装。

（3）丝袜长度应高于裙子的下摆。

（4）忌拖鞋、凉鞋及鞋跟过高、过细。

任务实施

每个人都拥有无穷的潜力，甚至超出你的想象，但是并没有得到充分的挖掘。只有当他拥有自信的时候，当他意识到要实现自己心中所想的时候，他才可能发挥无穷的潜力。遗憾的是，许多人认为自己不是鹰，从来没期望过自己能做出什么了不起的事来把自己框定在自我期望的范围之内。

项目 10　汽车营销与服务专业学生求职面试礼仪

因此，开启成功之门的钥匙，必须由自己亲自来锻造。锻造的过程，就是释放自信、唤醒自信的过程！

实训任务

琳达是一位女推销员，她以前一直在美国北部工作，喜欢穿一身深色的西服套装，拎一个很中性的皮包。后来由于工作调动，来到了阳光明媚的南加州，仍做推销工作。她还和以往一样穿着、工作，但业绩平平，总是不够理想。后来经人提醒，她才知道自己的穿着让人感到沉重和压抑，于是她改穿浅色的套装，换了个女性化的皮包，让人看上去更有活力和亲切感。没想到，这一简单的着装改变，竟然使她的业绩提高了20%。

针对琳达的改变，请同学们思考，怎样给自己选择既适合面试又不失个性的着装？

任务10.3　面试阶段礼仪

任务目标

目标一：掌握面试阶段礼仪准备的基本内容。
目标二：掌握面试阶段的基本技巧及相关礼仪。

任务下达

面试是成功求职的临门一脚。求职者能否实现求职目标，关键是与用人单位见面，与人事主管当面交流。面试是其他求职形式永远无法代替的，因为在人与人的信息交流形式中，面谈是最有效的。在面谈中，面试官对求职者的了解，语言交流只占了30%的比例，眼神交流和面试者的气质、形象、身体语言占了绝大部分。所以求职者在面试时不仅要注意自己的言谈举止、仪容仪表，而且要注意，内在修养往往由细节体现，不可不拘小节。

任务分析

北京现代汽车公司要招一名汽车业务员。前来报名的应聘者中人才济济，而且大部分学历很高。

张刚仅是一名专科生，因为匆忙从实习厂赶到应聘点，没能及时换下粗布工作服。按照常规，他的表现不如其他人，但没有想到反而被通知录用了，他简直不相信自己的耳朵。

原来考官们决定选用小张，正是因为他一进门，见到陈列室里的汽车，就情不自禁地说："说真的，这车太棒了，我从心里就想把这汽车卖出去！"

正是他的热情打动了主考官。

请思考：

请根据你个人的情况，拟订一个求职面试的要点及注意事项。

239

如今，每个公司都把员工是否懂得和运用基本礼仪，看作该员工自身的素质体现，同时还折射出该员工所在公司的企业文化水平和经营管理境界。因此，无论是对于外界还是对于企业本身，礼仪都是衡量职业化行为的一个最基本的标准。

 相关知识

一、面试礼仪基本要求

1. 守时、守信

面试准时到场非常重要，这是一个人的诚信素质的体现，也是对一个人时间观念的侧面考察。最好提前15分钟到达面试地点，以表示求职者的诚意，给对方以信任感，同时也可调整自己的心态，做一些简单的仪表准备，以免仓促上阵，手忙脚乱。为了做到这一点，一定要牢记面试的时间、地点，有条件的最好能提前去考察一下，这样不仅可以熟悉环境，也便于掌握路途往返时间，以免因一时找不到地方或途中延误而迟到。假如不能实地考察，就一定要提前很早出发，留出足够充裕的时间，以保证万无一失。如果迟到了，肯定会给招聘者留下不好的印象，甚至会丧失面试的机会。

诚实守信，是当今社交中必备的个人品质。"大丈夫一诺千金"是最令人尊重的品质。言而有信，得到的不仅仅是尊重，更是一项重要的感情储蓄。在商业社会中，信用具有无上的价值。诚信不仅是做人的基本准则，也是商业社会的基本准则。因此，这也是应聘者首先要做到的。

2. 等待面试时的表现

要记住，面试时的任何一个环节，都有可能是用人单位对你的考察，越是懂得用人识人之道的，越是善于从细节出发考察人。所以，要对接待人员以礼相待，等待面试时的表现不容忽视。

进入公司前台，要把访问的主题、有无约定、访问者的名字和自己名字报上。到达面试地点后应在等候室耐心等候，并保持安静及正确的坐姿。若准备了公司的介绍材料，应仔细阅读以熟知其情况，也可温习一下自己准备的资料。要坚决禁止的做法：在接待室恰巧遇到朋友或熟人，就旁若无人地大声说话或笑闹；吃口香糖；抽香烟；接手机。

3. 调节紧张情绪

汽车营销与服务专业的学生在面试时应放松心态，克服紧张心理，对自己有信心。

面试前要注意肌肉松弛、保持自信的笑容；看着对方的眼睛；自信地回答问题。这需要平时就练好基本功，做到胸有成竹，面试前鼓励或暗示自己"我能行"。在面试应聘时注意"控制谈话节奏"，这也是消除紧张的一种方法。

假如进入考场后，感到紧张就先不要急于讲话，而应集中精力听完提问，再从容应答。人们精神紧张时讲话速度会不自觉地加快，会给人一种慌张的感觉，甚至容易出错，导致思维混乱。当然，讲话速度过慢，缺乏激情，气氛沉闷，也是不妥的。

保持一颗"平常心"，面对问题，从容应答，把自己的水平正常发挥出来就可以了。

4. 注意使用手机礼节

面试时一定要关掉手机，遵守文明手机礼节。

当今是信息时代，手机已经成为社交通信的重要工具。但很多人忽视手机的使用礼仪。文明手机礼节，最重要的是：在给自己带来方便的同时，请不要妨碍他人。作为商务人员，手机的个性彩铃也要注意符合身份、场合，应以严肃示人，避免搞笑铃声。

在求职面试过程中：最好将手机调为震动。在面试和与人洽谈中，最好是关掉手机，表示你对面试以及面试官的尊重。在这种场合手机铃声不断，并不能反映你"业务忙"，反而会显得缺少修养。

5. 把握进入面试场合时机

如果没有人通知，即使前面的人已经面试结束，也应该在门外耐心等待，不要擅自走进面试房间。自己的名字被喊到，就有力地答一声"是"，然后再敲门进入，敲两三下是较为标准的。敲门时千万不可敲得太用劲，以里面听得见的力度即可，听到里面说"请进"后，要回答"打扰了"再进入房间。开门关门尽量要轻，进门后不要用后手随手将门关上，应转过身去正对着门，用手轻轻将门合上。回过身来将上半身前倾30°左右，向面试官鞠躬行礼，面带微笑主动向面试官问候一声"你好！"彬彬有礼而大方得体，不要过分殷勤、拘谨或过分谦让。在主考官没有请面试者坐下时，切勿急于落座。同意落座后，要说"谢谢"。坐下后保持良好的体态，切忌大大咧咧，左顾右盼，满不在乎，这些会引起考官反感。

6. 要始终面带微笑

脸上带着愉快轻松和真诚的微笑首先是一种信息的传递，会使你处处受欢迎。因为微笑会使你显得和蔼可亲，而每个人都乐于与和气、快乐的人一起共事。应该表现出自己的热情，但不要表现得太过分。

微笑的表情有亲和力。自然地微笑，也是自信的体现，会增进与面试官的沟通，留下良好的第一印象。不要板着面孔，苦着一张脸。听对方说话时，要适时点头，表示自己听明白了，或正在注意听。同时也要不时面带微笑，当然也不宜笑得太僵硬，一切都要顺其自然。表情呆板、大大咧咧、扭扭捏捏、矫揉造作，都是一种美的缺陷，破坏了自然的美。

7. 不要贸然和对方握手

面试时，握手是最重要的一种身体语言。专业化的握手能创造出平等、彼此信任的、和谐的氛围。你的自信也会使人感到你能够胜任而且愿意做这份工作。

握手的原则是"尊者为先"，所以，在面试官的手朝你伸过来之后再伸手，要保证你的整个手臂呈 L 型（90°），有力地摇两下，然后把手自然地放下。握手应该坚实有力，有"感染力"。双眼要直视对方，自信地说出你的名字，即使你是位女士，也要表示出坚定的态度，但不要太使劲，更不要使劲摇晃；不要用两只手，用这种方式握手在西方公司看来不够专业。而且手应当是干燥、温暖的。当然，如果面试官不主动示意握手，就不能贸然上去握手，那是不礼貌的表现。

8. 得体的自我介绍

自我介绍时首先递上本人的简历资料再做介绍，介绍的时间要简短，内容要完整（学校、年级、专业和姓名）。汽车营销与服务专业的学生面试自我介绍时要尽量做到：自我介绍要充满自信，这样才有魅力；举止大方，适当运用幽默；在语言表述时要求简练，介绍主题要鲜明，努力做到自尊、自谦、有礼、有节；介绍的内容要有针对性，重点突出、条理清楚，既不过于自夸，同时还要注意对缺点点到为止。

第一，要突出个人的优点和特长，并要有相当的可信度。特别是具有实际工作经验的要突出自己在营销方面的优势，最好是通过自己做过什么项目这样的方式来叙述一下。语言要概括、简洁、有力，不要拖泥带水，轻重不分。要突出你与众不同的个性和特长，给考官留下深刻的印象。

第二，要展示个性，使个人形象鲜明，可以适当引用别人的言论，如老师、朋友等的评论来支持自己的描述。

第三，坚持以事实说话，要注意语言逻辑，介绍时应层次分明、重点突出，使自己的优势自然地逐步显露。

第四，尽量不要用简称、方言、土语和口头语，以免对方难以听懂。当不能回答某一问题时，应如实告诉对方，含糊其辞和胡乱吹侃会导致失败。

二、面试时应答语言礼仪

得体的谈吐是面试学生向用人单位展示自己最好的手段。

面试语言艺术是一门综合艺术，包含着丰富的内涵。如果说外部形象是面试的第一张名片，那么语言就是第二张名片，它客观反映了一个人的文化素质和内涵修养。谦虚、诚恳、自然、亲和、自信的谈话态度会让你在任何场合都受到欢迎，动人的公关语言、艺术性的口才将帮助你获得成功。如前文谈到的自我介绍，其中语言的运用表达就很重要。

各种公关手段主要有言词语言公关、态势语言公关和素养公关。这些公关手段又包括数种方法，如幽默法、委婉法等。还应掌握一些公关的基本技巧。只有在了解有关公关的常规知识之后，才能顺利地、成功地树立起自己良好的形象。

1. 面试时应答的注意事项

（1）听清题目及要求，说好第一句话。
（2）保持轻松自如的态度，冷静、沉着应对考官提出的各种问题。
（3）时刻保持自然的表情、平和的心态。
（4）善于思考、争取主动、诚实坦率。
（5）恰当提问，言语适度。
（6）不轻易补充对方、不随意更正对方。
（7）忌贬低他人、狂妄自大、滔滔不绝，喧宾夺主。
（8）认真聆听，不要任意插话、打断对方。

2. 求职面试中的语言表达的注意事项

（1）口齿清晰，语言流利，文雅大方。交谈时要注意发音准确，吐字清晰。忌用口头禅，更不能有不文明的语言。

（2）语气平和，语调恰当，音量适中。面试时要注意语言、语调、语气的正确运用。音量的大小要根据面试现场情况而定，以每个主考官都能听清你的讲话为准则。

（3）语言要含蓄、机智、幽默。适时插进幽默的语言，可增加轻松愉快的气氛。尤其当遇到难题时，机智幽默的语言，有助于化险为夷，并给人以良好的印象。

3. 求职面试中应答技巧

1）把握重点

回答问题要简洁明了，条理清楚，有理有据。

2）明确具体

主考官提问总是想了解一些应试者的具体情况，切不可简单地仅以"是""否"作答。针对所提问题，尽量做出明确而具体的解答。

3）个性鲜明

主考官要接待许多应试者，难免会有乏味、枯燥之感。只有具有独到的个人见解和个人特色及创新思想的回答，才会引起对方的兴趣和注意。

4）诚实坦率

面试遇到自己不会的问题时，不要冷场或是不懂装懂，可将问题复述一遍，并先谈自己对这一问题的理解，请教对方以确认内容。或者诚恳坦率地承认自己的不足之处，反倒会赢得主试者的信任和好感。

5）随机应变

为了检验考生的实际工作能力，面试中往往设置"情景"试题，或故意出难题，以测试考生的为人、个性特征，办事效率和应变能力。有的时候主考官的问题看似简单，其实并非只有表面含义，而是另有用意，所以要参透对方意图，随机应变。

三、面试仪态举止礼仪

在整个面试过程中，仪态要保持举止端庄大方，谈吐谦虚谨慎，态度积极热情。如果主考官有两位以上时，回答谁的问题，目光就应注视谁，并应适时地环顾其他主考官以表示自己对他们的尊重。递资料时要大方得体，双手递上，以示尊敬。谈话时，眼睛要适时地注意对方，不要东张西望，这样显得漫不经心；也不要眼皮下垂，这样显得缺乏自信。面试时，招聘单位对你的第一印象最重要。你要表现得大方得体，举止温文尔雅。

1. 仪态举止

仪态举止是指一个人的仪容和外表的总和。它是人的精神面貌的外现（第一印象）。汽车营销人员的求职面试言谈要讲究谨慎多思、朴实文雅，举止优雅大方。高雅的气质与潇洒的风度更能令人"一见钟情"。

仪态，具体指的是人的姿势、举止和动作。姿态礼仪的含义就是指我们心里所想和所表现的一切行为要尽量给予别人方便，这是文明教养、文化素质的象征。优美的仪态，有助于表达感情、展示形象。姿态美极富魅力和感染力，它能使人在动静之中展现出人的气质、修养、品格和内在的美。

2．仪态端庄的礼仪之道

（1）仪态文明：有修养，讲文明，懂礼貌。

（2）仪态自然：规范端庄，大方实在，不装腔作势。

（3）仪态美观：这是高层次要求，优雅脱俗，美观耐看，能给人留下美好印象。

（4）仪态敬人：通过良好的仪态，体现敬人之意。

3．面试仪态形象礼仪

1）气质高雅、风度潇洒

在人际交往中，人们常常用"气质很好"来评价对他人的感受，然而，什么是"气质"？这很难回答。从心理学的角度来看，一个人的言谈举止反映的是他（她）的内在修养，比如一个人的个性、价值取向、气质、所学专业。不同类型的人，会表现出不一样的行为习惯。许多用人单位在面试中通过对大学生言谈举止的观察，来了解他们内在的气质修养，并以此来确定其是否是自己需要的人选。面试能否成功，常常是在应聘者不经意间被决定的。

加州大学洛杉矶分校的一项研究表明，个人给他人留下的印象，7%取决于用词，38%取决于音质，55%取决于非语言交流。我们可以把气质归为非语言交流，其重要性可想而知。

2）无声胜有声的形体语言

除了讲话以外，无声语言是重要的公关手段，主要有：手势语、目光语、身势语、面部语、服饰语等，其次是通过仪表、姿态、神情、动作来表达情意的沟通手段。它们在交往中起着有声语言无法比拟的效果，是职业形象的更高境界。

形体语言对面试成败非常关键，有时一个眼神或者手势都会影响整体评分。比如适当的微笑，就显现出一个人的乐观、豁达、自信；服饰着装的大方得体、不俗不妖，能反映出应聘者风华正茂，有知识、有修养、青春活泼，独具魅力，它可以在考官眼中形成一道绚丽的风景，增强你的求职竞争能力。主要的形体语言有以下几种。

（1）适度恰当的手势有以下4种。

① 表示关注的手势。在与他人交谈时，一定要对对方的谈话表示关注，要表示出你在聚精会神地听。对方在感到自己的谈话被人关注和理解后，才能愉快专心地听取你的谈话，并对你产生好感。一般表示关注的手势是：把双手交叉，身体前倾。

② 表示开放的手势。这种手势表示你愿意与听者接近并建立联系。它使人感到你的热情与自信，并让人觉得你对所谈问题已是胸有成竹。这种手势的做法是手心向上，两手向前伸出，手要与腹部等高。

③ 表示有把握的手势。如果你想表现出对所述主题的把握，可先将一只手伸向前，掌心向下，然后从左向右做一个大的环绕动作，就好像用手覆盖着所要表达的主题。

④ 表示强调的手势。如果要吸引听者的注意或强调很重要的一点，可把食指和拇指捏在一起，以示强调。

(2) 眼睛是心灵的窗户。真诚、支持、友爱的目光可以跨越任何障碍，会把人与人的关系拉得很近。在人类的活动中，用眼睛来表达的方式和内容是如此丰富、含蓄、微妙、广泛，眼神的力量远远超出我们用语言可以表达的内容。可以说，一个不会用眼神、目光交流的人不会是一个高效的交流者。

面试一开始就要留心自己的身体语言，特别是自己的眼神。对面试官应全神贯注，目光始终聚焦在面试人员身上，用眼神展现出自信及对对方的尊重。

眼睛是心灵的窗户，它是人体传递信息最有效的工具。眼睛能表达出人们最细微、最精妙的内心情感。从一个人的眼神中，往往能看到他的内心世界。恰当的眼神能体现出智慧、自信以及对公司的向往和热情。

注意眼神的交流，这不仅是相互尊重的表示，也可以更好地获取一些信息，与面试官的动作达成默契。

正确的眼神表达应该是：礼貌地正视对方，注视的部位最好是考官的鼻眼三角区（社交区）；目光平和而有神，专注而不呆板；如果有几个面试官在场，说话的时候要适当用目光扫视一下其他人，以示尊重。有的人在回答问题时眼睛不知道往哪儿看，魂不守舍、目光不定的人，会使人感到不诚实；眼睛下垂的人，给人一种缺乏自信的印象；两眼直盯着提问者，会被误解为向他挑战，给人以桀骜不驯的感觉。如果面试时把目光集中在对方的额头上，既可以给对方以诚恳、自信的印象，也可以鼓起自己的勇气、消除自己的紧张情绪。

(3) 微笑。在生活中最可以表示好感，尊重他人的一种表情就是微笑。笑容是一种令人感到愉快的面部表情，它可以缩短人与人之间的心理距离，为深入的沟通交往创造温馨和谐的气氛。因此有人把笑容比作人际交往的润滑剂。在笑容中，微笑最自然大方，最真诚友善。世界各民族普遍认为微笑是基本笑容或常规表情。在服务岗位，微笑更是可以创造一种和谐融洽的气氛，让服务对象倍感愉快和温暖。

微笑可以表现出一个人心情良好，充满自信，真诚友善，乐业敬业。

微笑的力量是巨大的，但要笑得恰到好处也是不容易的。微笑是一门学问，也是一门艺术。真正的微笑应发自内心，渗透着自己的情感，自然大方，表里如一，这样的微笑才有感染力才能被视作"参与社交的通行证"。

微笑服务，宾至如归，这是服务行业的理念，也是汽车营销人员必须具备的素质。

4. 肢体语言的运用之道

心理学家认为，不管一个人如何巧舌如簧，他的身体是不会说谎的。在面试应聘时，当营销人员在与顾客接触时，要注意观察对方的肢体语言。

(1) 眯着眼表示不同意、不欣赏或厌恶。
(2) 身子向前倾则表示注意或感兴趣。
(3) 扭绞双手表示紧张或不安。
(4) 坐不安稳表示不安、厌烦、紧张或提高警觉。
(5) 环抱双臂表示不同意、不欣赏、愤怒或防御。

(6) 摇头表示迷惑或不相信。

(7) 正视对方表示友善、诚恳、自信、有安全感。

(8) 轻拍肩、背表示鼓励、恭喜或安慰。

5. 公关礼仪

要了解公关礼仪,如很多人围在一起或与面试官面对面、肩并肩而坐,还要注意肢体礼仪中的空间礼仪。

我们平时会有这样的经验,如果你和客人面对面谈话,当他靠近你到一定距离的时候,你就会产生十分不适应的感觉,会心生厌烦,不自觉地后退,这就是所谓的空间效应。这种效应是一种自然的天性。在生物界中,很多动物都有自己划定的领域,不准其他动物侵犯,这是同样的道理。

作为公关礼仪所讲的空间,是指人们在交往时,因彼此关系不同、环境不同,所以无形中彼此接触的距离也是不同的。

(1) 亲密距离:0~15cm之间,是个"亲密无间"的距离。

远位亲近距离:15~46cm之间,可以肩并肩、手挽手的距离。

(2) 私人距离:46~76cm,稍伸手可及,适合亲密握手,有亲切感。

远位私人距离:76~122cm,双方都把手伸直可及,还有可能亲密接触,开放性较大。总之,这是个很有"分寸感"的交往空间,亲人、熟人都可随意进入这个空间。

(3) 社交距离:近位,1.22~2.13m;远位,2.3~6.1m之间。这是一种社交性的、较正式的人际关系距离。

(4) 公众距离

总之,在生活和社交中,我们应该秉持尊重他人的态度来保持一定的距离,避免不礼貌的"侵犯他人领域"的情况发生。

任务实施

营销是一个极具挑战性的工作,需要很高的热情,包括对产品的热情、对工作的热情、对客户的热情。做人做事,既要中规中矩,又不能墨守成规,要出奇制胜,灵活而有个性,这样才能在芸芸众生中脱颖而出。

案例中,按照常规,李海涛的表现不如其他人,但没有想到反而被通知录用了。这是因为他一进门,见到陈列室里的汽车,就情不自禁地说:"说真的,这车太棒了,我从心里就想把这汽车卖出去!"正是他的热情打动了主考官。

实训任务

请同学分组,设置面试场景,分别扮演不同角色,模拟面试情境。现在请进入情境。

项目10 汽车营销与服务专业学生求职面试礼仪

任务10.4 面试结束告辞礼仪

任务目标

目标一：掌握面试结束的告辞阶段礼仪。
目标二：学会自我检查、自我评价。

任务下达

适时告辞，面试不是闲聊，也不是谈判，是陌生人之间的一种沟通。同学们应灵敏机警又善解人意，谈话时间长短要因面试内容而定。招聘者认为该结束面试时，往往会说一些暗示的话语，如："很感谢你对我们公司这项工作的关注"或"感谢你对我们招聘工作的关心""我们做出决定一定会通知你"等。求职者在听到诸如此类的暗示之后，就应该主动告辞，告辞时应该感谢对方肯花费时间在自己身上。

任务分析

日本有位待业青年，一直没有找到工作，在朋友的介绍下，终于进入一家汽车销售行做营销员。这位生性腼腆、语言木讷的小伙子，在被拒绝多次后，似乎变得更加木讷和胆怯了。最后忍无可忍，他决定躲到乡下住几天，然后回来辞职。

在乡下，他偶尔看到几个顽童玩耍。孩子们将宽口瓶中的温水朝着一只青蛙慢慢倒下去。奇怪的是，那只青蛙不仅没跑，反而仰起头，表现出一副很受用的样子。

这小伙子大受触动，原来青蛙是冷血动物，当有温水淋遍全身时，无异于人类的温泉之浴。联想到自己眼前的处境，那些人的拒绝与冷眼，不正像小顽童们淋下的温水吗！把它当作欺侮是一种心境，当作温泉之浴将会是另一种心境，就看自己如何取舍。

从乡下回来以后，这位年轻人开始重新给自己订立一个计划：一天拜访100位客户。就在这个计划执行途中，他发现抽烟也是在浪费时间，于是毅然戒了烟。

这个小伙子就是人称"汽车销售之神"的奥成良治——后来成功成为日本第一位独立销售一万辆汽车纪录的保持者！

请思考：
请回忆自己在生活中遇到的逆境，自己是怎样克服的？你认为作为一个成功的营销人员应该具备怎样的品质？

不论面试结果是否如你所料，是被顺利录取，得到梦寐以求的工作机会，或者只是得到一个模棱两可的答复："这样吧，××先生/小姐，我们还要进一步考虑你和其他候选人的情况，如果有进一步的消息，我们会及时通知你的"，我们都不能不注意礼貌相待，用平常心对待用人单位。况且许多跨国公司经常是经过两三轮面试之后才知道最后几个候选人是谁，还要再做最后的综合评估。

相关知识

一、面试结束的告别礼仪

与人事经理最好以握手的方式道别；离开办公室时，应该把刚才坐的椅子扶正到刚进门时的位置；再次致谢后出门。

在面试结束阶段，根据不同情况，应做出不同的反应。

1. 当时被录用时

不要过分惊喜，首先表达诚挚的谢意，并希望在今后的工作中合作愉快，共创辉煌的业绩。

2. 当时没被录用时

不要气馁，表示获益匪浅，并希望今后如有机会再合作；不要哀求或强行推销自己，应面带笑容，真心感谢，不失体面。

3. 暂时不知道结果时

应再次强调对这份工作的热情和兴趣，同时感谢对方给自己这次机会，也要感谢对方能在百忙之中抽出时间与自己交谈。

二、面试后的总结

面试很难一次成功，所以面试之后，要保持平常心，既不过分苛求结果，也不对自己丧失信心。即使知道失败了，也要平静地对本次经历做一次回顾和总结，为以后的求职面试积累经验。

在人生的旅途中，即使面对风浪与挫折，也能够不断总结经验，不断自我反思改进提升，这样的人一定会一步步走向成功的。

1. 面试后的回顾

自测一下，看自己能打多少分。分析评价自己，在外在形象、仪容仪表、知识水平、内在素质等方面重新评价一次，找到不足，今后改进，或者下一次尽量扬长避短，确保成功。

2. 耐心等候结果

不要过早去打听面试结果，一定要耐心等候。在约定的时间还没等到通知，就说明落选了。等候时千万不要打电话去询问，那样会打扰对方，令对方反感。

3. 全力备战下一次

面试回来，须整理好自己紧张兴奋的心情，要明白这只是一次经历、一个阶段。如果自己同时向几家公司求职，就必须全身心地投入到下一家面试中去。因为，在没有任何一家公司录用自己之前，就不应该放弃任何机会，反而是应该尽可能多地去争取机会。

在不断的面试中，不断地总结经验，能够这样反思自我的不足，不断地改进，这样做本身就是一种收获与进步。那么下次就一定会更好。

项目 10 汽车营销与服务专业学生求职面试礼仪

任务实施

营销员每天面对无数的顾客，而每个客户都有不同的性格，他们拒绝的方式也不一样，有时甚至是带有侮辱性的。这时，保持良好的心情，变压力为动力，把挫折视为磨砺，相信"宝剑锋自磨砺出，梅花香自苦寒来""不经历风雨，怎能见到彩虹"，前文中的奥成良治从青蛙的表现悟出了一种营销心境，终于成为日本第一位独立销售一万辆汽车纪录的保持者。

实训任务

对学生进行分组，分别扮演不同角色，模拟面试结束的告辞阶段礼仪情境。现在请进入情境。

项目小结

本项目通过对汽车营销与服务专业学生求职面试礼仪的讲解，使学生系统地掌握汽车营销与服务专业应聘素质要求、面试流程、面试礼仪的重要性、应聘汽车营销员的礼仪。面试应聘前的准备：心理素质要求；简历及相关资料；用人单位资料；面试仪容服装。面试阶段礼仪：基本要求；应答语言礼仪；仪态举止礼仪。面试结束告辞礼仪：告别礼仪、面试后的总结。通过学习，学会面对问题、不断反思、自我调整、不断进步，以提升自身素质，塑造良好的自我形象。

练习与技能训练

一、填空题

1. 礼仪的重要原则是以_____。
2. 人的素质包括_____、_____、_____和_____4个方面。
3. 面试按照先后顺序分为_____、_____和_____3部分。
4. 面试准备阶段的技巧包括_____、_____和_____等。
5. 礼仪专家赵玉莲有6个字组语是关于聆听的，即_____。
6. "恰到好处的礼仪所达到的最高境界是，让你周围的人和你相处时感到_____。"
7. _____，既是为成功求职奠定坚实的基础，也充分体现了对职业的重视，对招聘人员、招聘单位的尊重。
8. 注重培养健康的心理，掌握调节心理的方法，不断提升自己的_____、_____、_____等。
9. 人一生的学习过程，从根本上说，就是一个不断认识_____。

10. 对于工作，要判断自己是否适合，不要盲目_____。
11. 正确的_____的基础上，还要认清就业现实。
12. 努力做一个合格的职场人，要注意的细节也很多，包括_____、_____、_____等。
13. 个成功的职业生涯，是一个非常细致的伦理结构——_____、_____、_____等。
14. 简历是针对特定的_____写的，求职信是针对特定的_____写的。
15. 求职信的格式一般由三个部分组成：_____、_____、_____。
16. 简历一般包括抬头、简介、_____、_____、其他杂项。
17. 求职者能否实现求职目标，关键是与_____见面，与人事主管当面交流。
18. 最好提前_____到达面试地点，以表示求职者的诚意，给对方以信任感。
19. _____，是当今社交中必备的起码的个人品质。
20. 面对接待人员应以礼相待，_____时的表现不容忽视。
21. 面试前鼓励或暗示自己_____。
22. 手机的个性彩铃也要注意符合_____、_____，应以严肃示人，避免搞笑铃声。
23. 自我介绍时首先递上本人的简历资料再做介绍，介绍的时间要简短，内容要完整，即_____、_____、_____、_____。
24. 公关手段主要有_____、_____、_____。
25. 离开办公室时，应该把刚才坐的椅子扶正到刚进门时的位置；再次_____后出门。
26. 在面试结束阶段，要根据_____、_____、_____情况，应做出不同的反应。
27. 分析评价自己，如在_____、_____、_____、_____等方面重新评价一次。

二、判断题
1. 应聘面试本身就是营销活动的一种形式，即把自己成功推销给用人单位！（   ）
2. 面试后续阶段主要是回顾和总结经验以及调整心态。（   ）
3. 在人际交往中，表达对他人的关爱的前提是学会夸赞。（   ）
4. 要想培养幽默感，首先要学会倾听。（   ）
5. 求职应聘是我们大学生走向工作岗位必须过的第一关。（   ）
6. 未来的营销工作，每天都要面对陌生的顾客，具备良好的工作素质是做好销售工作的必要条件。（   ）
7. 树立适当的就业观念和正确的就业心态，是顺利就业的良好开端。（   ）
8. 求职信一般是想吸引雇主翻阅你的简历等自荐材料，可以写得长些，至少要2页以上。（   ）
9. 简历的内容是在说明你的具体情况，也是企业最关心的部分，与求职信类同。（   ）
10. 兴趣爱好，所写的重点一定要与用人单位的需求相符。（   ）

11. 尽量了解面试的有关情况及其方式、时间和地点安排，并做相应的准备。（　）
12. 到达面试地点后应在等候室耐心等候，并保持安静及正确的坐姿。（　）
13. 面试时一定要关掉手机，遵守文明手机礼节。（　）
14. 开门关门尽量要轻，进门后要用后手随手将门关上。（　）
15. 在主考官没有请面试者坐下时，可以自己找位置落座。（　）
16. 面试时要注意语言、语调、语气的正确运用。（　）
17. 面试一开始就要留心自己的身体语言，特别是自己的双手。（　）
18. 当时没被录用时，应再次强调对这份工作的热情和兴趣，同时感谢对方给自己这次机会。（　）
19. 等候时要打电话去询问结果。（　）
20. 在没有任何一家公司录用自己之前，就不应该放弃任何机会，反而是应该尽可能多的去争取机会。（　）

三、单项选择题

1. 在汽车营销人员的应聘过程中，掌握（　）技巧是成功的关键。
   A. 商务礼仪　　B. 社交礼仪　　C. 面试礼仪　　D. 政务礼仪
2. 恰当的（　），不仅可以带给人快乐，还会带来意想不到的收获。
   A. 表扬　　　　B. 赞美　　　　C. 夸赞　　　　D. 重视
3. 在人际交往中，表达对他人的关爱的前提是学会（　）。
   A. 夸赞　　　　B. 表扬　　　　C. 表达　　　　D. 倾听
4. 在求职心态方面，从根本上说，要求培养良好的（　）。
   A. 工作作风　　B. 人际关系　　C. 心理素质　　D. 精神风貌
5. 细节决定成败，（　）造就完美。
   A. 细心　　　　B. 努力　　　　C. 细节　　　　D. 勤奋
6. 礼貌的妆容要遵循3W原则，即（　）。
   A. When，Why，What　　　　B. Who，Where，What
   C. When，Where，Who　　　　D. When，Where，What
7. 因为在人与人的信息交流形式中，（　）是最有效的。
   A. 见面　　　　B. 眼神　　　　C. 面谈　　　　D. 倾听
8. 在面试和与人洽谈中，最好是（　），表示你对面试的重视以及面试官的尊重。
   A. 直视对方　　B. 关掉手机　　C. 安静坐好　　D. 有问必答
9. 作为公关礼仪所讲的空间，社交距离：近位以（　）为宜。
   A. 0.55～1.22m　B. 1.00～2.13m　C. 1.22～2.13m　D. 1.22～1.78m

四、情境设计

1. 你即将参加某品牌汽车4S店的应聘，作为汽车营销与服务专业学生的你应如何赢得面试的成功？现在请进入情境。
2. 你是即将毕业的大学生，面临应聘到自己心仪的工作岗位，求职准备要注意的事项很多，你将做好哪些准备？现在请进入情境。
3. 张明是即将毕业的大三学生，在参加一家心仪的汽车4S店招聘面试过程中，面对面试官,他不停地搓擦双手,眼睛看着桌面,眼皮下垂。作为求职者,在面试过程中,你应该如何注意遵守面试的礼仪规范呢?现在请进入情境。

4. 王刚是即将毕业的大三学生,在参加一家心仪的汽车 4S 店招聘面试过程中,面对面试官的提问,他应答如流。在问及个人兴趣爱好时,王刚侃侃而谈,也没有注意到面试官不停地看着手表。作为求职者,你应该如何做呢?现在请进入情境。

附录

汽车营销与服务专业学生求职面试资料范例

1 求职参考

我用公关去求职

终于毕业了！我南下来到了深圳，终于站在了人才交流会大厅门口。望着如潮水般涌动的人群，我第一次感到了自己的渺小与不足——全国数万精英云集于此，其中不乏博士、硕士、名牌大学毕业生，而我是一个名不见经传的财经学院的学生，算得了什么？

拿着一叠求职书，我在人群中慢慢移动，几乎每家公司办事处门口都有一大群大学生等候，每个岗位都有上百名竞聘者。"碰碰运气吧！"怀着自卑，我站在了一列队伍的最后，这里需要管理方面的人才。

终于轮到我时，老总却把我的求职书递了回来："对不起，我们需要的是研究生。"

"研究生？"我愕然。沮丧仓促之中居然没有看清要求，但这么长时间怎么能白等呢？我迅速从尴尬中反应过来，"是的，研究生可能更专于某个方面，但现代管理需要通才，要博而不只是精！"

老总颇感兴趣地看着我，这使我信心大增："其实，现代管理的一个重要方面就是协调好各方面的社会关系。钢铁大王卡耐基以百万年薪聘请并不懂钢铁的斯瓦伯为总经理，看中的正是他的公关能力，后者上任后确实给公司带来了巨大的利润。由此可见，管理能力与专业学历是两码事……"

面对诸多挑剔的眼光，我硬着头皮侃侃而谈，尽量不露出丝毫胆怯。这应该归功于平时公关礼仪课上的训练和积累。

当我意气风发地走出面试间时，已茅塞顿开：在这种场合，身份、学历及过去的一切都是次要的，最重要的是你面对招聘者时所表现出来的气质、谈吐、智慧及能力。求职从某种意义上说就是如何在面试时展示最佳的自我。

虽然那位老总最终还是婉言拒绝了我，但我还是对他充满了感激，因为从他那里我已经找到了推销自己的自信和方法。

在接下来的不断面试中，我不断地尝试和调整，信心倍增，过五关斩六将，终于顺利地通过了面试,赢得了心仪的工作岗位。

2 求 职 信

(自荐书)范例如下

求 职 信

尊敬的领导:

您好!

首先,非常感谢您能从百忙之中抽出时间审阅我的资料!

在此择业之际,欣闻贵公司正在招聘汽车营销人员,特向您推荐自己,相信我在××
×学院三年的学习和社会实习锻炼,能够胜任这一工作岗位。真诚地希望我能用所学
之技为贵公司献上一点绵薄之力!

在校期间我认真系统地学习了各门基础及专业课程,而且均取得了优异的成绩。在
每学期的奖学金评比中,一等或二等奖学金必是我的囊中之物。因为我知道一个真正的
业内精英,理论基础是成功的必要保障。同时,由于学校不断深化职业教育的改革,面
向市场需求,与用人单位对接,使我得到了更多锻炼机会,这进一步增加了我的自信,
使我坚信,在实践当中我会迅速地成长起来,为贵公司做出更大贡献!

在×××单位实习工作期间,我担任了××岗位的工作,参加了一线汽车的生产,
熟悉了×××基层的生产程序和管理模式。尤其在轮岗实习中,直接参加一线生产,对
×××的各种基本品牌的汽车都有了更深入的了解和认识;同时锻炼了自己吃苦耐劳、
团队协作、与人沟通交往的能力,总之收获不小,获得了用人单位的好评。这些经历,
相信对我将来的汽车营销工作,都会是宝贵财富。

"千里之行,始于足下",我想做什么并不重要,关键是做什么我都应该认真对待,
脚踏实地地去努力做好。所以在校期间,作为一名学生干部,我积极开展和组织同学参
加各项活动;作为一名学习委员,在第一学年结束时,被评为"优秀学生";作为一名普
通学生,我被评为校"十佳大学生"。

当我向您递上这封自荐书时,我盼望的心情依旧充满自信,良驹还需伯乐识,相信
您的慧眼与我的潜力必将促成我们未来共同的成功!

再次感谢贵公司,感谢前辈的关注,希望您能够给年轻人一个锻炼的机会。切盼
回复!

祝您工作顺利,万事如意!
  此致
敬礼

自荐人:×××
联系方式:
年 月 日

3　自我总结

　　我相信这是一个不争的事实:有实力当然有魅力。所以我孜孜以求,不断地充实自己、改变自己、提升自己。

　　我相信这是一代学子的资本:青春朝气、开拓进取、乐观自信,为此,再大的磨难,我都不畏惧。

　　15年的书生之路,15载的寒窗之苦。当我如同铁水一般从学校的熔炉里流出时,我期待着流入现代企业的车间,按着未来企业的发展需要去定型自己、塑造自己,把自己锻炼成大有所为的一块好钢。

　　21世纪是知识经济时代,是信息时代,是国际一体化时代。为了适应这些需要,我在立足学好本专业使自己懂得汽车营销的同时,还努力提高外语和计算机水平,并自学了×××,以此拓宽了自己的知识面。目前,我就已经拥有了一台个人计算机,且能熟练操作;英语达到了国家四级水平,并且学习了汽车专业外语,具备了一定的翻译能力;还取得了职业资格证书。将来,我会更加努力,巩固并拓展所取得的成绩。

　　现代企业需要有卓见、有胆识、有能力的新型人才,为了培养自己的实践能力和组织能力,我曾做过兼职推销员、市场调查员,积累了一定的经验;我曾担任过班长、校学生会秘书部干事等职,在为团体效力的同时也锻炼了自己,我的工作得到了同学和老师的一致认可,被评为系优秀学生干部,学校金牌生;我还参加过学校的讲演会、辩论会,并获得奖励证书。业余时间我还喜欢去图书馆读书、到野外摄影,让自己陶冶在文学艺术与大自然的美好壮丽之中,使身心得到更健康的发展,让生活更快乐更有意义。

　　必须承认,刚刚步出校门的我还太稚嫩了。经验上还有太多的空白等待去填补,知识上还有太多未知的领域等待去涉猎,个人的整体素质还有待进一步提升,对于国内外汽车市场、汽车品牌的过去现在以及未来发展的把握还远远不够,汽车营销方面还只是停留在理论上的学习,但是这些也正是我将来继续努力的方向。而且,这些也许正是我的优点。因为作为新手,我可塑性强,适应能力强,还有着一颗勤奋好学的心,随时准备按照公司的需要去塑造自己,丰富自己。

　　是雄鹰,总要试双翼;是宝剑,总要露锋芒。我不是英雄,但我同样渴望拥有一席用武之地,请给我一个机会,我将用事实来证明:您选择我,没有错。

总结人:王海

2015.07.06

4　个人简历范例

个 人 简 历

姓名	李涛	性别	男	照片
出生日期	1987年10月21日	籍贯	吉林省长春市	
身高	1.92m	体重		
电子邮件		电话		
民族		政治面目		
教育经历		学校名称	所属专业	学历
担任职务				
获奖情况				
获得证书				
教育课程	基础课程		专业课程	
社会实践				
英语水平				
计算机水平				
业余爱好				
自我评价				

参考文献

[1] 金正昆. 商务礼仪[M]. 北京：中国人民大学出版社，2007.
[2] 金正昆. 商务礼仪教程[M]. 北京：中国人民大学出版社，2009.
[3] 金正昆. 服务礼仪教程[M]. 北京：中国人民大学出版社，2010.
[4] 徐克茹. 商务礼仪标准培训[M]. 北京：中国纺织出版社，2010.
[5] 覃常员，张幸花. 现代商务礼仪[M]. 北京：北京大学出版社，2009.
[6] 戚叔林，刘焰. 汽车维修服务[M]. 北京：人民交通出版社，2010.
[7] 国英. 现代礼仪[M]. 北京：机械工业出版社，2008.
[8] 李建峰，董媛. 社交礼仪实务[M]. 北京：北京理工大学出版社，2010.
[9] 张晓梅. 晓梅说礼仪[M]. 北京：中国青年出版社，2008.
[10] 李巍. 商务礼仪[M]. 北京：北京大学出版社，2009.

北京大学出版社高职高专机电系列规划教材

序号	书号	书名	编著者	定价	印次	出版日期	配套情况
\"十二五\"职业教育国家规划教材							
1	978-7-301-24455-5	电力系统自动装置(第2版)	王伟	26.00	1	2014.8	ppt/pdf
2	978-7-301-24506-4	电子技术项目教程(第2版)	徐超明	42.00	1	2014.7	ppt/pdf
3	978-7-301-24475-3	零件加工信息分析(第2版)	谢蕾	52.00	2	2015.1	ppt/pdf
4	978-7-301-24227-8	汽车电气系统检修(第2版)	宋作军	30.00	1	2014.8	ppt/pdf
5	978-7-301-24507-1	电工技术与技能	王平	42.00	1	2014.8	ppt/pdf
6	978-7-301-17398-5	数控加工技术项目教程	李东君	48.00	1	2010.8	ppt/pdf
7	978-7-301-25341-0	汽车构造(上册)——发动机构造(第2版)	罗灯明	35.00	1	2015.5	ppt/pdf
8	978-7-301-25529-2	汽车构造(下册)——底盘构造(第2版)	鲍远通	36.00	1	2015.5	ppt/pdf
9	978-7-301-25650-3	光伏发电技术简明教程	静国梁	29.00	1	2015.6	ppt/pdf
10	978-7-301-24589-7	光伏发电系统的运行与维护	付新春	33.00	1	2015.7	ppt/pdf
11	978-7-301-18322-9	电子EDA技术(Multisim)	刘训非	30.00	2	2012.7	ppt/pdf
机械类基础课							
1	978-7-301-13653-9	工程力学	武昭晖	25.00	3	2011.2	ppt/pdf
2	978-7-301-13574-7	机械制造基础	徐从清	32.00	3	2012.7	ppt/pdf
3	978-7-301-13656-0	机械设计基础	时忠明	25.00	3	2012.7	ppt/pdf
4	978-7-301-13662-1	机械制造技术	宁广庆	42.00	2	2010.11	ppt/pdf
5	978-7-301-27082-0	机械制造技术	徐勇	48.00	1	2016.5	ppt/pdf
6	978-7-301-19848-3	机械制造综合设计及实训	裘俊彦	37.00	1	2013.4	ppt/pdf
7	978-7-301-19297-9	机械制造工艺及夹具设计	徐勇	28.00	1	2011.8	ppt/pdf
8	978-7-301-25479-0	机械制图——基于工作过程(第2版)	徐连孝	62.00	1	2015.5	ppt/pdf
9	978-7-301-18143-0	机械制图习题集	徐连孝	20.00	2	2013.4	ppt/pdf
10	978-7-301-15692-6	机械制图	吴百中	26.00	2	2012.7	ppt/pdf
11	978-7-301-22916-3	机械图样的识读与绘制	刘永强	36.00	1	2013.8	ppt/pdf
12	978-7-301-23354-2	AutoCAD应用项目化实训教程	王利华	42.00	1	2014.1	ppt/pdf
13	978-7-301-17122-6	AutoCAD机械绘图项目教程	张海鹏	36.00	3	2013.8	ppt/pdf
14	978-7-301-17573-6	AutoCAD机械绘图基础教程	王长忠	32.00	2	2013.8	ppt/pdf
15	978-7-301-19010-4	AutoCAD机械绘图基础教程与实训(第2版)	欧阳全会	36.00	3	2014.1	ppt/pdf
16	978-7-301-22185-3	AutoCAD 2014机械应用项目教程	陈善岭	32.00	1	2016.1	ppt/pdf
17	978-7-301-26591-8	AutoCAD 2014机械绘图项目教程	朱昱	40.00	1	2016.2	ppt/pdf
18	978-7-301-24536-1	三维机械设计项目教程(UG版)	龚肖新	45.00	1	2014.9	ppt/pdf
19	978-7-301-20752-9	液压传动与气动技术(第2版)	曹建东	40.00	2	2014.1	ppt/pdf/素材
20	978-7-301-13582-2	液压与气压传动技术	袁广	24.00	5	2013.8	ppt/pdf
21	978-7-301-24381-7	液压与气动技术项目教程	武威	30.00	1	2014.8	ppt/pdf
22	978-7-301-19436-2	公差与测量技术	余键	25.00	1	2011.9	ppt/pdf
23	978-7-5038-4861-2	公差配合与测量技术	南秀蓉	23.00	4	2011.12	ppt/pdf
24	978-7-301-19374-7	公差配合与技术测量	庄佃霞	26.00	2	2013.8	ppt/pdf
25	978-7-301-25614-5	公差配合与测量技术项目教程	王丽丽	26.00	1	2015.4	ppt/pdf
26	978-7-301-25953-5	金工实训(第2版)	柴增田	38.00	1	2015.6	ppt/pdf
27	978-7-301-13651-5	金属工艺学	柴增田	27.00	2	2011.6	ppt/pdf
28	978-7-301-23868-4	机械加工工艺编制与实施(上册)	于爱武	42.00	1	2014.3	ppt/pdf/素材
29	978-7-301-24546-0	机械加工工艺编制与实施(下册)	于爱武	42.00	1	2014.7	ppt/pdf/素材
30	978-7-301-21988-1	普通机床的检修与维护	宋亚林	33.00	1	2013.1	ppt/pdf
31	978-7-5038-4869-8	设备状态监测与故障诊断技术	林英志	22.00	3	2011.8	ppt/pdf

序号	书号	书名	编著者	定价	印次	出版日期	配套情况
32	978-7-301-22116-7	机械工程专业英语图解教程(第2版)	朱派龙	48.00	2	2015.5	ppt/pdf
33	978-7-301-23198-2	生产现场管理	金建华	38.00	1	2013.9	ppt/pdf
34	978-7-301-24788-4	机械CAD绘图基础及实训	杜洁	30.00	1	2014.9	ppt/pdf
数控技术类							
1	978-7-301-17148-6	普通机床零件加工	杨雪青	26.00	2	2013.8	ppt/pdf/素材
2	978-7-301-17679-5	机械零件数控加工	李文	38.00	1	2010.8	ppt/pdf
3	978-7-301-13659-1	CAD/CAM实体造型教程与实训(Pro/ENGINEER版)	诸小丽	38.00	4	2014.7	ppt/pdf
4	978-7-301-24647-6	CAD/CAM数控编程项目教程(UG版)(第2版)	慕灿	48.00	1	2014.8	ppt/pdf
5	978-7-301-21873-0	CAD/CAM数控编程项目教程(CAXA版)	刘玉春	42.00	1	2013.3	ppt/pdf
6	978-7-5038-4866-7	数控技术应用基础	宋建武	22.00	2	2010.7	ppt/pdf
7	978-7-301-13262-3	实用数控编程与操作	钱东东	32.00	4	2013.8	ppt/pdf
8	978-7-301-14470-1	数控编程与操作	刘瑞已	29.00	2	2011.2	ppt/pdf
9	978-7-301-20312-5	数控编程与加工项目教程	周晓宏	42.00	1	2012.3	ppt/pdf
10	978-7-301-23898-1	数控加工编程与操作实训教程(数控车分册)	王忠斌	36.00	1	2014.6	ppt/pdf
11	978-7-301-20945-5	数控铣削技术	陈晓罗	42.00	1	2012.7	ppt/pdf
12	978-7-301-21053-6	数控车削技术	王军红	28.00	1	2012.8	ppt/pdf
13	978-7-301-25927-6	数控车削编程与操作项目教程	肖国涛	26.00	1	2015.7	ppt/pdf
14	978-7-301-17398-5	数控加工技术项目教程	李东君	48.00	1	2010.8	ppt/pdf
15	978-7-301-21119-9	数控机床及其维护	黄应勇	38.00	1	2012.8	ppt/pdf
16	978-7-301-20002-5	数控机床故障诊断与维修	陈学军	38.00	1	2012.1	ppt/pdf
模具设计与制造类							
1	978-7-301-23892-9	注射模设计方法与技巧实例精讲	邹继强	54.00	1	2014.2	ppt/pdf
2	978-7-301-24432-6	注射模典型结构设计实例图集	邹继强	54.00	1	2014.6	ppt/pdf
3	978-7-301-18471-4	冲压工艺与模具设计	张芳	39.00	1	2011.3	ppt/pdf
4	978-7-301-19933-6	冷冲压工艺与模具设计	刘洪贤	32.00	1	2012.1	ppt/pdf
5	978-7-301-20414-6	Pro/ENGINEER Wildfire 产品设计项目教程	罗武	31.00	1	2012.5	ppt/pdf
6	978-7-301-16448-8	Pro/ENGINEER Wildfire 设计实训教程	吴志清	38.00	1	2012.8	ppt/pdf
7	978-7-301-22678-0	模具专业英语图解教程	李东君	22.00	1	2013.7	ppt/pdf
电气自动化类							
1	978-7-301-18519-3	电工技术应用	孙建领	26.00	1	2011.3	ppt/pdf
2	978-7-301-25670-1	电工电子技术项目教程(第2版)	杨德明	49.00	1	2016.2	ppt/pdf
3	978-7-301-22546-2	电工技能实训教程	韩亚军	22.00	1	2013.6	ppt/pdf
4	978-7-301-22923-1	电工技术项目教程	徐超明	38.00	1	2013.8	ppt/pdf
5	978-7-301-12390-4	电力电子技术	梁南丁	29.00	3	2013.5	ppt/pdf
6	978-7-301-17730-3	电力电子技术	崔红	23.00	1	2010.9	ppt/pdf
7	978-7-301-19525-3	电工电子技术	倪涛	38.00	1	2011.9	ppt/pdf
8	978-7-301-24765-5	电子电路分析与调试	毛玉青	35.00	1	2015.3	ppt/pdf
9	978-7-301-16830-1	维修电工技能与实训	陈学平	37.00	1	2010.7	ppt/pdf
10	978-7-301-12180-1	单片机开发应用技术	李国兴	21.00	2	2010.9	ppt/pdf
11	978-7-301-20000-1	单片机应用技术教程	罗国荣	40.00	1	2012.2	ppt/pdf
12	978-7-301-21055-0	单片机应用项目化教程	顾亚文	32.00	1	2012.8	ppt/pdf
13	978-7-301-17489-0	单片机原理及应用	陈高锋	32.00	1	2012.9	ppt/pdf
14	978-7-301-24281-0	单片机技术及应用	黄贻培	30.00	1	2014.7	ppt/pdf
15	978-7-301-22390-1	单片机开发与实践教程	宋玲玲	24.00	1	2013.6	ppt/pdf
16	978-7-301-17958-1	单片机开发入门及应用实例	熊华波	30.00	1	2011.1	ppt/pdf
17	978-7-301-16898-1	单片机设计应用与仿真	陆旭明	26.00	2	2012.4	ppt/pdf

序号	书号	书名	编著者	定价	印次	出版日期	配套情况
18	978-7-301-19302-0	基于汇编语言的单片机仿真教程与实训	张秀国	32.00	1	2011.8	ppt/pdf
19	978-7-301-12181-8	自动控制原理与应用	梁南丁	23.00	3	2012.1	ppt/pdf
20	978-7-301-19638-0	电气控制与PLC应用技术	郭 燕	24.00	1	2012.1	ppt/pdf
21	978-7-301-18622-8	PLC与变频器控制系统设计与调试	姜永华	34.00	1	2011.6	ppt/pdf
22	978-7-301-19272-6	电气控制与PLC程序设计(松下系列)	姜秀玲	36.00	1	2011.8	ppt/pdf
23	978-7-301-12383-6	电气控制与PLC(西门子系列)	李 伟	26.00	2	2012.3	ppt/pdf
24	978-7-301-18188-1	可编程控制器应用技术项目教程(西门子)	崔维群	38.00	2	2013.6	ppt/pdf
25	978-7-301-23432-7	机电传动控制项目教程	杨德明	40.00	1	2014.1	ppt/pdf
26	978-7-301-12382-9	电气控制及PLC应用(三菱系列)	华满香	24.00	2	2012.5	ppt/pdf
27	978-7-301-22315-4	低压电气控制安装与调试实训教程	张 郭	24.00	1	2013.4	ppt/pdf
28	978-7-301-24433-3	低压电器控制技术	肖朋生	34.00	1	2014.7	ppt/pdf
29	978-7-301-22672-8	机电设备控制基础	王本轶	32.00	1	2013.7	ppt/pdf
30	978-7-301-18770-8	电机应用技术	郭宝宁	33.00	1	2011.5	ppt/pdf
31	978-7-301-23822-6	电机与电气控制	郭夕琴	34.00	1	2014.8	ppt/pdf
32	978-7-301-17324-4	电机控制与应用	魏润仙	34.00	1	2010.8	ppt/pdf
33	978-7-301-21269-1	电机控制与实践	徐 锋	34.00	1	2012.9	ppt/pdf
34	978-7-301-12389-8	电机与拖动	梁南丁	32.00	2	2011.12	ppt/pdf
35	978-7-301-18630-5	电机与电力拖动	孙英伟	33.00	1	2011.3	ppt/pdf
36	978-7-301-16770-0	电机拖动与应用实训教程	任娟平	36.00	1	2012.11	ppt/pdf
37	978-7-301-22632-2	机床电气控制与维修	崔兴艳	28.00	1	2013.7	ppt/pdf
38	978-7-301-22917-0	机床电气控制与PLC技术	林盛昌	36.00	1	2013.8	ppt/pdf
39	978-7-301-26499-7	传感器检测技术及应用(第2版)	王晓敏	45.00	1	2015.11	ppt/pdf
40	978-7-301-20654-6	自动生产线调试与维护	吴有明	28.00	1	2013.1	ppt/pdf
41	978-7-301-21239-4	自动生产线安装与调试实训教程	周 洋	30.00	1	2012.9	ppt/pdf
42	978-7-301-18852-1	机电专业英语	戴正阳	28.00	2	2013.8	ppt/pdf
43	978-7-301-24764-8	FPGA应用技术教程(VHDL版)	王真富	38.00	1	2015.2	ppt/pdf
44	978-7-301-26201-6	电气安装与调试技术	卢 艳	38.00	1	2015.8	ppt/pdf
45	978-7-301-26215-3	可编程控制器编程及应用(欧姆龙机型)	姜凤武	27.00	1	2015.8	ppt/pdf
汽车类							
1	978-7-301-17694-8	汽车电工电子技术	郑广军	33.00	1	2011.1	ppt/pdf
2	978-7-301-26724-0	汽车机械基础(第2版)	张本升	45.00	1	2016.1	ppt/pdf/素材
3	978-7-301-26500-0	汽车机械基础教程(第3版)	吴笑伟	35.00	1	2015.12	ppt/pdf/素材
4	978-7-301-17821-8	汽车机械基础项目化教学标准教程	傅华娟	40.00	2	2014.8	ppt/pdf
5	978-7-301-19646-5	汽车构造	刘智婷	42.00	1	2012.1	ppt/pdf
6	978-7-301-25341-0	汽车构造(上册)——发动机构造(第2版)	罗灯明	35.00	1	2015.5	ppt/pdf
7	978-7-301-25529-2	汽车构造(下册)——底盘构造(第2版)	鲍远通	36.00	1	2015.5	ppt/pdf
8	978-7-301-13661-4	汽车电控技术	祁翠琴	39.00	6	2015.2	ppt/pdf
9	978-7-301-19147-7	电控发动机原理与维修实务	杨洪庆	27.00	1	2011.7	ppt/pdf
10	978-7-301-13658-4	汽车发动机电控系统原理与维修	张吉国	25.00	2	2012.4	ppt/pdf
11	978-7-301-18494-3	汽车发动机电控技术	张 俊	46.00	2	2013.8	ppt/pdf/素材
12	978-7-301-21989-8	汽车发动机构造与维修(第2版)	蔡兴旺	40.00	1	2013.1	ppt/pdf/素材
14	978-7-301-18948-1	汽车底盘电控原理与维修实务	刘映凯	26.00	1	2012.1	ppt/pdf
15	978-7-301-24227-8	汽车电气系统检修(第2版)	宋作军	30.00	1	2014.8	ppt/pdf
16	978-7-301-23512-6	汽车车身电控系统检修	温立全	30.00	1	2014.1	ppt/pdf
17	978-7-301-18850-7	汽车电器设备原理与维修实务	明光星	38.00	2	2013.9	ppt/pdf
18	978-7-301-20011-7	汽车电器实训	高照亮	38.00	1	2012.1	ppt/pdf
19	978-7-301-22363-5	汽车车载网络技术与检修	闫炳强	30.00	1	2013.6	ppt/pdf

序号	书号	书名	编著者	定价	印次	出版日期	配套情况
20	978-7-301-14139-7	汽车空调原理及维修	林 钢	26.00	3	2013.8	ppt/pdf
21	978-7-301-16919-3	汽车检测与诊断技术	娄 云	35.00	2	2011.7	ppt/pdf
22	978-7-301-22988-0	汽车拆装实训	詹远武	44.00	1	2013.8	ppt/pdf
23	978-7-301-18477-6	汽车维修管理实务	毛 峰	23.00	1	2011.3	ppt/pdf
24	978-7-301-19027-2	汽车故障诊断技术	明光星	25.00	1	2011.6	ppt/pdf
25	978-7-301-17894-2	汽车养护技术	隋礼辉	24.00	1	2011.3	ppt/pdf
26	978-7-301-22746-6	汽车装饰与美容	金守玲	34.00	1	2013.7	ppt/pdf
27	978-7-301-25833-0	汽车营销实务(第2版)	夏志华	32.00	1	2015.6	ppt/pdf
28	978-7-301-19350-1	汽车营销服务礼仪	夏志华	30.00	3	2013.8	ppt/pdf
29	978-7-301-15578-3	汽车文化	刘 锐	28.00	4	2013.2	ppt/pdf
30	978-7-301-20753-6	二手车鉴定与评估	李玉柱	28.00	1	2012.6	ppt/pdf
31	978-7-301-17711-2	汽车专业英语图解教程	侯锁军	22.00	5	2015.2	ppt/pdf/素材
32	978-7-301-27089-9	汽车营销服务礼仪	夏志华	36.00	1	2016.6	ppt/pdf
电子信息、应用电子类							
1	978-7-301-19639-7	电路分析基础(第2版)	张丽萍	25.00	1	2012.9	ppt/pdf
2	978-7-301-19310-5	PCB板的设计与制作	夏淑丽	33.00	1	2011.8	ppt/pdf
3	978-7-301-21147-2	Protel 99 SE 印制电路板设计案例教程	王 静	35.00	1	2012.8	ppt/pdf
4	978-7-301-18520-9	电子线路分析与应用	梁玉国	34.00	1	2011.7	ppt/pdf
5	978-7-301-12387-4	电子线路CAD	殷庆纵	28.00	4	2012.7	ppt/pdf
6	978-7-301-12390-4	电力电子技术	梁南丁	29.00	2	2010.7	ppt/pdf
7	978-7-301-17730-3	电力电子技术	崔 红	23.00	1	2010.9	ppt/pdf
8	978-7-301-19525-3	电工电子技术	倪 涛	38.00	1	2011.9	ppt/pdf
9	978-7-301-18519-3	电工技术应用	孙建领	26.00	1	2011.3	ppt/pdf
10	978-7-301-22546-2	电工技能实训教程	韩亚军	22.00	1	2013.6	ppt/pdf
11	978-7-301-22923-1	电工技术项目教程	徐超明	38.00	1	2013.8	ppt/pdf
12	978-7-301-25670-1	电工电子技术项目教程（第2版）	杨德明	49.00	1	2016.2	ppt/pdf
14	978-7-301-26076-0	电子技术应用项目式教程(第2版)	王志伟	40.00	1	2015.9	ppt/pdf/素材
15	978-7-301-22959-0	电子焊接技术实训教程	梅琼珍	24.00	1	2013.8	ppt/pdf
16	978-7-301-17696-2	模拟电子技术	蒋 然	35.00	1	2010.8	ppt/pdf
17	978-7-301-13572-3	模拟电子技术及应用	刁修睦	28.00	3	2012.8	ppt/pdf
18	978-7-301-18144-7	数字电子技术项目教程	冯泽虎	28.00	1	2011.1	ppt/pdf
19	978-7-301-19153-8	数字电子技术与应用	宋雪臣	33.00	1	2011.9	ppt/pdf
20	978-7-301-20009-4	数字逻辑与微机原理	宋振辉	49.00	1	2012.1	ppt/pdf
21	978-7-301-12386-7	高频电子线路	李福勤	20.00	3	2013.8	ppt/pdf
22	978-7-301-20706-2	高频电子技术	朱小祥	32.00	1	2012.6	ppt/pdf
23	978-7-301-18322-9	电子EDA技术(Multisim)	刘训非	30.00	2	2012.7	ppt/pdf
24	978-7-301-14453-4	EDA技术与VHDL	宋振辉	28.00	2	2013.8	ppt/pdf
25	978-7-301-22362-8	电子产品组装与调试实训教程	何 杰	28.00	1	2013.6	ppt/pdf
26	978-7-301-19326-6	综合电子设计与实践	钱卫钧	25.00	2	2013.8	ppt/pdf
27	978-7-301-17877-5	电子信息专业英语	高金玉	26.00	2	2011.11	ppt/pdf
28	978-7-301-23895-0	电子电路工程训练与设计、仿真	孙晓艳	39.00	1	2014.3	ppt/pdf
29	978-7-301-24624-5	可编程逻辑器件应用技术	魏 欣	26.00	1	2014.8	ppt/pdf
30	978-7-301-26156-9	电子产品生产工艺与管理	徐中贵	38.00	1	2015.8	ppt/pdf

如您需要更多教学资源如电子课件、电子样章、习题答案等，请登录北京大学出版社第六事业部官网www.pup6.cn搜索下载。

如您需要浏览更多专业教材，请扫下面的二维码，关注北京大学出版社第六事业部官方微信（微信号：pup6book），随时查询专业教材、浏览教材目录、内容简介等信息，并可在线申请纸质样书用于教学。

感谢您使用我们的教材，欢迎您随时与我们联系，我们将及时做好全方位的服务。联系方式：010-62750667，329056787@qq.com，pup_6@163.com，lihu80@163.com，欢迎来电来信。客户服务QQ号：1292552107，欢迎随时咨询。